Título original: *Everything is Figureoutable*

Copyright © 2019 por Marie Forleo
Copyright da tradução © 2021 por GMT Editores Ltda.

Todos os direitos reservados. Nenhuma parte deste livro pode ser
utilizada ou reproduzida sob quaisquer meios existentes
sem autorização por escrito dos editores.

tradução: Alves Calado
preparo de originais: Raphani Margiotta
revisão: Carolina Vaz e Pedro Staite
diagramação: Valéria Teixeira
capa: Natali Nabekura
impressão e acabamento: Associação Religiosa Imprensa da Fé

CIP-BRASIL. CATALOGAÇÃO NA PUBLICAÇÃO
SINDICATO NACIONAL DOS EDITORES DE LIVROS, RJ

F818t
    Forleo, Marie, 1975-
        Tudo tem jeito / Marie Forleo ; [tradução Alves Calado]. - 1. ed.
- Rio de Janeiro : Sextante, 2021.
        256 p. ; 23 cm.

        Tradução de: Everything is figureoutable
        Apêndice
        ISBN 978-85-431-1005-9

        1. Sucesso. 2. Pensamento criativo. 3. Determinação (Traço de
personalidade). 4. Otimismo. I. Calado, Alves. II. Título.

21-70754   CDD: 158.1
                     CDU: 159.947:17.024.4

Camila Donis Hartmann - Bibliotecária - CRB-7/6472

Todos os direitos reservados, no Brasil, por
GMT Editores Ltda.
Rua Voluntários da Pátria, 45 – Gr. 1.404 – Botafogo
22270-000 – Rio de Janeiro – RJ
Tel.: (21) 2538-4100 – Fax: (21) 2286-9244
E-mail: atendimento@sextante.com.br
www.sextante.com.br

Para meus pais.
Obrigada por me criarem para ser uma
pessoa alegre, extremamente independente e
que dá valor ao trabalho árduo.

*O poder não está lá fora,
está dentro de você.*

Sumário

1
A laranja da Tropicana, 11

2
Seu guia para resultados, 17

3
A magia de acreditar, 25

4
Dê adeus às desculpas, 52

5
Como enfrentar o medo de qualquer coisa, 86

6
Defina o seu sonho, 107

7

Comece antes de estar pronto, 140

8

Progresso, não perfeição, 159

9

Recuse-se a ser recusado, 187

10

O mundo precisa do seu dom, 214

EPÍLOGO

O verdadeiro segredo do sucesso duradouro, 228

APÊNDICE: MAIS ANOTAÇÕES DE CAMPO, 236

AGRADECIMENTOS, 247

NOTAS, 250

1

A laranja da Tropicana

O óbvio é aquilo que nunca foi visto até que
alguém o exprime de maneira simples.

Khalil Gibran

Minha mãe é obstinada feito um buldogue, tem a aparência de uma típica dona de casa e fala mais palavrão que um caminhoneiro. Filha de pais alcoólatras, cresceu num conjunto residencial humilde em Newark, Nova Jersey. Teve que aprender na marra a fazer o dinheiro render e é uma das pessoas mais engenhosas e esforçadas que você poderia conhecer. Uma vez ela me contou que raramente se sentia valorizada, amada ou bonita, mas se aferrava à promessa que fizera a si mesma: assim que tivesse idade suficiente, encontraria o caminho para uma vida melhor.

Lembro que, quando criança, fuçávamos o jornal de domingo juntas em busca de cupons de desconto. Ela me ensinou todas as maneiras possíveis de economizar. Também me ensinou a ficar de olhos bem abertos para aproveitar todas as promoções do tipo "junte cinco códigos de barras e troque por um livro de receitas" – ou algum utensílio de cozinha. Uma das posses mais valiosas da minha mãe era um pequeno rádio transístor produzido pelo suco de laranja Tropicana. Tinha o tamanho, a cor e o formato de uma laranja, com um canudinho listrado vermelho e branco na lateral que servia de antena. Ela adorava aquele radinho.

Minha mãe é uma daquelas pessoas que vivem ocupadas. Quando eu era bem pequena, sabia que poderia encontrá-la em algum cômodo da casa ou no quintal ouvindo o som minúsculo que saía daquela laranja da Tropicana. Um dia eu estava voltando da escola e ouvi o rádio tocando ao longe. Quando cheguei mais perto, percebi que a música vinha do alto. Ergui os olhos e vi minha mãe empoleirada no telhado da nossa casa de dois andares.

– Mãããããe! O que você está fazendo aí em cima?!

– Está tudo bem, Ree! O telhado estava com um vazamento. Quando chamei o rapaz para consertar, ele disse que ia custar umas 500 pratas, provavelmente mais. É maluquice! Então me lembrei de ter visto algumas telhas na garagem e achei que faria rapidinho.

Em outra ocasião, cheguei da escola e ouvi o rádio zumbindo nos fundos da casa. Mamãe estava no banheiro, cercada por ferramentas e canos expostos. Partículas de poeira enchiam o ar.

– *Mãe, o que está acontecendo?!*

– Ah, só estou trocando os azulejos do banheiro. Vi umas rachaduras e não queria que ficasse tudo mofado.

Entenda: minha mãe estudou até o ensino médio e estávamos na década de 1980. Era um mundo pré-internet, pré-YouTube, pré-Google. Eu nunca sabia onde a encontraria nem o que ela estaria fazendo, mas só precisava seguir o som esganiçado daquele rádio.

Num dia de outono, cheguei da escola tarde e senti que havia algo diferente. Tudo estava escuro. Um silêncio incomum. Tinha acontecido alguma coisa. Atravessei a casa depressa, com medo do que poderia encontrar. Onde estava o som da laranja da Tropicana? Onde estava minha mãe? Então ouvi estalos. Acompanhando o som, encontrei minha mãe encurvada à mesa da cozinha. O lugar parecia uma sala de cirurgia: havia fita isolante, chaves de fenda e, espalhadas à frente dela, as incontáveis pecinhas do rádio-laranja todo desmontado.

– Mãe, está tudo bem? O que aconteceu com o rádio? Quebrou?

– Tudo bem, Ree. Não foi nada de mais. A antena quebrou e o botão de sintonia estava meio solto, estou consertando.

Fiquei parada por alguns instantes, observando-a fazer sua magia. Por fim, perguntei:

– Ei, mãe, como você sabe fazer tantas coisas que nunca fez antes, sem que ninguém tenha ensinado?

Ela largou a chave de fenda, virou-se para mim e disse:

– Não seja boba, Ree. Nada na vida é tão complicado. A gente pode fazer qualquer coisa que der na telha, basta arregaçar as mangas, ir lá e fazer. Tudo tem jeito.

Fiquei hipnotizada, admirando e repetindo aquelas palavras na minha cabeça: *Tudo tem jeito. Tudo tem jeito. Cacete, é mesmo...*

Tudo tem jeito!

Essa frase, essa filosofia, se enraizou na minha alma. Desde então ela se tornou a força mais poderosa na minha vida.

Ela me ajudou a sair de um relacionamento abusivo. Na faculdade, me ajudou a obter bolsas muito concorridas para pagar por alojamento e alimentação e a fazer os cursos que eu mais desejava – apesar da seleção rigorosa e das listas de espera. Ainda quando eu era criança, era o que me fazia continuar tentando participar dos times esportivos e dos grupos de líderes de torcida, mesmo sendo rejeitada ano após ano.

Essa frase me ajudou a conseguir todos os empregos que já tive, desde garçonete nos restaurantes mais cobiçados de Manhattan até lucrativos e excêntricos serviços (como vender varetas luminosas em boates), corretora de valores na Bolsa de Nova York, editora na Condé Nast, professora de hip-hop, instrutora em vídeos de malhação, produtora e coreógrafa na MTV e uma das principais atletas mundiais do Nike Elite Dance – apesar de nunca ter feito um único curso de dança. Ela me ajudou também a escapar de dívidas astronômicas, a me livrar de relacionamentos falidos e salvar os que me eram valiosos, quase sempre em tempo recorde.

Foi o que me deu coragem para abrir um negócio aos 23 anos e transformá-lo numa empresa de educação e mídia multimilionária e socialmente responsável partindo do zero – sem orientação, experiência, investidores, pós-graduação nem contatos. Foi o que me deu combustível para começar a gravar vídeos com minha webcam de primeira geração, que evoluiriam para um premiado programa on-line visto por dezenas de milhões de fãs em 19 países. Não digo isso para contar vantagem, mas porque tenho certeza *absoluta*, no fundo do meu ser, de que tudo de fato tem jeito.

Sim, mesmo que você esteja começando do zero. Mesmo que já tenha tentado e fracassado. Mesmo que não tenha a mínima ideia do que está fazendo ou não entenda por que as coisas vivem dando errado. Mesmo que o mundo já tenha lhe dito mais de uma vez que você não consegue. Mesmo que você tenha nascido em circunstâncias desafiadoras ou que todas as suas cartas sejam desfavoráveis.

Talvez você esteja se perguntando se essa ideia pode ajudá-lo a lidar com um problema angustiante, como a sensação de desespero ou de inutilidade sem fim. Experiências como:

- Um diagnóstico médico assustador, capaz de alterar toda a sua vida.
- A perda trágica de um filho ou de uma pessoa amada.
- Um transtorno mental após uma relação abusiva.

Sim. A ideia de que *tudo tem jeito* nos ajuda a enfrentar as duras verdades com consciência. Ao longo de todo este livro você verá histórias vitoriosas de pessoas comuns que enfrentaram perda, doença e dores profundas. As "Anotações de Campo" ilustram como essa ideia simples nos ajuda a encontrar resistência, criatividade e esperança – sobretudo quando mais precisamos.

Não importa o que esteja enfrentando, você
tem o necessário para resolver qualquer coisa e
se tornar a pessoa que nasceu para ser.

Independentemente do que a sociedade, sua família ou sua mente possam ter levado você a acreditar, não há *nada* intrinsecamente errado com você. Você não é um erro nem uma fraude. Não é uma pessoa fraca nem incapaz.

Dito de modo simples, ninguém no mundo ganhou um manual de instruções ao nascer. Nosso sistema educacional não nos ensina como aproveitar o poder dos nossos pensamentos, das nossas crenças e emoções nem a sabedoria do nosso corpo. Não nos ensina a desenvolver modos de pensar, perspectivas e hábitos práticos capazes de nos ajudar não apenas a enfrentar e superar as dificuldades da vida, mas também a alcançar alegria e realização verdadeiras. Não aprendemos sobre a dimensão do poder intrínseco que todos nós temos. Infelizmente, recebemos muito pouco (ou nenhum) treinamento prático para usar nossos dons com o objetivo de fazer a diferença.

Está por nossa conta consertar isso, aqui e agora. Como disse a grande Maya Angelou: "Faça o melhor que você puder, até saber mais. E quando souber mais, faça melhor." É por isso que estou muito empolgada por você estar aqui – porque este livro vai ajudar você a melhorar seus pensamentos e suas atitudes.

POR QUE É IMPORTANTE VOCÊ ESTAR LENDO ISTO AGORA

O *tudo tem jeito* vai mudar sua vida. Você pode usar essa ideia para resolver problemas cotidianos, como uma máquina de lavar quebrada ou um pneu furado. Pode usá-la para abrir uma empresa, melhorar sua saúde ou alcançar a independência financeira. Para salvar (ou terminar) um relacionamento ou viver a história de amor mais magnífica e apaixonada dos seus sonhos. Para encontrar a saída de situações crônicas de estresse, sofrimento, raiva, depressão, vício, ansiedade, desesperança e dívida. Para inventar uma tecnologia inovadora, aprender uma língua, ser um pai ou uma mãe melhor ou um líder mais forte. Acima de tudo, você pode aplicar essa ideia com outras pessoas – da sua família, sua empresa, sua equipe, sua indústria, sua comunidade ou no mundo – para promover mudanças significativas.

Seja no plano individual ou coletivo, somos confrontados por eventos e circunstâncias que não podem mais ser ignorados. Forças políticas, sociais, ambientais e econômicas estão virando nossa vida de cabeça para baixo. Menos de um terço dos trabalhadores americanos está efetivamente engajado no trabalho, uma tendência que já dura anos. A insatisfação das pessoas neste exato momento causa sérias repercussões econômicas globais, para não falar dos custos emocionais, psicológicos e espirituais que afetam nossa alma e nossa sociedade. Estima-se que 350 milhões de pessoas em todo o mundo sofram de depressão, que é o principal fator debilitante nos dias de hoje e contribui em grande medida para o surgimento de outras doenças. Nos Estados Unidos, as taxas de suicídio são as mais altas dos últimos trinta anos.

Todos os dias, jogamos fora uma quantidade exorbitante de comida (em casa, nos restaurantes e nos supermercados) que daria para alimentar quase um bilhão de pessoas.[1] Optamos por gastar em sorvete, por ano, espantosos 59 bilhões de dólares (no mundo todo) em vez de atender às necessidades essenciais de educação, saúde e saneamento básico para todos os seres humanos na Terra, o que custaria 28 bilhões.[2] E isso sem falar em racismo, corrupção, poluição, violência, desigualdade, guerras e na injustiça sistemática que continuam a causar sofrimento nos quatro cantos do planeta.

> Mas não podemos promover mudanças significativas
> no mundo enquanto não tivermos coragem
> para mudar a nós mesmos. E, para mudar a nós
> mesmos, precisamos primeiro acreditar
> que somos capazes de mudar.

Juntos, vamos usar essa crença simples – *tudo tem jeito* – para ativar nossa capacidade inerente de transformar nossa vida e, ao fazer isso, instigar uma mudança significativa ao redor. E é exatamente por isso que este livro está nas suas mãos agora.

Precisamos de você. Precisamos do seu coração, da sua voz, da sua coragem, da sua alegria, da sua criatividade, da sua compaixão, do seu amor e dos seus dons. Mais do que nunca.

2
Seu guia para resultados

Não se avança ficando na lateral do campo,
resmungando e reclamando. Só se avança
implementando ideias.

Shirley Chisholm

O fato de a ideia ser simples não significa que a estrada adiante seja fácil. Você vai precisar de humildade e coragem. Auto-compaixão. Disposição para experimentar. Senso de humor. E paciência. Muita paciência. Como disse Carlos Castañeda: "Nós tanto podemos nos tornar infelizes quanto podemos nos tornar fortes. O trabalho é o mesmo."

Antes de continuarmos, o guia a seguir vai garantir que você consiga o máximo de retorno pelo investimento. Assim que dominá-la, a filosofia *tudo tem jeito* vai se tornar um tesouro guardado no seu coração – um tesouro que você jamais correrá o risco de perder.

1. TREINE SEU CÉREBRO PARA O CRESCIMENTO

Seu cérebro é um biocomputador extraordinário e está constantemente executando programas que funcionam a seu favor ou contra você. Por isso, quero que você esteja ciente de dois pensamentos destrutivos – dois vírus, por assim dizer – que podem surgir quando você está aprendendo uma coisa nova. O segredo é pegar esses vírus mentais e transformá-los em perguntas produtivas. Sabe por quê? Porque o cérebro é preparado para responder a perguntas. Não importa que pergunta você faça, seu cérebro vai começar a procurar uma resposta na mesma hora. Assim, ao transformar esses pensamentos em perguntas úteis e produtivas, você está treinando seu cérebro para ajudá-lo a aprender, crescer e melhorar.

O primeiro vírus mental destrutivo ao qual devemos estar atentos é "Isso eu já sei". Sempre que achamos que já sabemos alguma coisa, nossa mente se desconecta e se fecha. Na próxima vez que você se pegar pensando ou dizendo "Isso eu já sei", principalmente enquanto lê este livro, pegue esse pensamento e o transforme numa pergunta orientada para o crescimento: "O que posso aprender com isso?" Repita essa pergunta várias vezes, com curiosidade genuína. "O que posso aprender com isso? *O que* posso aprender com isso?"

Sempre há coisas novas para aprender. Para começar, pode aprender uma nova perspectiva sobre um conceito com o qual já tenha familiaridade. Ou – o mais provável – vai perceber que não está colocando em prática plenamente aquilo que "já sabe". Não está vivendo esse aprendizado. Saber uma coisa racionalmente é muito diferente de fazê-la com regularidade, com domínio, de fato extraindo os benefícios daquilo. Seja humilde. Se encontrar uma ideia ou sugestão que já ouviu, não passe direto, dizendo "Ah, isso eu já sei". Seja mais esperto. Faça a si mesmo a pergunta "*O que* posso aprender com isso?" e treine seu cérebro para encontrar novas oportunidades de crescimento.

O segundo vírus mental destrutivo é "Isso não funciona para mim". Em vez de dizer "Isso não funciona para mim", que anula na mesma hora a possibilidade de alguma coisa dar certo, pare, pegue esse pensamento e o transforme em uma pergunta mais produtiva. Questione-se: "Como isso pode funcionar para mim? *Como* isso pode funcionar para mim?" Fazer a mesma pergunta repetidamente força você a ver além do óbvio, enxergar fora da sua área de conforto cognitiva e começar a mudar sua percepção. Você treina seu cérebro para encontrar novas conexões, descobertas, oportunidades e possibilidades que teriam passado despercebidas.

Em vez de...	Pergunte-se...
"Isso eu já sei"	"**O que** posso aprender com isso?"
"Isso não funciona para mim"	"**Como** isso pode funcionar para mim?"

2. EXPERIMENTE ANTES DE NEGAR

Vamos esclarecer uma coisa: eu não finjo que tenho todas as respostas. Este livro também não. Mas nestas páginas você vai encontrar uma estrutura e um conjunto de ferramentas simples que lhe permitem achar ou criar os próprios recursos. Se você gosta de bancar o advogado do diabo, talvez já esteja pensando: *Não, Marie, nem TUDO tem jeito. E quanto a X, Y ou Z...?*

Olha, se você se esforçar o suficiente, tenho certeza de que poderá conjurar alguma coisa fantástica que tecnicamente não tem jeito. Ou que *por enquanto* não tem jeito. Por exemplo, você não pode ressuscitar o seu cachorrinho da infância (ainda que haja cientistas trabalhando com criogenia e que a clonagem de cães já seja uma possibilidade). Também não pode dar um jeito de fazer crescer asas nas suas costas (ainda que nós, seres humanos, possamos voar de outras formas).

Claro, não existe comprovação científica para minha afirmação de que tudo tem jeito, mas você nunca vai superar sua situação atual se fechando para tudo além do que já sabe no momento. Mesmo que este livro inteiro seja papo furado, você consegue pensar numa filosofia mais poderosa e pragmática? Você consegue conceber uma crença mais útil e encorajadora?

Tendo isso em mente, vamos às regras. O *tudo tem jeito* ajuda você a se concentrar no que importa: seu crescimento, sua realização e sua capacidade de acessar sua sabedoria inata para solucionar problemas e contribuir para a resolução de outros.

Regra nº 1. Todos os problemas têm jeito e todos os sonhos são possíveis.

Regra nº 2. Se um problema não tem jeito, não é de fato um problema: é um fato da vida ou uma lei da natureza (por exemplo, a morte ou a gravidade).

Regra nº 3. Talvez você não se importe tanto com determinado problema ou sonho. Tudo bem. Encontre outra questão que acenda uma chama intensa no seu coração e volte para a Regra nº 1.

Como disse o cientista David Deutsch: "Tudo que não é proibido pelas leis da natureza é alcançável, dado o conhecimento correto." Mas você não precisa confiar nas palavras de um teórico quântico. Nem nas minhas, aliás. Em vez disso, teste. Aplique. Experimente. Viva. Veja por si mesmo. Se quiser procurar desesperadamente motivos para que o *tudo tem jeito* não funcione, meus parabéns: não vai funcionar. Nem isso nem nada.

3. NÃO SE OFENDA

Como sal marinho moído numa salada caprese fresca, você vai encontrar palavrões salpicados carinhosamente nestas páginas. Eu escrevo como falo: de forma direta e sincera.

Minha sugestão? Não se ofenda. Se você vai ficar chocado e horrorizado ao ler coisas como "merda", é melhor nos separarmos amigavelmente agora mesmo. Também optei por me dirigir às leitoras e aos leitores da forma tradicional, no masculino, mas saiba que este livro é para todo mundo, seja qual for sua identidade de gênero.

Em quase duas décadas de carreira, tive a honra de ajudar pessoas a promover mudanças significativas na vida – pessoas que vinham de uma variedade espantosa de origens socioeconômicas, étnicas e culturais. Com idades que iam dos 6 aos 86 anos. Pessoas sem-teto. Pessoas com deficiências. Pessoas deprimidas e suicidas. Pessoas que perderam um filho, o cônjuge ou um ente querido. Pessoas em recuperação de traumas terríveis e vícios de longa data. E pessoas na luta contra doenças terminais.

Como mulher branca nascida nos Estados Unidos, tenho plena consciência de que ganhei o que Warren Buffett chama de Loteria Ovariana. Dito isso, este livro está repleto de histórias envolventes que vão muito além da minha. Ainda que nem toda narrativa, ferramenta ou exercício se compare à sua situação, por favor não use o argumento de que "para você é fácil falar; você é tão _____ [sortuda, privilegiada, etc.]" para rejeitar um conceito que poderia ser valioso na sua vida. Lembre-se de se perguntar: "O que posso aprender com isso? Como isso pode funcionar para mim?"

Eu respeito você. Respeito e valorizo nossas diferenças. O fato de você ter pegado este livro para ler me diz que temos alguma parte do DNA em comum. Gostamos de estudar e descobrir coisas novas.

Ainda que eu não conheça os detalhes da sua história nem as suas dificuldades, sei do seguinte: seu poder interior é imenso. Seu potencial é ilimitado. Você é especial, valioso, capaz e digno dos sonhos que moram no seu coração. Acima de tudo: você tem o necessário para transformar e transcender qualquer desafio que enfrentar.

4. FAÇA O DEVER DE CASA

A maioria dos livros se propõe a ajudar as pessoas a adquirir informações, alguns são feitos com a expectativa de que você se inspire. Minha intenção vai muito além disso. **Estou comprometida a ajudar você a alcançar resultados.** Para isso, você precisa fazer o que for preciso e completar os desafios "Da ideia à ação" neste livro com toda a dedicação. Estou falando de compromisso total, absoluto. Porque ideia sem ação não vale nada. Agir é o único caminho para a mudança.

Nem todo exercício vai resultar em percepções transformadoras, mas ninguém tem como prever qual desafio provocará uma mudança de paradigma de proporções sísmicas ou uma revelação transformadora. Você vai extrair disso o que investir. Portanto, não *pense* as respostas que precisem ser escritas. Diante de um desafio que peça "Faça isso agora", não diga "Parece interessante, talvez eu tente um dia desses".

Também recomendo enfaticamente que você faça à mão todos os exercícios escritos – num diário ou caderno, não num teclado, se possível. Estudos mostram que escrever à mão ajuda mais no aprendizado, na assimilação e na retenção de informações novas do que digitando. Mais do que pensar, escrever à mão força o cérebro a diminuir o ritmo e permite exprimir ideias e sentimentos com mais clareza e profundidade. Levar a caneta ao papel é um modo místico de acessar suas verdades mais profundas.

Faça a sua parte, como sugerido, se esforce ao máximo. Se alguma coisa não fizer sentido agora, sublinhe e retome a leitura depois. O objetivo é permanecer em ação e continuar em frente. Basta uma perspectiva ou uma ferramenta nova, e sua vida nunca mais será a mesma.

Você também vai notar que alguns pontos fundamentais dão uma volta para acabar onde começaram. Qualquer repetição é proposital. A repetição é um princípio básico da neuroplasticidade. É assim que religamos o cérebro e transformamos ideias boas em modos novos e permanentes de ser e se comportar.

Como a vida, a filosofia *tudo tem jeito* é um caminho em espiral. Espere se deparar com alguns dos mesmos temas de novo e de novo, a cada vez num nível diferente. Meu objetivo é ajudar você a dominar os estados mentais e os hábitos fundamentais necessários para resolver qualquer coisa pelo resto da sua vida. Você não precisa acrescentar 479 tarefas à sua rotina matinal ou dezenas de técnicas complexas que consomem tempo. A filosofia *tudo tem jeito* exige apenas um punhado de ferramentas e princípios que vão alterar a trajetória da sua vida. A simplicidade é elegante e extremamente eficiente.

Nada neste livro vai funcionar se você não fizer sua parte. Experimente as ideias, as sugestões e os desafios de ação por pelo menos trinta dias. Você levou a vida inteira para adquirir e reforçar suas crenças e seus comportamentos atuais, de modo que é natural que seja necessária alguma reprogramação.

Tenho certeza de que em um mês de treino consistente, com boa-fé (e isso quer dizer *treino diário de boa-fé!*), você verá melhoras significativas e perceptíveis. Mais do que o suficiente para encorajá-lo a continuar.

5. CONECTE-SE COM NOSSA COMUNIDADE

A filosofia *tudo tem jeito* se torna exponencialmente mais poderosa (e divertida!) quando conta com a colaboração de outras pessoas. Você vai alcançar seus objetivos coletivos mais depressa e com mais alegria, criatividade e camaradagem do que nunca. É por isso que um dos maiores prazeres da minha vida é me conectar com almas criativas e desejosas de crescimento, como você. À medida que puser em prática a filosofia *tudo tem jeito*, me conte suas vitórias e descobertas em MarieForleo.com/EIF. Lá você também vai encontrar uma porção de recursos grátis adicionais, centenas de episódios de nosso premiado programa *MarieTV* e do *The Marie Forleo Podcast* (com a garantia de tirar você de qualquer pânico rapidamente), além de uma das comunidades globais mais gentis e apoiadoras do planeta (conteúdo todo em inglês).

Como você vai descobrir, *tudo tem jeito* é mais do que uma simples frase. É uma disciplina prática, possível de ser colocada em ação. Um mantra que possibilita a você atuar em suas melhores condições e alcançar o que deseja. É um estado mental para auxiliar você a resolver problemas significativos, aprender novas habilidades e encontrar maneiras de ajudar e colaborar com os outros. Depois que você adotar essa filosofia, quero ver alguém te segurar.

Não estou dizendo que tudo vai sempre estar a seu favor, porque não vai. Nem que você jamais vai se decepcionar, enfrentar rejeição, sofrer derrotas ou se deparar com situações bastante desafiadoras, porque sem dúvida vai. Mas, num sentido mais profundo, nada – nenhuma situação, nenhuma pessoa, nenhum medo, nenhuma limitação, nenhuma circunstância – jamais voltará a ter o poder de interromper o seu progresso.

Vamos lá.

Anotações de Campo

Ela usou o tudo tem jeito para ajudar a mãe a receber os cuidados necessários nas suas últimas cinco semanas de vida.

Há algum tempo assisti à Marie falar na Oprah sobre o tema "tudo tem jeito". Gostei tanto que compartilhei com minha mãe – é uma lição que eu sabia que ela vinha tentando me ensinar. Ela adorou.

E de repente tudo mudou. Minha incrível mãe foi diagnosticada com câncer no pâncreas. Tudo parecia perdido. Mas sabe de uma coisa? Quando olhei mais a fundo e parei de me lamuriar pelo que estava acontecendo, as pequenas coisas passaram a ter jeito.

Por exemplo, tentar encontrar um serviço de enfermagem para a minha mãe, que morava numa área rural. Encontrar comidas especiais que ela conseguisse tolerar. Obter equipamentos médicos para que ela pudesse passar as últimas cinco semanas em casa. Portanto, posso dizer com sinceridade: sim, tudo tem jeito. Temos que dividir as coisas grandes em pedaços pequenos para conseguir resolvê-las.

Obrigada, Marie e equipe. Vocês fizeram diferença para duas pessoas do outro lado do mundo.

– JENN
NOVA ZELÂNDIA

3

A magia de acreditar

Alice: Isso é impossível.

Chapeleiro Maluco: Só se você acreditar que é.

Alice no País das Maravilhas (filme de 2010)

Eu me sentia um fracasso total. Menos de um ano antes, tinha me formado e sido oradora da turma na Seton Hall University e agora ali estava, sentada nos degraus da Trinity Church, no sul de Manhattan, aos prantos.

Por ter sido a primeira pessoa na família a conseguir um diploma universitário, eu me sentia pressionada a ter que fazer bom uso disso. Como corretora financeira na Bolsa de Nova York, em Wall Street, eu tinha orgulho, um bom salário e seguro-saúde. Era grata por ter um emprego, mas por dentro me sentia definhando. Vou ser mais clara: eu me matava de trabalhar. Chegava cedo, fazia cara de profissional e dava o sangue tentando ser a melhor corretora possível.

Porém, por mais que tentasse, sempre sentia que havia alguma coisa errada. Uma vozinha dentro de mim não parava de dizer: *Não é isso. Não é isso que você deveria ser. Não é isso que você deveria estar fazendo.*

Mais de 99,9% das pessoas com quem eu trabalhava eram homens, muitos dos quais gostavam de frequentar boates de striptease e cheirar algumas carreirinhas de cocaína depois do fechamento do pregão, às quatro da tarde. Não era a minha praia. E mais: as propostas e insinuações sexuais quase diárias por parte dos meus colegas eram exaustivas. Em determinado ponto, cortei o cabelo como forma de protesto, achando que a aparência rígida me ajudaria a ser levada mais a sério. Não deu certo, mas tentei me manter firme porque não sabia mais o que fazer. Eu me sentia confusa porque, aparentemente, a maioria dos caras com quem eu trabalhava tinha alcançado o "sucesso tradicional". Tinham poder, segurança e ganhavam milhões. Mas, no nível emocional e espiritual, muitos pareciam falidos. Ansiavam pelas duas valiosíssimas semanas de férias como se fossem a única coisa pela qual valesse a pena viver.

Durante um tempo, tentei ignorar aquela vozinha interior. Desligá-la. E me concentrar na tarefa imediata. Mas a voz só foi ficando mais alta. Então, um dia, eu estava fazendo operações no salão da Bolsa e comecei a passar mal. Fiquei tonta e não conseguia respirar. Falei para o meu chefe que precisava sair para tomar um café rápido e fui direto para a igreja mais próxima, que ficava perto do cruzamento da Wall Street com a Broadway. Por ter crescido no catolicismo e acabado de me formar numa universidade católica, estava acostumada a pedir ajuda a Deus para solucionar crises.

– O que há de errado comigo? – perguntei. – Estou ficando louca? Por que não consigo calar essas vozes na minha cabeça? Se é o Senhor dizendo para eu largar o meu trabalho, será que pode, por favor, explicar exatamente o que eu devo fazer?! Não tenho nenhum plano B. Mande um sinal. Estou morrendo aqui embaixo.

Depois de alguns minutos rezando e chorando, tive a primeira pista do que fazer. *Ligue para o seu pai.*

Fazia sentido. A culpa de saber o quanto ele havia sacrificado para pagar meus estudos me corroía. Agora eu estava tendo leves ataques de pânico porque não conseguia parar de pensar em largar o emprego mesmo sem ter nenhum outro em vista ou outra fonte de renda.

Eu me sentei nos degraus da igreja e abri meu celular flip (lembra deles?). Mal consegui dizer uma frase inteira antes de abrir o berreiro de novo.

– Pai, desculpa... não sei o que fazer... eu ODEIO o meu trabalho. Tentei de tudo, mas nada adiantou. Isso não faz sentido, eu sou grata por ter um emprego, adoro trabalhar. Tenho vergonha de dizer isto, mas fico escutando vozes na minha cabeça. Elas dizem que eu não deveria estar fazendo isso. Que sou feita para outra coisa. Mas não me dizem o que eu deveria fazer... Sei como você e mamãe ralaram para pagar a minha faculdade...

Quando parei para secar as lágrimas e recuperar o fôlego, meu pai me interrompeu:

– Filha, calma. Você sempre foi trabalhadora. Arranjou um emprego quando ainda era bem nova! Você vai encontrar uma saída. Se não aguenta esse trabalho, largue. Você vai passar os próximos cinquenta anos dando duro, precisa achar alguma coisa que realmente ame fazer.

Eu não tinha ideia de como encontrar um trabalho que eu amasse. A simples ideia de tentar me parecia uma loucura irresponsável. Mas eu sabia que estava certa. Em menos de uma semana entreguei meu pedido de demissão e embarquei numa jornada para descobrir o que raios eu deveria fazer neste mundo. Dizer que eu estava morrendo de medo é um eufemismo, mas eu me sentia mais revigorada do que nunca.

A primeira coisa que fiz foi voltar a trabalhar como garçonete, para pagar o aluguel. Depois, me inscrevi no processo seletivo para a Parsons School of Design, porque estava querendo ideias sobre o que fazer. Eu adorava arte quando criança, por isso comecei por aí. Mas, depois de passar pela admissão e matrícula, desisti. Acabou que voltar a estudar também não me parecia ser o caminho certo. O que eu sabia era que precisava ser mais criativa no trabalho. À procura de sinais, encontrei um curso de verão de arte em Boston. Então me mudei para um apartamento no sótão de um ateliê japonês e continuei a revirar o cérebro em busca de carreiras possíveis. Minhas únicas pistas eram que eu adorava lidar com pessoas, adorava o mundo dos negócios e era tremendamente criativa. Então tive uma ideia: talvez meu lugar fosse o mundo das revistas. Fazia sentido. Tinha o aspecto comercial da publicidade e o âmbito criativo do editorial. Talvez fosse isso que eu deveria fazer! Assim, voltei a Nova York para tentar.

Corri atrás, fui a agências de emprego temporário e finalmente consegui um cargo de assistente de vendas de anúncios na revista *Gourmet*. Os primeiros meses foram ótimos. Eu adorava aprender os processos e fazer parte de uma equipe que realizava um lindo produto mensal. Meu chefe era inteligente e gentil. E, o melhor de tudo, minha mesa ficava ao lado da cozinha e o pessoal do editorial me dava amostras (já falei que eu adoro comida?). As coisas pareciam ir bem.

Mas quando a novidade passou e eu comecei a entender como seria um futuro nessa carreira, voltei a ouvir aquelas mesmas vozes. *Ainda não é isso, Marie. Não é onde você deveria estar. Você precisa sair.*

NÃÃÃÃÃÃO! De novo, não! Fiquei cheia de vergonha e medo. O que havia de errado comigo?! Não fazia o menor sentido. Eu adorava trabalhar. Tivera vários empregos durante o ensino médio e a faculdade. Por que não podia simplesmente ser feliz?

Tentei olhar para a situação de forma mais objetiva, e foi então que percebi uma coisa interessante. Eu não tinha desejo de um dia me transformar no meu chefe (um executivo de publicidade) ou no chefe do meu chefe (o editor). Pensei: *Se eu não quero subir essa escada corporativa, o que estou fazendo aqui, desperdiçando o tempo deles e o meu?*

Talvez aqueles últimos empregos estivessem voltados demais para o lado comercial. Meus trabalhos anteriores eram centrados em vendas, dinheiro e números. E quanto à criatividade? Talvez o mercado certo para mim fosse mesmo o de publicações e eu ficasse mais feliz trabalhando no editorial. Valia a pena tentar. Acionei meus contatos e consegui um cargo de assistente de moda no departamento editorial da revista *Mademoiselle*.

Só pode ser isso. Vou trabalhar com o pessoal criativo e fazer coisas interessantes. Ir a desfiles de moda, produzir sessões de fotos, criar layouts, ver todas as coleções e os acessórios mais novos. Impossível não amar, não é?

No início, foi empolgante. Eu adorava conhecer gente nova e aprender tudo da produção editorial.

Até que... começou de novo. Menos de seis meses depois, as vozes voltaram, agora mais fortes. *Errado de novo. Isso ainda não é você. Não é onde você deveria estar, nem é isso que deveria fazer na vida.*

PORRAAAA!!

Comecei a sentir um pânico profundo. Eu estava envergonhada, confusa e, francamente, parecia ter algum defeito. Eu sabia como tinha sorte em ter um emprego, mas, ao mesmo tempo, meu corpo e meu coração se revoltavam. Tudo parecia errado. Eu lutava para encontrar um motivo. Meu cérebro era defeituoso? Eu tinha algum tipo de disfunção cognitiva, emocional ou comportamental? Ou era apenas uma fracassada com problemas de comprometimento com a carreira, que nunca chegaria a lugar algum? Nada fazia sentido. Como eu podia ter sido a oradora da minha turma, ser extremamente esforçada e dedicada e continuar tão perdida depois de uma série de empregos dos sonhos? A essa altura, eu já tinha anos de formada. Todos os meus amigos estavam sendo promovidos e construindo uma vida adulta. Enquanto isso, eu só queria largar o emprego. De novo.

Então um dia, no trabalho, tropecei num artigo sobre uma profissão novinha em folha, "coaching". Estávamos no fim da década de 1990 – na época, *tudo* era novo demais. Coaching era um ramo em ascensão, concentrado em ajudar as pessoas a estabelecer objetivos, tanto pessoais quanto profissionais, e alcançá-los. Uma das coisas que me atraíram foi como o coaching era diferente da psicoterapia. A terapia busca curar o passado. O coaching cria o seu futuro.

Sem brincadeira, quando li aquele artigo sobre coaching, alguma coisa se iluminou dentro de mim. As nuvens se abriram, um coro cantou e querubins lançaram raios solares em direção ao meu coração. Uma presença profunda, suave, dentro de mim disse: *É isso que você é. É isso que você deve ser.* Claro, minha mente racional foi rápida em duvidar.

Marie, você está com 23 anos, porra. Quem, com a cabeça no lugar, vai contratar um "coach", um orientador de vida, com 23 anos? Você mal viveu a vida!! Para não mencionar que não consegue parar em um emprego. Você é um horror. Está com dívidas enormes. Não tem nada para oferecer a ninguém. Quem você acha que é?!? Pirou de vez? Essa é a coisa mais imbecil, mais idiota que já ouvi. Aliás, não acha que "orientador de vida" soa meio cafona?

Apesar do tiroteio de zombarias contra mim mesma, eu não conseguia negar que, no fundo, aquilo parecia certo. Aquele conhecimento interior persistente, teimoso, era diferente de tudo que eu já havia experimentado. Por mais que eu tentasse, não conseguia tirar a ideia da cabeça. Em poucos dias me inscrevi num curso de três anos de coaching. Trabalhava na *Mademoiselle* durante o dia e estudava à noite e nos fins de semana.

Cerca de seis meses após o início do curso, recebi um telefonema do RH da Condé Nast. Estavam me oferecendo uma promoção. Um cargo na *Vogue*. Era mais dinheiro e muito mais prestígio. Essa era a minha bifurcação na estrada. Fico com o salário garantido, o plano de saúde e o trabalho na mais importante revista de moda do mundo ou saio e começo meu próprio negócio esquisito de coaching? Saca só a maligna voz de medo que brotou na minha cabeça:

Ser coaching é a coisa mais idiota. De todos os tempos.
Você não tem a mínima ideia de como começar ou administrar
um negócio.

Quem você pensa que é?
Isso é loucura.
Você é uma fracassada.
Todo mundo vai rir de você.
Você está devendo até os olhos da cara.
Você é um horror. Não tem capacidade para ajudar ninguém – quem está querendo enganar?
Olha só. Isso vai ser mais um fracasso na sua lista.

No entanto, uma presença mais calma, pré-verbal, praticamente me empurrou para fora da porta corporativa. Recusei o trabalho na *Vogue* e larguei o emprego na *Mademoiselle* também.

Passei os sete anos seguintes montando meu negócio devagar (muito, mas muito devagar), o tempo todo me sustentando como garçonete, servindo mesas, limpando banheiros, sendo secretária, dando aula de educação física, dança – de tudo um pouco. Quase duas décadas depois, posso dizer que a única coisa que me permitiu dar aquele salto foi o fato de uma parte mais profunda e mais sábia de mim acreditar que, de algum modo, eu conseguiria dar um jeito.

ONDE VOCÊ ESTÁ?

O ancestral de toda ação é um pensamento.

Ralph Waldo Emerson

Olhe em volta. É sério. *Olhe.*

Onde quer que você esteja, o que quer que esteja fazendo, pare de ler e observe cada coisa que está no seu campo de visão. Tenha consciência do que está nas suas mãos (inclusive este livro), dos dispositivos que você tem por perto, do que você está usando (se é que está usando alguma coisa – *opa!*), da sua posição, e de todos os objetos e estruturas ao seu redor.

O que eu estou vendo é o seguinte: a tela do meu notebook manchada de digitais. Uma caneca de café. Uma parede de armários de cozinha cobertos por aramado e cheios de copos, vasos e livros. Um caderno espiral. Algumas garrafas de vinho. Essas são apenas as coisas óbvias.

Há uma boa chance de ambos estarmos sentados em meio a alguns milagres modernos como eletricidade, encanamento e wi-fi. Você percebe que praticamente tudo que está ao nosso redor já foi *apenas* um pensamento? Uma ideia? Uma invenção louca, amorfa, da imaginação de alguém?

Todo filme que você já viu. Toda história que você já ouviu. Todo livro que você já leu. Toda música que já fez você cantar, dançar ou chorar percorreu a jornada mística desde o mundo do não manifesto para o manifesto. Da ideia até a realidade concreta. Nossas mentes são máquinas mágicas de criação. São o local de nascimento de cada experiência extraordinária que já encontramos e de cada grande revolução na história humana. Nossa mente é o que nos dá o poder de fabricar a realidade, tanto para nós mesmos quanto para os outros. Isso acontece porque...

Tudo que existe no mundo material é criado primeiro no nível do pensamento.

Uma vez, quando tinha 6 anos, eu estava andando pelo centro de Nova York com meus pais quando, de repente, um pensamento súbito brotou na minha mente jovem: *Um dia vou morar aqui.*

Essa ideia era tão inquestionável e empolgante que não pude deixar de dizê-la em voz alta. Parei no meio da calçada perto das ruas Bleecker e Perry, levantei as mãos e gritei:

– Eu vou morar aqui quando crescer!

Perplexa, minha mãe disse:

– Do que você está falando?! A gente mora em Nova Jersey. É onde você estuda. É onde estão seus amigos. É onde o papai e eu estamos e é o seu lugar.

– Não, mamãe. Meu lugar é aqui. Quando crescer vou morar aqui, trabalhar aqui e ter meu apartamento aqui. Você vai ver!

Demorei 17 anos, mas acabei tornando essa ideia realidade. De fato, o West Village é o único bairro que eu já chamei de meu nos quase vinte anos em que morei em Nova York – nunca mais do que a alguns poucos quarteirões daquela declaração original aos 6 anos.

Aposto que você também tem uma história de uma ideia que virou realidade. Uma ocasião em que você teve um mero pensamento sobre uma coisa que queria ver, fazer, criar, experimentar ou se tornar – e que acabou fazendo.

Talvez fosse um pensamento sobre sua formação, praticar algum esporte, tocar um instrumento musical ou seguir uma carreira específica. Talvez fosse uma ideia sobre algo que você queria fazer ou desenvolver. Talvez viajar a um lugar específico, treinar uma habilidade, ter um determinado relacionamento ou começar um negócio. Talvez fosse sobre se livrar de um vício ou de uma dívida.

A princípio essa ideia podia parecer algo distante. Talvez você não tivesse a menor pista de como fazê-la acontecer, ou mesmo se ela era ao menos possível. Mas de algum modo você a transformou em realidade. Esse é um poder espantoso, não é? Infelizmente é um poder que muitos de nós não valorizamos, por isso é tão importante lembrarmos que...

Não existe nada no nosso mundo que não exista
primeiro na nossa mente.

Esse é o presente universal que recebemos, para nos ajudar a moldar nossa vida e, juntos, o mundo ao redor. Nascemos criadores, com um poder inato para tornar realidade ideias e visões. Ainda que obviamente simplificado, o processo de criação é mais ou menos assim:

Pensamento → Sentimento → Comportamento → Resultado

Mesmo podendo parecer dolorosamente óbvia, essa é uma fórmula que podemos esquecer com facilidade – principalmente quando se relaciona com coisas que queremos resolver.

Mas por trás dos pensamentos existe uma força ainda mais profunda que direciona e controla nossa vida. É um componente fundamental do processo criativo, tanto individual quanto coletivo. Na verdade, essa força *molda* pensamentos e sentimentos. Determina cada aspecto do nosso comportamento: o quanto dormimos, o que escolhemos para comer, o que dizemos a nós mesmos e aos outros, se e quanto nos exercitamos e o que fazemos com nosso tempo e nossa energia. Ela ajuda a gerar o valor que damos a nós mesmos e o valor que o mundo nos atribui. Impacta a saúde e alimenta sentimentos. Determina a qualidade dos relacionamentos e, em última instância, se levamos uma vida de alegria, realização e contribuição ou de sofrimento, dor e arrependimento.

É uma força que sustenta cada atitude que tomamos e a maneira como interpretamos e reagimos ao mundo. Essa força mais profunda e impositiva são as nossas crenças. **As crenças são os roteiros ocultos que comandam nossa vida.**

Como um trilho embaixo de um trem, nossas crenças determinam aonde vamos e como chegaremos lá. Mas antes de começarmos a falar de conceitos sem defini-los com clareza, vamos usar esta definição: crença é algo que você sabe com certeza total e absoluta. É um pensamento que você concluiu – consciente ou inconscientemente – ser A Verdade. Nossas crenças são a raiz da nossa realidade e dos nossos resultados.

Portanto, nossa fórmula da criação é mais parecida com isto:

Crença → Pensamento → Sentimento → Comportamento → Resultado

Para resolver qualquer problema ou realizar qualquer sonho, primeiro precisamos promover mudanças no nível da crença. Porque quando você muda uma crença, muda tudo.

O CORPO HUMANO E AS CRENÇAS

Nossas crenças também controlam nosso corpo. Em seu excelente livro *The Anatomy of Hope*, Jerome Groopman escreve:

Os pesquisadores estão descobrindo que uma mudança na mentalidade tem o poder de alterar a neuroquímica. A crença e a expectativa – os elementos fundamentais da esperança – podem bloquear a dor liberando endorfinas e encefalinas, imitando o efeito da morfina.

Racionalmente, você sabe disso. Digamos que você esteja caminhando na floresta e vê, alguns metros adiante, uma coisa comprida, escura, em forma de S. Na mesma hora seu coração dispara, suas mãos começam a suar e você fica tenso. "QUE PORRA É ESSA?!? É uma *cobra*?!!?" Sua fisiologia muda baseada numa crença, em um nanossegundo, de um possível perigo à frente, mesmo que a cobra acabe sendo um galho seco. Isso acontece de maneiras mais sutis também. Quem já não viu uma dor de cabeça insuportável desaparecer *instantaneamente* quando alguém importante ligou e atraiu o foco para outra direção? Ou se recuperou como por milagre de um enjoo ou uma exaustão quando um convite empolgante "imperdível" apareceu no último minuto?

Tenho certeza de que você já ouviu falar do efeito placebo. Se não ouviu, é a ideia de que, se acreditamos que alguma coisa vai nos ajudar a nos sentirmos melhor (como o Advil), ela vai – mesmo se estivermos tomando apenas um comprimido de açúcar. Mas e uma *cirurgia* placebo?

Espere só até ouvir isso: Bruce Moseley, um cirurgião ortopédico, era cético com relação à "cirurgia artroscópica". Por isso testou-a. Fez um teste clínico aleatório, de método duplo-cego e controlado com placebo – o padrão ouro na pesquisa científica.

No estudo alguns dos seus pacientes receberiam uma cirurgia total no joelho. Outros receberiam uma cirurgia falsa, ou seja, passariam por todos os procedimentos externos de uma cirurgia real (seriam levados de maca para a sala de cirurgia, veriam os médicos com jalecos brancos, seriam anestesiados, etc.), mas só receberiam alguns cortes rasos nos joelhos e seriam mandados para casa com um protocolo de recuperação e analgésicos. Um terço dos pacientes que receberam a cirurgia real experimentou alívio da dor. Mas o que espantou os pesquisadores foi que um terço dos pacientes que passaram pela cirurgia falsa tiveram os mesmos resultados. Num determinado ponto do estudo, os que passaram pela cirurgia falsa tiveram melhores resultados do que os que passaram pela de verdade!

Eis outro exemplo. Em 1962 o *Kyushu Journal of Medical Science* publicou um relato espantoso sobre uma experiência realizada com 13 garotos hipersensíveis às folhas das árvores de laca japonesa, que provoca efeitos iguais aos da hera venenosa. De olhos vendados, os 13 participantes foram informados de que tiveram contato em um dos braços com a laca japonesa. De modo pouco surpreendente, todos os 13 garotos tiveram uma dramática reação cutânea nos braços, inclusive vermelhidão, coceira, inchaço e bolhas. O ardil? Na verdade os braços deles tiveram contato com folhas de uma planta inofensiva, não venenosa.

Então os pesquisadores reverteram o procedimento. Com os olhos ainda fechados, os 13 garotos foram informados de que estavam tendo contato no *outro* braço com as folhas de uma planta inofensiva. Mas na realidade esses braços estavam tendo contato com a árvore de laca. Dessa vez, 11 dos 13 garotos *não* mostraram qualquer reação alérgica nos braços. Nada – apesar de serem muito sensíveis às folhas de laca que produzem urticárias.

Em última instância, as folhas inofensivas não apenas provocaram uma dramática reação cutânea, mas essa reação foi maior do que a produzida pelas folhas venenosas verdadeiras. Essas intensas reações físicas simplesmente se deviam ao poder monumental da crença.[1]

As crenças também podem aumentar nosso desempenho cognitivo. Numa experiência pequena mas perspicaz, quarenta estudantes universitários se prepararam para fazer um teste de conhecimentos gerais. Antes de começarem, metade foi informada de que logo antes de cada pergunta a resposta correta piscaria momentânea e *subliminarmente* numa tela diante deles. Os autores do estudo, Ulrich Weger e Stephen Loughnan, escrevem: "Nós dissemos que, apesar de não poderem reconhecer conscientemente o que estava escrito, seu inconsciente seria capaz de captar a resposta correta."

Na verdade, nenhuma resposta correta foi mostrada subliminarmente àquele grupo de estudantes. O que eles viam piscar na tela era uma fileira de letras aleatórias. O resultado? Dos dois grupos de estudantes que fizeram o teste de conhecimentos gerais, o grupo instigado a acreditar que as respostas corretas tinham sido mostradas subliminarmente tiveram notas bem maiores do que os que não passaram por isso.[2]

As crenças são os grandes comandantes do seu comportamento e dos seus resultados. Controlam nosso corpo e o modo como reagimos às crises, às críticas e às oportunidades. Elas nos dizem o que notar, em que focalizar, o que aquilo significa e o que fazer a respeito. O fato de as crenças moldarem nossa realidade é inegável. Elas nos afetam em diversos aspectos: físico, emocional, espiritual, financeiro, intelectual e cultural. Eis o que é importante lembrar:

> ## A longo prazo, suas crenças determinam seu destino.

As crenças criam comportamentos. A acumulação desses comportamentos determina toda a sua vida.

Sabe o que mais? **Toda crença tem uma consequência**. Suas crenças podem curar ou prejudicar você. Elas sustentam suas aspirações ou as atrapalham. A crença se torna a fonte da sua limitação ou de sua libertação. Não importa o que é verdade: importa em que você acredita.

Porque você reage de acordo com o que acredita. Por mais que essa citação de Henry Ford tenha virado clichê, ela é um fato: "Se você acha que pode ou acha que não pode, você está certo." Bom, isso significa que qualquer um pode fazer ou alcançar qualquer coisa que imagine desde que acredite o suficiente? Não, nada disso. A ação consistente, a criatividade e o comprometimento também têm seu papel.

Mas uma coisa é certa: se você não acredita que algo é possível para você, então ela não é. E ponto final. Fim da história. No momento em que diz ao seu cérebro "Isso é impossível", "Eu não consigo" ou "Isso nunca vai funcionar para mim", está 100% correto. Você ordena que seu cérebro se feche. A mente e o corpo vão atrás.

Ainda que nosso potencial como indivíduos seja desconhecido, o que sabemos com certeza é que crenças limitadoras garantem resultados limitados.

DE "RETARDADA LIMÍTROFE" A BACHAREL

> As notas das provas e as avaliações de desempenho dizem onde um estudante está, mas não dizem aonde ele pode chegar.
>
> *Carol Dweck*

No mundo da educação, Marva Collins é uma lenda. Alguns a consideram uma das maiores professoras do nosso tempo. Desiludida depois de ensinar em escolas públicas durante 16 anos, Marva pegou 5 mil dólares da poupança e abriu a Westside Preparatory School em Chicago, Illinois, em 1975. Seu objetivo era fundar uma escola para receber os estudantes que tinham sido rejeitados por outras, os rotulados de bagunceiros e essencialmente "impossíveis de ser ensinados". Sua missão era provar que todas as crianças podem aprender se receberem atenção, apoio e instrução adequados.

As habilidades de Marva eram tão impressionantes que o presidente Ronald Reagan a convidou para ser secretária de Educação, mas ela recusou para continuar transformando um estudante de cada vez. Um filme inspirador foi feito sobre ela, estrelado por Cicely Tyson e Morgan Freeman, e, em 1994, Marva figurou no videoclipe de "The Most Beautiful Girl in the World", do Prince.

Uma aluna chamada Erica chegou a Marva aos 6 anos e era considerada um caso perdido. Erica contou: "Me disseram que eu era retardada limítrofe, que nunca aprenderia a ler." Veja que crença destrutiva e devastadora! (Do mesmo modo, os professores de Thomas Edison disseram que ele era "estúpido demais para aprender qualquer coisa", e Albert Einstein só começou a falar aos 4 anos e aprendeu a ler apenas aos 7.)

Porém, Marva não se abalou. Erica começou a estudar na Westside Prep e a educadora a imbuiu de uma **crença inquestionável** de que poderia aprender a ler e escrever. Isso não era uma esperança ou um desejo de Marva; era um fato irrefutável. Além disso, ela instilou na menina sua dedicação à disciplina, à dignidade e ao trabalho duro e implacável.

Quando o programa *60 Minutes,* da CBS, fez um perfil de Marva e seus alunos 16 anos depois, Erica tinha aprendido a ler e escrever. Tão bem, na verdade, que havia acabado de se formar na Universidade Estadual de Norfolk.[3]

Absorva isso por um momento. Dá para imaginar como toda a vida de Erica seria tremendamente diferente se ela continuasse a acreditar nos supostos especialistas que disseram que ela jamais conseguiria ler e escrever – que era incapaz de aprender? Dá para imaginar o efeito devastador que essa crença teria na família de Erica do ponto de vista emocional e econômico?

Agora imagine os milhares de outros estudantes cuja vida foi transformada para sempre ao adotarem a crença inabalável de Marva. Pense nas gerações de famílias indelevelmente influenciadas pelo poder da convicção de uma mulher no potencial inato de uma criança.

Começamos a ver como os pensamentos limitadores podem ser trágicos e cataclísmicos. Não apenas para nosso senso de identidade e nossa capacidade de crescer, mas também para toda a nossa trajetória de vida e nossa habilidade de colaborar significativamente para a sociedade. Isso porque...

Quando você muda uma crença, muda tudo.

Sabemos instintivamente que isso é verdade, certo? Nossas crenças nos impelem ou nos impedem de viver todo o nosso potencial. As crenças determinam fracasso ou sucesso, e como definimos o sucesso, para começo de conversa. Imagine as décadas de crença, ação e determinação implacáveis necessárias para dar às mulheres dos Estados Unidos o direito ao voto.

Ou a crença inabalável que o presidente John F. Kennedy e a equipe da Nasa tinham em nossa capacidade de mandar seres humanos para o espaço e *caminhar na Lua* – algo que meros cem anos antes pareceria absurdo.

Tudo começa na crença. Ela é a gênese de toda descoberta notável e de todo avanço que os humanos já fizeram, desde a ciência até os esportes, os negócios, a tecnologia e as artes.

O poder da crença sobre nossa vida não pode ser subestimado. Mas antes de começarmos a mudar nossas crenças vale a pena entender mais sobre a origem delas.

DE ONDE VÊM SUAS CRENÇAS?

Ela estava chorando copiosamente. Desligou o telefone e se abaixou de modo que seus olhos estivessem no mesmo nível dos meus. Agarrou meus ombros, me sacudiu e disse: "Nunca, nunca, JAMAIS deixe um homem controlar sua vida, Marie. Você precisa ganhar seu próprio dinheiro. Precisa CONTROLAR o seu dinheiro. Não seja idiota como eu. Não cometa os mesmos erros que eu cometi. Está ouvindo?! Está vendo o que estou passando agora? Depois de todos esses anos não tenho nada. Nada..."

Foi isso que minha mãe me disse no dia em que ela e meu pai assinaram os papéis do divórcio. Eu tinha 8 anos. Assim que me soltou, ela apoiou a cabeça nas mãos e soluçou. Fiquei ali, imóvel e aterrorizada na cozinha. Não conseguia ver um modo de melhorar as coisas nem sabia quando veria meu pai de novo.

Tudo parecia instável e inseguro.

O que está provocando toda essa dor e como posso fazer com que ela pare? Como posso ajudar minha mãe a parar de chorar? O que posso fazer para melhorar a situação e ter meu pai de volta? O que posso fazer para garantir que algo assim nunca aconteça de novo?

Uma coisa estava clara: eu sabia que meus pais não estavam brigando por causa de drogas, álcool ou jogo. Tinha a ver com dinheiro. Sempre isso. Para ser mais específica, minha mãe não tinha controle sobre o dinheiro e, de modo geral, nunca havia o suficiente.

Eu só queria um modo de juntar minha família de novo. Involuntariamente, um poderoso conjunto de crenças sobre dinheiro, homens e o funcionamento do mundo começou a se formar dentro de mim. Essas crenças eram:

Não ter dinheiro suficiente = estresse, dor e sofrimento enormes
Não ter dinheiro suficiente, também = perder amor, segurança, conexão e família
Dar a um homem o controle sobre seu dinheiro = ser idiota e impotente
Dar a qualquer pessoa o controle sobre sua vida = arrependimento e angústia sem fim

Obviamente essas crenças não são *a* verdade, mas para uma criança de 8 anos eram ideias que eu tinha decidido que eram significativas e verdadeiras. Cheguei a essas conclusões prestando atenção nas conversas dos adultos e absorvendo as emoções e circunstâncias em que me encontrava.

Algumas das nossas crenças mais essenciais são forjadas durante experiências emocionais significativas – muitas das quais acontecem na infância. Quanto mais enfáticas e penetrantes são as emoções, mais provável que essas ideias ou crenças moldem nossa vida.

Em pé na cozinha com minha mãe, fiz a mim mesma a promessa mais profunda que já fizera na vida. De algum modo, um dia, eu descobriria um modo de ganhar tanto dinheiro que a falta dele nunca mais levaria o amor para longe. O estresse e a instabilidade provocados pela escassez de dinheiro eram intoleráveis, de modo que meu objetivo era tê-lo em abundância. Não para comprar brinquedos ou coisas materiais, mas como meio de restaurar o amor e aliviar o sofrimento. Lembro-me de sempre ver aqueles clássicos anúncios de "1 dólar por dia" na TV, falando de crianças e animais que passavam por necessidades. Todo comercial dizia que "só um pouquinho de dinheiro" podia ajudar a fazer a diferença. Formei a *crença* de que, se pudesse ganhar muito dinheiro, não ajudaria apenas a minha família, mas também outras pessoas.

Ao olhar para trás, vejo como algumas daquelas primeiras crenças do tipo "o dinheiro é contado" e "nunca há o suficiente" tiveram um papel crucial na forma como me relaciono com o dinheiro e nos problemas financeiros que tive no início da vida adulta. Durante anos contraí dívidas e não acreditei no meu valor e na minha capacidade de ganhar dinheiro.

Mas nunca perdi o contato com aquela promessa que fiz, de um dia conseguir ganhar dinheiro o suficiente para compartilhar. Num determinado ponto, aos 20 e poucos anos – assim que me fartei de estar falida e endividada –, fiquei obcecada por reformular minha crença e meu comportamento em relação ao dinheiro. Estudei finanças pessoais, apaguei minhas crenças negativas sobre renda e criei fortes hábitos financeiros pelos quais sou agradecida até hoje.

A utilidade de investigar nossas crenças antigas é a seguinte: não é um jogo de tudo ou nada. Não precisamos rejeitar tudo em que acreditamos, de uma vez só. Pode haver algumas crenças (ou talvez partes delas) que sejam úteis e mereçam ser mantidas, mas não vamos saber até as questionarmos e analisarmos. Então como essa teia intricada de crenças se estabelece? Vamos dar um breve passeio.

1. AMBIENTE

Quando você chegou a este mundo, seu cérebro de bebê era neutro e livre. Não continha nenhuma programação – não tinha opiniões, conhecimento, preconceitos nem crenças. Então, como uma esponja, você começou a absorver ideias a seu próprio respeito e a respeito de sua família, seus amigos, cuidadores, escola, cultura e sociedade. Assim como aprendemos a andar e falar, aprendemos em que acreditar. Pouco a pouco o ambiente programa nosso cérebro com crenças sobre amor, saúde, sexo, trabalho, nosso corpo, dinheiro, Deus, beleza, relacionamentos, outras pessoas, o mundo em geral – tudo! E o mais importante: o ambiente programa nosso cérebro com crenças sobre nossas próprias capacidades.

É aqui que está o perigo. Muitas das nossas convicções mais profundas são de segunda mão. São ideias velhas, não examinadas e não questionadas que aceitamos por pura inocência. Não separamos um tempo para ana-lisá-las, contestá-las e *escolhê-las*. Infelizmente muitas dessas crenças de segunda mão são contraproducentes para o que tentamos alcançar.

Vamos esclarecer: com relação a essas crenças de segunda mão, nossos pais, professores e cuidadores fizeram o melhor que podiam. Todo mundo sempre faz o melhor que pode. Aqui a culpa e o ressentimento não têm vez. Mas é importante reconhecer que, seja positivo ou negativo, o ambiente é uma das fontes mais significativas para nossas crenças atuais. Isso era verdade na infância e continua sendo na fase adulta. Por isso é importante ter consciência do ambiente, em especial quando você trabalha para incor-porar crenças novas, que sejam confiáveis e expandam seus horizontes.

2. EXPERIÊNCIA

A experiência direta ajuda a fundamentar mais as nossas crenças acerca de nós mesmos, dos outros e do mundo em geral. Naturalmente, essas cren-ças costumam ser influenciadas por outras vindas da família, dos amigos e de pessoas que cuidam de nós.

Eis um exemplo simples: adoro montanhas-russas. Para mim é difícil expressar quanto me sinto alegre e viva quando estou numa montanha--russa rápida feito uma bala. É algo que aprendi a curtir com meu pai. Mas conheço muita gente que nem chega perto de uma! Na experiência delas, as montanhas-russas transmitem terror, ansiedade e horas de náuseas.

As experiências diretas, tanto positivas quanto negativas, vão se empilhando com o tempo e começam a se amalgamar em crenças mais fortes e mais profundamente enraizadas sobre nossa identidade, quem somos e o que compõe nossa realidade.

3. PROVA

As crenças baseadas em provas são pensamentos e ideologias que aceitamos como "a verdade" a partir de figuras e fontes autorizadas: cientistas, clero, pesquisas, médicos, acadêmicos, escritores, a mídia e a sociedade em geral. Mas à medida que a tecnologia, a ciência e a cultura progridem, o que acreditamos ser verdadeiro as acompanha. Assim, crenças baseadas em provas podem evoluir e evoluem com o passar do tempo. Isso é ótimo, porque demonstra que, como indivíduos e como sociedade, podemos mudar e evoluir nossos conceitos. Lembre-se: os seres humanos já acreditaram que a Terra era plana, que margarina era melhor do que manteiga e que a lobotomia curava doenças mentais. Não é ótimo que esses tempos tenham passado?

4. EXEMPLOS

Aos 16 anos, Oprah Winfrey viu a apresentadora Barbara Walters na televisão. Ficou tão tocada e inspirada que disse a si mesma: "Acho que eu poderia fazer isso." Ela chegou a afirmar: "Não existe outra mulher mais responsável por abrir a porta para a minha carreira do que ela."[4] Nessa declaração Oprah não está dizendo que Barbara Walters "abriu portas" recomendando-a para trabalhos na TV. Está falando que bastou *testemunhar* outra mulher na televisão para que uma possibilidade se abrisse em sua consciência. É difícil se tornar aquilo que a gente não vê.

Encontrar modelos de comportamento fora do seu círculo imediato é um dos melhores e mais poderosos modos de transcender suas crenças limitadoras. Vivos ou mortos, famosos ou desconhecidos, encontre exemplos inspiradores lendo biografias, assistindo a filmes, ouvindo entrevistas ou simplesmente prestando mais atenção às pessoas boas em sua vida.

5. VISUALIZAR

Às vezes não temos exemplos nos quais buscar inspiração, mas uma crença no que é possível arde tão forte em nosso coração que dedicamos a vida a transformar isso em realidade. Um exemplo é o de Roger Bannister, a primeira pessoa a correr uma milha [cerca de 1,6 quilômetro] em menos de quatro minutos, em 1954. Ninguém tinha alcançado esse marco, mas no fundo do coração ele acreditava que era capaz. E conseguiu. Em seguida incontáveis outros o seguiram.

Martin Luther King descreveu uma visão de liberdade e igualdade que ainda não existia. Em seu icônico discurso "Eu tenho um sonho", ele disse: "Eu tenho um sonho de que meus quatro filhos pequenos vão um dia viver em uma nação onde serão julgados não pela cor de sua pele, mas pelo conteúdo de seu caráter."

King mudou para sempre a nossa cultura. E até hoje milhões de pessoas trabalham em prol do seu sonho. As crenças visualizadas parecem emergir de outro plano de consciência – ou de intuição, ou de alguma voz ou visão interior – e são forjadas no fogo do nosso coração.

POR QUE AS CRENÇAS TENDEM A SE GRUDAR

> Nós não vemos as coisas como elas são, nós as vemos como nós somos.
>
> *Anaïs Nin*

É natural que todas as cinco fontes se entrelacem, se sobreponham e interajam. Além disso, tendem a se reforçar mutuamente, podendo provocar alguns tropeços quando buscamos aprimorar nossas crenças se não mantivermos um olhar atento.

Por exemplo: talvez como resultado do divórcio dos seus pais você tenha formado a crença de que os casamentos nunca duram. Depois você mesmo passou por um divórcio que cimentou ainda mais essa crença. "Está vendo? O casamento não vale a pena." Não é difícil encontrar ainda mais provas que reforcem essas crenças como verdades. Uma busca rápida de estatísticas populares mostra:

- Nos Estados Unidos, entre 40% e 50% dos primeiros casamentos terminam em divórcio.[5]
- Isso significa um divórcio aproximadamente a cada 36 segundos.[6]
- São quase 2.400 divórcios por dia – 16.800 por semana ou 876 mil por ano!

É bem provável que você continue a afirmar que "casamentos não duram" ao ouvir e contar histórias de casamentos rompidos entre parentes, amigos e personalidades da mídia.

Isso realça outro fato fundamental sobre nossas crenças: **nosso cérebro tende a reforçar aquilo em que já acreditamos.** Esse fenômeno bem documentado se chama "viés de confirmação". Dito de modo simples, é a tendência de procurarmos e encontrarmos provas para sustentar aquilo em que já acreditamos. Selecionamos as informações que confirmam o que já sabemos, ao mesmo tempo que ignoramos (consciente e inconscientemente) informações que questionam nossas crenças existentes.

Nessa situação, qualquer exemplo que você encontre sobre um casal que tenha um casamento feliz é descartado imediatamente como um acaso ou uma mentira, ou nem é registrado em seu radar mental porque não combina com sua crença existente!

O viés de confirmação é algo profundo. Muito profundo. É particularmente nítido quando se trata de religião ou política, bem como da nossa identidade. E isso nos ajuda a entender por que as discussões sociais, políticas e pessoais sobre temas como direitos reprodutivos das mulheres, mudança climática, imigração, raça e controle de armas podem logo degringolar em gritaria.

Tendo participado desses tipos de "debate" com minha família, sei que eles quase nunca acabam bem. O viés de confirmação bate fundo e o inferno abre as portas. No meu mundo, isso significa um monte de gestos exagerados e palavrões. Apesar de acabarmos rindo e mudando de assunto, também é verdade que às vezes nos cercamos ainda mais por nossas muralhas de crenças.

Ainda que não possamos eliminar por completo o viés de confirmação, tornar-se consciente ajuda. Ao entendermos que nossa mente é projetada para reforçar aquilo em que já acreditamos (automaticamente deletando qualquer coisa contrária), podemos buscar ao máximo permanecer de mente aberta. Assim, damos outro passo na direção de dominar a mente em vez de ser dominados por ela. O fato mais importante a ser lembrado é:

Todas as crenças são uma escolha, e as escolhas
podem ser mudadas.

Isso mesmo. Suas crenças são uma *escolha*. Cada uma delas.

Como todas as crenças são aprendidas – consciente ou inconscientemente –, as que provocam dor e sofrimento podem ser desaprendidas.

Liberadas.

Dispensadas.

Qualquer crença limitadora pode ser apagada e substituída. E o melhor de tudo: mudar suas crenças não precisa ser difícil, só são necessários percepção, desejo e treino.

Quando você olha com mais atenção, uma crença não passa de um *pensamento* que você decidiu que é significativo e verdadeiro. É isso! Não há nada que prenda essa crença no lugar. Não existem barras de aço. Nem cadeados. Nem correntes. Como qualquer outro pensamento que aparece na sua mente, você pode deliberadamente optar por descartá-la.

Você já tem o necessário para se transformar de observador passivo em poderoso criador do seu destino. Assim, se você está infeliz com qualquer crença que escolheu (ou aceitou inconscientemente dos outros), escolha de novo.

E de novo.

E de novo.

E de novo.

O primeiro passo para se libertar das crenças é perceber quais delas estão lhe causando dor ou sofrimento. Tente sempre perceber em que você está pensando (isto é, acreditando) e saiba que a qualquer momento você pode decidir se quer continuar acreditando nesse pensamento.

Pesquisas mostraram que nosso cérebro é altamente adaptável. Ele é como um músculo, no sentido de que muda e fica mais forte com o uso. Os cientistas costumam se referir a isso como "plasticidade". Estudos em neurociência apontam que podemos produzir novas redes neurais e treinar o cérebro para pensar de modos novos. Os pensamentos que repetimos com mais frequência e mais intensidade emocional são reforçados. Fortalecemos e construímos fisicamente essas redes neurais. Isso significa que podemos literalmente incutir crenças no nosso cérebro e no sistema nervoso. Os pensamentos que não usamos nem reforçamos se enfraquecem e acabam se esvaindo.

Sim, estar sempre mudando seus caminhos neurais exige foco, repetição e dedicação. Mas, sério, você consegue pensar num modo mais proveitoso para usar seu tempo do que reprogramar fisicamente seu cérebro para ajudá-lo a levar uma vida melhor?! Ao estabelecer e reforçar crenças novas, esses novos comportamentos se tornam habituais. Isso promove melhores resultados com menos esforço consciente.

Naturalmente nosso objetivo é reforçar as crenças que nos sustentam e eliminar as que não sustentam. Mas veja o que é empolgante: não há necessidade de bancar o Sherlock Holmes e caçar cada crença limitadora que pipoca na sua mente. Em vez disso, vamos assumir uma abordagem mais inteligente, que poupa tempo.

Você só precisa de uma metacrença básica, uma chave mestra que destranque cada porta imaginável no castelo da sua consciência. É como apertar um interruptor que ilumina na mesma hora um campo de potencial infinito. Se ainda não adivinhou, todo o propósito deste livro é inspirar você a adotar a crença incrivelmente poderosa de que *tudo tem jeito*!

Tudo tem jeito

Ótimo.

Agora diga *de novo,* em voz alta. Pelo menos mais cinco vezes. A cada vez diga com mais energia, paixão e, sim, entusiasmo!

Tudo tem jeito

Tudo tem jeito

Tudo tem jeito

Tudo tem jeito

Tudo tem jeito!

Você tem toda a razão.

Faça uma promessa a si mesmo. Diga essa frase – tanto em voz alta quanto dentro da sua cabeça – com a maior frequência possível, cinco, dez, cinquenta vezes por dia. Transforme isso num ritual. Por quê? Porque...

> As palavras mais poderosas do universo são
> as que você diz a si mesmo.

Com energia e repetições suficientes você vai plantar essa crença com tanta firmeza que ela vai despertar sua consciência num nível mais profundo.

Diga "Tudo tem jeito" logo que acordar. Cante essas palavras no banho. Escreva-as no seu diário. Cantarole-as enquanto estiver malhando. (Quanto mais você puder usar o corpo e as emoções, mais profundamente essa crença vai se enraizar no seu ser.) Diga-as sempre que estiver se revirando na cama à noite. Quanto mais você pensar, disser, escrever e sentir essas palavras em seu corpo, mais vai reforçar essas trilhas neurais na sua mente.

Logo você vai começar a viver com um senso expandido de criatividade, confiança e autoridade. Antes que você perceba, o *tudo tem jeito* vai não somente se tornar sua crença mais valiosa, mas também a pedra fundamental da sua realidade.

DA IDEIA À AÇÃO

Se eu não acreditasse que a resposta podia ser encontrada, não estaria trabalhando nela.

Dra. Florence Sabin

Pegue um diário e escreva suas respostas para as perguntas a seguir. Lembre-se: você não vai obter resultados pensando em silêncio nessas respostas. Use caneta e papel. Qualquer coisa diferente disso é o mesmo que dar apenas meio passo.

1. *Por que você pegou este livro?* O que você quer resolver, mudar ou conceber? Você pode ter uma lista, tudo bem. Ponha tudo para fora. Depois escolha a mudança mais importante que deve ser feita agora. (Se não tiver certeza do que é prioridade, nós vamos abordar isso no capítulo 6. Então você poderá rever isso depois.)

2. *Que crença negativa ou limitadora impediu você de resolver isso até agora?* O que você contou a si mesmo sobre você, sobre suas capacidades, sobre os outros, o mundo ou a realidade, que o impediu de fazer essa mudança de uma vez por todas? Pode ser mais de uma crença.

3. *Agora risque essas crenças negativas ou limitadoras e escreva "BESTEIRA" ao lado de cada uma.* (Faça isso, é divertido!)

4. *Em seguida, enfatize por que cada uma dessas crenças ou histórias negativas é de fato uma grande besteira.* Brigue com o outro lado. Faça sua melhor defesa, a mais passional, a partir da perspectiva exatamente oposta. (Dica: uma parte

mais profunda e mais sábia de você *já* sabe que essas crenças limitadoras são besteira – caso contrário, você não teria pegado este livro.) Caia na real. Use a honestidade. Responda com o coração, e não com a cabeça.

5. ***Agora, imagine: quem você seria sem essa crença limitadora?*** O que seria diferente na sua vida se você fosse *incapaz* de pensar de novo naquela crença mesquinha e negativa? Como você poderia ter se comportado nos seus relacionamentos ou no trabalho? O que mudaria para você nos aspectos físico, emocional, mental, financeiro ou espiritual? *Imagine-se* de verdade sem essa crença e descreva sua realidade a partir daí.

6. ***Elabore um plano criativo e divertido para incorporar a crença de que* tudo tem jeito.** Lembre-se de que a repetição e a emoção são fundamentais! Talvez você queira escrever a frase vinte vezes em seu diário todas as manhãs nos próximos noventa dias. Você pode colocar a frase "Tudo tem jeito" no papel de parede do seu celular. Talvez a cantarole enquanto está lavando a louça ou dobrando a roupa limpa, ou pode grunhir as palavras em voz alta enquanto estiver fazendo agachamentos. Use o máximo de modalidades que puder: voz, escrita, gráficos, áudio, movimento corporal e, o mais importante, repetição. Para mais ideias e recursos, visite MarieForleo.com/EIF.

Anotações de Campo

O movimento é a vida dela – mas, depois da cirurgia, ela nunca mais poderá se mover desse jeito.

Minha filha é uma dançarina de hip-hop que compete solo e em equipe. A dança é sua vida. Ela usou um suporte corporal para a escoliose 24 horas por dia durante três anos e não funcionou. Acabou tendo que fazer uma cirurgia de fusão espinhal que fundiu 11 vértebras, tornando impossível dançar de novo.

Nos últimos dois anos não consegui aceitar essa limitação que seu corpo lindo e livre terá pelo resto da vida. Numa noite, deitada na cama chorando, de novo, eu estava navegando na internet pelo telefone quando encontrei a palestra de Marie na Oprah. Tudo se encaixou. Pensei: "O que Marie faria nessa situação? O que a mãe dela faria?" Então percebi: "Bom, vamos dar um jeito!"

Comecei com a aceitação. Pensei no que eu queria para a vida da minha filha em termos gerais: que ela fosse feliz. Será que ela poderia ter uma vida feliz com um cabo de vassoura na coluna? Claro que poderia! Minha missão era fazer com que tudo fosse lindo. E é. Emma se tornou um ícone da escoliose e um modelo para a causa.

Trabalhei de trás para a frente rumo ao objetivo que queria alcançar (uma vida linda para a minha filha) em vez de me concentrar no que eu achava que lhe daria uma vida linda (a dança). Minha filha está melhor do que antes do diagnóstico – mental e fisicamente – e eu estou em paz. Não choro mais até dormir.

Mandei um artista plástico fazer uma caneca de café legal que diz "O que a mãe da Marie diria?" e a uso diariamente para me lembrar desse mantra. Passei a acreditar que tudo que precisamos saber no mundo está dentro desta frase: "Tudo tem jeito." Porque tem mesmo.

– TARINA
MONTREAL

4

Dê adeus às desculpas

As piores mentiras são
as que contamos a nós mesmos.

Richard Bach

Não sinta pena de si mesmo.
Só os babacas fazem isso.

Haruki Murakami

Já teve uma manhã assim? Você foi para a cama com toda a intenção de se levantar cedo. Ia malhar, meditar, escrever – enfim, se tornar aquele ser humano incrivelmente produtivo que você sabe que pode ser. Agora o telefone está vibrando perto da sua cabeça. *Já? Nãããooo! Ainda está escuro. Muito frio. O sono é mesmo importante para a minha saúde, não é? Só mais cinco minutinhos.* Cinco minutos se passam. *Ok, talvez mais dez.* Quando seus pés tocam o chão, você está atrasado. O cachorro implora para passear. Seu telefone toca sem parar por causa de uma encrenca inesperada no trabalho. Você nota uma mancha na camisa depois de ter saído pela porta. Como diz David Byrne: *Same as it ever was. Same as it ever was* [O mesmo de sempre, o mesmo de sempre].

Agora que tal um dia assim? Seus olhos se abrem no escuro. Você vira a cabeça e pega o celular. *Sério? São só quatro e meia da manhã?* Falta uma hora para o alarme tocar. Seu voo só sai às 8h45, mas você sente tanta empolgação com a viagem que não consegue dormir nem mais um minuto. Você pula da cama, malha e vai para o aeroporto – cedo.

E aí? Por que às vezes conseguimos sem esforço fazer exatamente o que é necessário, mas em outras ocasiões isso é tão difícil? O que nos impede de manter um bom desempenho nos níveis em que somos capazes?

Para encontrar a resposta precisamos olhar para dentro. Não importa o que estejamos tentando descobrir, as maiores barreiras estão dentro da nossa mente:

Preciso voltar a me exercitar, mas estou ocupada demais com o trabalho e as crianças. Não dá – não tenho tempo.

Minhas contas estão uma confusão só. Não importa o que eu faça, não consigo avançar. Não sou boa com números.

Quero muito fazer aquele curso de design. Ele poderia me proporcionar uma carreira totalmente nova! Mas é caro demais – não posso pagar.

Eu queria conhecer uma pessoa especial. Mas não tenho tempo para namorar, estou velha demais. Além disso, todos os homens legais já estão comprometidos.

Soa familiar? Minha mão está levantada porque já disse coisas parecidas a mim mesma. Muitas vezes. Mas a verdade é a seguinte: um dos obstáculos que mais nos prendem são essas desculpas. As pequenas mentiras que contamos a nós mesmos e limitam quem nós somos e o que realizamos.

Todo mundo inventa desculpas de vez em quando, por isso não se sinta mal. Mas se você se comprometeu a resolver as coisas, precisa dar adeus a todas as desculpas. É hora de descobrir todos os modos pelos quais você se boicota. Assim que admitir a fragilidade das suas desculpas, vai recuperar não apenas enormes reservas de energia, mas também sua capacidade de mudar.

DUAS EXPRESSÕES QUE VÃO ANIQUILAR SUAS DESCULPAS ESFARRAPADAS

Vamos começar observando seu vocabulário e duas expressões comuns que turvam sua capacidade de ser honesto consigo mesmo. Essas expressões são "não posso" e "não quero". Pense na frequência com que as pessoas dizem alguma versão das seguintes frases:

Não consigo me levantar cedo e malhar todo dia.
Não consigo arranjar tempo para escrever.
Não consigo perdoá-la pelo que ela fez.
Não posso aceitar aquele emprego, é do outro lado do país.
Não posso pedir ajuda.
Não posso pedir uma promoção porque ainda não sou bom o suficiente.
Não posso iniciar esse projeto porque o chefe não aprovou.
Não posso _____ *[fazer o curso, aprender a língua, iniciar o empreendimento, etc.] porque não tenho como pagar.*

Eis o problema: 99% das vezes em que dizemos "não posso" fazer alguma coisa, o "não posso" é um eufemismo para "não quero". O que significa "não quero"? Significa que não estamos dispostos. Em outras palavras...

Você realmente não quer.

Você não quer fazer o trabalho.

Não quer correr o risco.

Não quer se sentir desconfortável ou se incomodar. Simplesmente não se trata de uma prioridade tão grande ou importante.

Antes que você discorde ou encontre exceções (que existem), tenha um pouquinho de paciência.

Se você considerar que isso pode ser real em sua vida, ao menos em parte do tempo, vai se libertar da maioria de merdas que enganam e prendem você. Por exemplo, volte a todas aquelas declarações e substitua "não posso" por "não quero". Você vai descobrir que são muito mais honestas:

Não quero me levantar cedo e malhar todo dia.
Não quero arranjar tempo para escrever.
Não quero perdoá-la pelo que ela fez.
Não quero aceitar aquele emprego, é do outro lado do país.

Não quero pedir ajuda.

Não quero pedir uma promoção porque ainda não sou bom o suficiente.

Não quero iniciar esse projeto porque o chefe não aprovou.

Não quero _____ [fazer o curso, aprender a língua, iniciar o empreendimento, etc.] porque não quero pagar.

Na minha vida, quando digo "não posso", na maior parte das vezes estou na verdade dizendo "não quero". Não quero. Não tenho vontade de fazer o sacrifício ou o esforço necessário para alcançar esse resultado específico. Não é uma coisa que eu deseje tanto assim, ou que eu queira colocar à frente das minhas outras prioridades. Dizer que você não quer uma coisa (ou não quer ter o trabalho ou assumir o sacrifício para realizá-la) não o torna uma pessoa ruim ou preguiçosa. Faz com que você seja honesto.

Veja por que essa distinção é importante, especialmente quando se trata de usar a filosofia *tudo tem jeito*. Com frequência, quando usamos a expressão "não posso", começamos a nos comportar como vítimas – impotentes diante das circunstâncias. É como se não tivéssemos controle sobre nosso tempo, nossa energia ou nossas escolhas. Não assumimos responsabilidade pela nossa vida.

Ao usar a expressão "não quero", você se sente e se comporta de modo mais empoderado. Lembra que está no comando de seus pensamentos e atos. VOCÊ determina como usar seu tempo e seus recursos. Sente-se mais vivo, energizado e livre porque está assumindo plena responsabilidade pela condição da sua vida.

Por falar em assumir responsabilidades, aqui vai um pequeno lembrete sobre um princípio universal essencial:

Você é 100% responsável pela sua vida.

Sempre e em todos os sentidos. Não são seus pais. Não é a economia. Não é o seu marido, a sua esposa ou a sua família. Não é o seu chefe. Não são as escolas onde você estudou. Não é o governo, a sociedade, as instituições ou sua idade. Você é responsável por aquilo em que acredita, pelo modo como se sente e como se comporta. Que fique claro: não quero dizer que você é responsável pelas ações dos outros ou por injustiças que lhe aconteceram – mas você é responsável pelo modo como reage às ações dos outros. Na verdade, a felicidade duradoura *só* vem quando você assume 100% de responsabilidade por si mesmo.

Mas você pode dizer: "Marie, você não conhece minha história. Aconteceram tantas coisas horríveis comigo que não são minha culpa, que estão fora do meu controle e que não escolhi, como posso ser responsável por isso?" Ou você pode afirmar: "Mas, Marie, neste momento estão acontecendo coisas comigo sobre as quais não tenho controle por causa da cultura e da sociedade em que nasci. Como posso ser responsável por essas coisas?"

Certo. Existem forças externas, situações e condições sociais que afetam todos nós. O fundamental é entender que, não importa o que aconteceu no passado ou o que está acontecendo agora, se você não estiver pelo menos *disposto* a assumir toda a responsabilidade pela sua vida – o que inclui pensamentos, sentimentos e comportamentos –, estará abrindo mão do poder de mudá-la.

Tiffany, uma psicoterapeuta de São Francisco, me escreveu dizendo:

> Para aqueles de nós que viemos de uma origem humilde ou temos histórias de trauma social e privação de direitos durante gerações, é fácil ficar atolado pelo peso do desespero. Como filha de um pai afro-americano e pobre, herdei a desesperança resultante de um legado de espancamentos, de direitos negados, de luta e, depois, de ter a própria terra, o lar e a família arrancados independentemente do que você fizesse. Essa mentalidade derrotava meus esforços. Eu começava alguma coisa, encontrava um obstáculo e ficava triste, sem perceber que podia dar um jeito. Eu TENHO os recursos para fazer acontecer. Marie, você me ensinou isso! Como alguém que lutou durante ANOS para saber como seguir em frente, uma coisa que você disse mudou minha vida. TUDO TEM JEITO.

Vamos deixar claro: assumir responsabilidade não significa se silenciar diante da injustiça. Não significa culpar-se ou sentir vergonha. Não significa se autocriticar ou viver se sentindo culpado. Em vez disso, assumir

100% da responsabilidade pela sua vida significa reconhecer que é você quem deve decidir como se sente e quem quer ser *em reação* ao que acontece agora e no futuro.

Você consegue imaginar o que aconteceria se Malala Yousafzai achasse que não tinha idade suficiente, privilégio suficiente ou força suficiente para defender a educação das meninas? Lembre-se: Malala era uma *pré-adolescente* de apenas 11 anos quando começou a lutar pelos direitos das meninas de irem à escola. Tinha apenas 15 anos quando levou um tiro na cabeça dado pelo Talibã paquistanês durante uma tentativa de assassinato. De modo extraordinário ela sobreviveu e fez um discurso nas Nações Unidas aos 16 anos. Aos 17, foi a pessoa mais jovem a receber o Prêmio Nobel da Paz. Malala se recusou a deixar que uma bala na cabeça se tornasse uma desculpa para parar de defender a educação.

> Os melhores anos da vida são aqueles em que você decide que os seus problemas são seus. Você não culpa sua mãe, a economia ou o presidente. Percebe que controla o próprio destino.

> *Albert Ellis*

■ ■ ■

Você conhece a história de Bethany Hamilton? Quando tinha 13 anos, essa aspirante a atleta foi surfar de manhã com amigos na Tunnels Beach, em Kauai. Estava deitada na prancha com o braço pendurado no mar quando um tubarão-tigre de mais de quatro metros a atacou, decepando todo o braço esquerdo. Quando chegou ao hospital, Bethany tinha perdido 60% do sangue do corpo e estava em choque hipovolêmico. Não sabiam se ela sobreviveria.

Bethany sobreviveu e, apesar do trauma extraordinário, estava decidida a voltar à água. Um mês depois do ataque do tubarão, ela retornou ao mar e à prancha. Passado pouco mais de um ano, ganhou seu primeiro título nacional no surfe e continuou vencendo em muitos outros eventos, competindo regularmente e realizando seu sonho de ser surfista profissional.

Depois daquele acontecimento devastador, seria totalmente compreensível se Bethany dissesse algo como "não posso" e decidisse que a perda do braço era o fim da sua carreira no surfe, em vez do início.

Em seus momentos mais sombrios, Bethany tomou uma decisão importante. Optou por assumir responsabilidade por si mesma e pelo seu futuro. Escolheu enfrentar as circunstâncias com elegância, coragem e determinação. Decidiu que esse acontecimento capaz de alterar a vida não a impediria de correr atrás de seus sonhos. Na verdade, ele faria o oposto: iria instigá-la a trabalhar mais duro ainda. Ela não inventou desculpas. E deu um jeito. Ao fazer isso, tornou-se um espantoso modelo da força indomável do espírito humano.[1]

■ ■ ■

Aqui vai mais um exemplo. Na área rural do Zimbábue, uma menina de 11 anos chamada Tererai estava na escola primária havia menos de um ano quando seu pai a casou, em troca de uma vaca, com um homem que a agredia. Ela queria desesperadamente estudar, mas era pobre e uma menina. Então usou os livros escolares do irmão e folhas de plantas como papel e aprendeu sozinha a ler e escrever. Porém, sua vida seguiu sem mais mudanças e, aos 18 anos, ela já tinha quatro filhos.

Anos depois, Tererai conheceu uma assistente social de outro país que perguntou a todas as mulheres da aldeia sobre seus sonhos. Inspirada, Tererai escreveu seus sonhos mais loucos num pedaço de papel. Esperava um dia estudar fora do país, obter um diploma universitário, um mestrado e depois um doutorado.

Sua mãe olhou aqueles sonhos e disse: "Tererai, vejo que você só tem quatro sonhos, sonhos pessoais, mas quero que se lembre de que seus sonhos nesta vida terão mais significado quando estiverem ligados à melhoria da comunidade." E assim Tererai escreveu um quinto sonho: "Quando voltar, quero melhorar a vida das mulheres e das meninas da minha comunidade, para que não precisem passar pelo que passei."[2]

Dadas as circunstâncias, esses eram objetivos muito distantes. Alguns podem dizer que eram até mesmo impossíveis. Tererai colocou esses sonhos numa lata e os enterrou embaixo de uma pedra.

Começou a trabalhar em instituições de ajuda locais como organizadora comunitária. Guardava cada centavo que podia e usou alguns ganhos para fazer cursos à distância, a fim de aplacar sua sede de conhecimento. Em 1998, candidatou-se para a Universidade do Estado de Oklahoma e foi aceita. Com o apoio das organizações para as quais trabalhava e de sua comunidade, foi estudar nos Estados Unidos – levando a reboque os cinco filhos, o marido e 4 mil dólares em dinheiro vivo escondidos na cintura.

Apesar dessa mudança, a vida de Tererai ficou mais difícil do que nunca. Sua família morava num trailer velho. Os filhos viviam com fome e frio. Em vez de ajudar, seu marido continuou a espancá-la. Tererai se alimentava e alimentava os filhos com a comida que catava em latas de lixo. Pensou em desistir, mas encontrou forças para ir em frente porque acreditava que desistir seria decepcionar outras mulheres africanas. Como foi lembrado no excelente livro de Nicholas Kristof e Sheryl WuDunn chamado *Metade do céu*, Tererai disse: "Eu sabia que estava tendo uma oportunidade que outras mulheres dariam a vida para ter."[3]

Tererai teve vários empregos e frequentava as aulas do melhor modo possível, dormindo pouco e sofrendo agressões por parte do marido. A certa altura, quase foi expulsa da faculdade porque atrasou os pagamentos. Milagrosamente, uma autoridade da universidade a defendeu e conseguiu o apoio da comunidade local.

Finalmente Tererai conseguiu que seu marido violento fosse deportado e continuou a perseverar. Cursou o bacharelado e o mestrado. Sempre que alcançava um objetivo, voltava ao Zimbábue, desencavava aquele pedaço de papel e riscava o item. Tererai se casou de novo, com um patologista botânico chamado Mark Trent, e continuou em frente. Até que, em 2009, conseguiu riscar o último item pessoal da lista: terminar a tese de doutorado e, enfim, se tornar conhecida para sempre como Dra. Tererai Trent.

Atualmente, ela é fundadora da Tererai Trent International, organização cuja missão é dar acesso universal à educação de qualidade ao mesmo tempo que empodera comunidades rurais. Quer saber qual é o lema de Tererai? *"Tinogona"*, que quer dizer "É possível!".

Eu não poderia concordar mais.

Você consegue imaginar todas as desculpas que Tererai poderia ter usado para ficar para trás ou desistir? Desculpas bem válidas. Ainda que sua jornada não tenha sido rápida nem fácil, a Dra. Trent prova de novo as possibilidades que nos aguardam quando nos concentramos nos resultados e não nos motivos pelos quais não podemos (ou não queremos).

■ ■ ■

Se essas pessoas não deixaram que as desculpas – ou qualquer outra coisa – as impedissem de realizar seus sonhos, por que nós deveríamos deixar? Isso me lembra de uma das minhas citações prediletas: "A vida é 10% o que acontece comigo e 90% como eu reajo." A frase faz parte de uma passagem mais longa, que diz:

> A atitude é mais importante do que os fatos. É mais importante do que o passado, a formação, o dinheiro, as circunstâncias, os fracassos e os sucessos, mais do que o que as outras pessoas pensam, dizem ou fazem. É mais importante do que a aparência, a capacidade ou a habilidade. Ela é capaz de criar ou destruir um negócio, um lar, uma amizade, uma organização. O notável é que todo dia eu tenho a chance de escolher qual será a minha atitude. Não posso mudar o meu passado. Não posso mudar as ações dos outros. Não posso mudar o inevitável. A única coisa que posso mudar é a atitude. A vida é 10% o que acontece comigo e 90% como eu reajo.[4]

Você sempre tem mais poder do que imagina. Sua mente é a ferramenta mais extraordinária que você tem para moldar a realidade.

Vou fazer uma pergunta: não é verdade que num determinado ponto da sua vida, quando você realmente, *realmente* quis alguma coisa, quando essa coisa era importantíssima para você, de alguma forma você encontrou um modo de fazer acontecer? Uma chave interna se virou e, de repente, você tinha os recursos. Estava comprometido. Gerou resultados apesar das dificuldades.

Passe um pente-fino no seu passado. Lembre-se de uma situação em que, a princípio, você acreditou que não tinha tempo, capacidade ou recursos para fazer uma coisa acontecer e acabou dando um jeito. Aqui vão alguns exemplos simples, da minha vida.

Na faculdade, eu era uma aluna dedicada e tinha vários empregos. Nove em cada dez vezes, quando amigos me convidavam para festas ou shows, minha resposta era: "Obrigada, mas não posso ir porque tenho que trabalhar." Pela minha perspectiva, isso não era mentira nem desculpa. Era o que eu acreditava ser verdade.

Houve uma noite em particular em que eu precisava estudar para uma importante prova de ética e tinha um trabalho de direito para terminar. Minha intenção, como sempre, era ficar em casa, trabalhando. Mas, antes de voltar para o alojamento, encontrei um rapaz de quem eu gostava. Ele me convidou para sair naquela noite. Em vez de reagir com o meu automático "não, não posso – não tenho tempo", alguma coisa me fez parar (olá, hormônios!) e responder: "Seria ótimo. Encontro você às sete."

Eu ainda tinha toda a intenção de fazer o trabalho, mas aquela motivação extra me fez perceber que não se tratava de ter tempo, e sim de *criar* tempo. E sempre há mais tempo do que a gente pensa (falarei mais sobre isso depois).

Fiquei superconcentrada, fui dormir tarde e acordei cedo no dia seguinte para fazer tudo, sem reduzir os estudos. O desejo de me dar bem na aula e sair com o cara me ajudou a sair da zona de conforto e ir muito além da velha desculpa da falta de tempo. O tempo estava ali. Eu só precisava querê-lo o suficiente.

No início da minha carreira, ouvi falar de um retiro na América do Sul ao qual queria muito ir. O problema é que eu não tinha dinheiro. Ainda tinha uma grande dívida estudantil e trabalhava para quitá-la. Esse tipo de coisa já havia acontecido antes; eu tinha esbarrado em outros eventos educacionais intrigantes, mas dizia a mim mesma: "Talvez um dia, mas agora não posso pagar." Em geral, esse era o fim da discussão.

Havia algo diferente naquela viagem específica. Eu não conseguia explicar de maneira lógica, só sentia um impulso persistente no corpo. Sabia, no fundo do coração, que precisava ir. Você já teve essa experiência? Em que você sabe de alguma coisa bem no fundo, que desafia a lógica e a razão? Quer você chame de instinto ou intuição, é sensato ouvir.

Como não conseguia afastar o sentimento de que *tinha* que fazer aquela viagem, dei um passo ousado e negociei um plano de pagamento especial com os organizadores do retiro. Dei a eles minha palavra de que, não importando o que fosse necessário ou quanto tempo demorasse, eu não fugiria do compromisso. Depois comecei a ralar. Arranjei três trabalhos extras para fazer aquilo acontecer.

Isso foi em 2003 e ainda é uma das experiências mais profundas da minha vida. Por acaso foi nessa viagem que Josh, meu amado companheiro, e eu nos apaixonamos. Ao olhar para trás, agradeço porque não somente confiei no meu instinto para ir, mas também porque não deixei que minha desculpa do "não posso pagar" me impedisse de ser tão engenhosa quanto era capaz.

As desculpas são assassinas de sonhos. Se deixarmos, as desculpas vão nos manter numa prisão que nós mesmos criamos. Como diz o ditado, se você defende suas limitações, vai acabar ficando com elas.

Se realmente quisermos, todos podemos encontrar um motivo para justificar nossa falta de resultados. Mas nada é mais impeditivo de alcançar sucesso a logo prazo do que uma mente não treinada. Sempre que você se pegar arranjando uma desculpa, não a engula. Não permita que nada ocupe espaço na sua cabeça ou no seu coração. Pergunte-se: e as Bethanys, Tererais ou Malalas da vida? E os bilhões de pessoas heroicas que superam desafios extraordinários todo dia no planeta?

Elas não têm um gene mágico que falta em você. Simplesmente aprenderam a usar seu poder inato. O objetivo não é nos compararmos com os outros (o que sempre é uma proposta perdedora), mas sermos inspirados por nossa humanidade compartilhada.

Não importa quais limitações você acha que tem, garanto que, se procurar bem, você vai encontrar alguém com mais desafios ainda. Muito mais. Até mesmo Tererai disse: "Quem sou eu para reclamar porque estou alimentando meus filhos com coisas tiradas do lixo? No lugar de onde eu venho, milhões de crianças sem teto estão comendo comida tiradas do lixo que ninguém lava. Pelo menos no lixo americano alguém lava."[5]

Procure histórias de pessoas que podem se tornar pedras de toque para sua força mental e emocional. Pessoas cujas histórias inspirem você a cavar mais fundo e continuar em frente. Encontrar outros que perseveraram apesar das dificuldades não nega a validade de seus problemas. Use essas histórias de determinação para manter sua vida em perspectiva. Se essas pessoas conseguiram, você também pode.

Você toma as rédeas da própria vida, e o que acontece?
Uma coisa terrível: não há a quem culpar.

Erica Jong

Ainda que eu não goste muito de fundamentos que ignorem as nuances da vida, às vezes um contraste claro nos desperta. Aqui vai um ditado que cai bem nesta conversa:

Existem dois tipos de pessoas no mundo:
as que têm razões e as que têm realizações.

Se você quiser, pode ter todas as razões (ou seja, desculpas) para explicar por que não consegue fazer as mudanças acontecerem. Por que não consegue resolver as coisas. Você pode se agarrar a todas as razões do mundo: sua idade, seus pais, sua genética, sua saúde, sua origem e assim por diante. Ninguém vai aparecer e tirar esses motivos. Você tem todo o direito de pensar e acreditar no que quiser.

Mas, se você se agarra aos motivos pelos quais "não pode", saiba que nunca vai aproveitar a profundidade do seu amor, dos seus dons, da sua força, da sua criatividade e do seu maior potencial. O mundo também não.

VERDADES E TÁTICAS: COMO SUPERAR AS LIMITAÇÕES PERCEBIDAS

Nenhum problema consegue suportar o ataque do pensamento sustentado.

Atribuído a Voltaire

Neste ponto você está num campo ou no outro. Campo 1: Você sabe que as desculpas são babaquices. São mentiras tóxicas que não fazem nada além de estrangular sua força vital. Se esse é o seu caso, passe direto para o desafio "Da ideia à ação" no fim deste capítulo, na página 80.

Ou você está no Campo 2. Filosoficamente está a bordo, mas precisa de auxílio tático para abandonar as restrições cotidianas. Vamos mergulhar fundo nas três desculpas mais comuns: falta de tempo, de dinheiro e de conhecimento. Você ficará feliz em saber que, como tudo o mais, todas elas têm jeito.

DESCULPA Nº 1: "NÃO TENHO TEMPO"

Quem não se sente sem tempo hoje? Estar ocupadíssimo, estressado e cronicamente assoberbado se tornou uma epidemia cultural. Só porque atulhar a vida de afazeres intermináveis se tornou popular não significa que seja sensato. Ou que seja o único modo de viver.

Todos nós temos as mesmas 24 horas por dia. Só você decide como vai gastá-las. É, eu sei. Todos temos trabalho. Muitas pessoas têm mais de um emprego, filhos, cônjuge, bichos de estimação, pais, avós, problemas de saúde. Para não falar de entes queridos com necessidades especiais, serviço comunitário, transporte público ruim e uma lista de projetos e responsabilidades cada vez maior. Mesmo com tudo isso, não embarque na atitude mental do "simplesmente não tenho tempo".

Quaisquer que sejam suas programações ou responsabilidades, elas não acontecem do nada. Sua vida, inclusive o modo como você gasta seu tempo, é um subproduto das escolhas que você fez. Para o bem ou para o mal, você representou um papel para chegar aqui.

Vamos deixar claro: as dificuldades que você enfrenta neste momento não são culpa sua. Há uma diferença entre ser dono das próprias escolhas e se culpar. Por exemplo: quando meu enteado era pré-adolescente, às vezes eu reclamava de ter que arrumar a bagunça dele. Estava lutando para incrementar meu negócio e fazendo vários trabalhos paralelos. Ajeitar a bagunça alheia *não* era o que eu queria fazer no meu tempo livre. Eu tinha um pequeno ataque de autopiedade e agia feito uma megera, o que naturalmente criava tensão entre Josh, meu enteado e eu. Foi então que precisei me lembrar de uma verdade importante: eu havia escolhido estar com um homem que tinha um filho pequeno. Isso significava que, mesmo não querendo filhos biológicos, parte de mim queria ser madrasta. Como sei disso? Porque eu sou. Fiz essa escolha. E essa escolha sempre valeu a pena.

Seja dono das suas escolhas. Ao assumir a responsabilidade pelo modo como gasta o seu tempo, você adquire o poder de mudá-lo. Já que "não tenho tempo suficiente" pode ser uma das desculpas mais difíceis de se livrar, escreva esta verdade importantíssima sobre o tempo:

Se for realmente importante, eu arranjo tempo.
Se não for, invento uma desculpa.

Diga isso. Cante isso. Faça o que for necessário para permitir que essa verdade mantenha você na direção da sua vida. A chave para demolir a desculpa do tempo é primeiro abraçar o fato de que tudo que você está fazendo com as suas 24 horas é uma escolha. Uma escolha sua. Uma escolha que você faz e que você pode mudar. Considere este fato louco, mas verdadeiro:

VOCÊ NÃO TEM QUE FAZER NADA NA VIDA.

Tudo na vida são escolhas! E quero dizer tudo mesmo. Alimentar-se. Ir trabalhar. Dar banho nas crianças. Pagar impostos. Permanecer num relacionamento. Responder aos e-mails ou mesmo usar e-mail (alguns seres humanos incrivelmente realizados não usam). Usar redes sociais (de novo, algumas pessoas muito realizadas e felizes não usam). Assistir aos noticiários, a filmes, ver TV. Ler livros. Fazer compras. Atender ao telefone. Cuidar dos seus negócios. Lavar a roupa. Falar com os familiares. Cada coisa em sua vida é uma escolha que você está fazendo, quer perceba isso ou não.

Você pode dizer: "Isso é ridículo, Marie. Preciso pagar os impostos, senão vou parar na cadeia!" Ou "Preciso dar banho nas crianças, senão elas vão virar pequenos zumbis com crosta de molho de macarrão". Ou "Preciso trabalhar, senão vou ser demitido e perder minha casa". Está certo. Existem consequências para não pagar os impostos, não dar banho nas crianças e não ir trabalhar. Mas as consequências não negam o fato de que a escolha é sua. Você está fazendo essas escolhas porque elas são importantes para você. E a questão é: você arranja tempo para o que importa mais.

Ninguém está apontando uma arma para a sua cabeça e forçando você a ler e a responder aos e-mails. Ninguém está forçando você a acompanhar as notícias ou a ver a nova temporada daquela série que todo mundo está vendo. Nós escolhemos fazer isso. Escolhemos tudo.

Como diz o palestrante motivacional Michael Altshuler: "A má notícia é que o tempo voa. A boa é que você é o piloto." Não existe nenhuma fada do tempo que vá aparecer e limpar por magia o seu calendário. Aceite o fato de que, se você teve poder suficiente para criar uma vida supercomprometida e sobrecarregada, tem poder suficiente para desfazê-la.

Devemos nos concentrar na única coisa que realmente podemos controlar: nós mesmos. Nossos pensamentos. Nossas crenças. Nossos sentimentos. Nosso comportamento.

Lembre-se:

Nunca se trata de ter tempo, mas de criar tempo.

É fácil mudar seus hábitos? Não. Para liberar seu tempo você precisa dizer não às pessoas? Desapontar alguém? Sim. Você vai quebrar regras sociais, incomodar, ter conversas desconfortáveis e desmantelar algumas suposições entranhadas? Com certeza.

Mas eis um bom jeito de começar: perceba que você não pode administrar o que não é mensurado. Se está levando a sério a erradicação das desculpas, faça o seguinte: nos próximos dez dias, anote absolutamente tudo que você fizer, desde o momento em que acorda até o momento em que vai dormir.

Não mude sua rotina. Registre o que você costuma fazer, sem enfeitar nem julgar. Seu ego pode se sentir tentado a mexer com os números ou ajustar o comportamento para fazer com que você pareça melhor no papel. Não faça isso. O objetivo desse exercício é entender exatamente como você gasta o tempo. Além disso, você precisa saber como está gastando o seu tempo antes de alterá-lo.

Muito importante: não deixe um minuto sem ser anotado. Seja uma pessoa obsessiva com as anotações nos próximos dez dias. Pegue um caderno e registre seu tempo a cada dois, dez ou trinta minutos – qualquer opção que ajude a capturar o retrato mais exato. Inclua coisas como parar para o almoço, trocar mensagens com os familiares, comer salgadinhos ao lado da pia, passear com o cachorro, regar as plantas, ir ao correio, comprar um café na esquina, arrancar pelos do queixo.

Garanto que o benefício de ver exatamente para onde vai o seu tempo vale o esforço. A maioria das pessoas não percebe quanto tempo gasta com coisas idiotas que não têm conexão com nossos valores mais profundos nem apontam para a direção dos nossos sonhos mais importantes. E pior, os ambientes modernos são projetados para nos distrair, fragmentar nosso tempo e roubar nossa atenção.

E qual é o resultado que estamos buscando? Liberar duas horas por dia. Antes que você jogue este livro na parede ou pense *Pirou de vez, Marie! Não consigo nem dois minutos de tempo livre, quanto mais duas horas por dia*, me acompanhe e, no mínimo, experimente. À medida que registrar o tempo, preste atenção especial aos maiores usurpadores de tempo da nossa sociedade:

- Redes sociais (nenhuma surpresa), e-mail e internet em geral (compras, notícias, aplicativos, vídeos, podcasts, navegação aleatória), especialmente pelo celular.
- Planejamento e preparo ineficientes das refeições.
- Trânsito.
- Reuniões (muitas das quais não agregam valor ao nosso trabalho nem às nossas tarefas ou que poderiam ser abordadas de modo mais rápido e eficiente por e-mail).
- Televisão (sim, Netflix conta).
- Realização de tarefas (que não são essenciais ou poderiam ser feitas mais tarde quando seriam uma distração a menos para nossas horas mais criativas e de alta produtividade).

O primeiro item merece atenção extra. Poucos conseguem imaginar um mundo sem smartphones. Nós acordamos com eles. Levamos para o banheiro. Vamos para a cama com eles. Ficamos com eles na mesa de jantar. Bilhões de pessoas são viciadas nas telas. Se você não notou, agora a tecnologia nos controla mais do que nós a controlamos. Ainda que cada pessoa faça uso da tecnologia de modo único, um estudo recente estima que os americanos gastem quase cinco horas por dia nos celulares. São 75 dias por ano (mais ou menos um terço do tempo que passamos acordados na vida) grudados num aparelhinho luminoso!

Esse vício em tecnologia não é por acaso, é projetado. Instrumentos são criados para manter você fisgado. Cada cor, som e característica é pensada intencionalmente para fazer com que você passe cada vez mais tempo com sua tela.

Empresas com bilhões de dólares contratam alguns dos seres humanos mais inteligentes e criativos do planeta para elaborar novos modos de nos atrair para vivermos em seus aplicativos e suas plataformas. Lembre-se: os preços das ações dependem da manutenção das estatísticas de engajamento nas alturas. A sobrevivência de muitas empresas de tecnologia se baseia em inventar continuamente maneiras de capturar uma parcela cada vez maior do seu tempo e da sua atenção. Se você acha que é cliente desses produtos e plataformas, repense. O seu tempo, sua atenção e seus dados são os produtos deles.

O negócio funciona assim: o seu cérebro interpreta cada texto, cada alerta ou cada *like* como uma "recompensa" que dispara um fluxo de dopamina. Com o tempo, essas substâncias mudam o modo como sua mente funciona, *treinando você* para precisar de mais e mais "doses de dopamina" liberadas por seus aparelhos. É um círculo de retroalimentação ao qual é quase impossível de resistir.

As plataformas mais viciantes nos prendem explorando cinco vulnerabilidades psicológicas universais: o efeito "máquina caça-níqueis", de obter recompensas intermitentes e variáveis ("Recebi um e-mail, um torpedo ou uma mensagem de áudio!?"); a necessidade de ser visto ("Me perceba, me reconheça, goste de mim, me ame!!"); a necessidade de retribuir ("Preciso responder e agradecer, não posso ser grosseiro!"); o medo de ficar por fora (o famoso *FoMO*, "Fear of Missing Out"); e o nosso impulso mais masoquista: constantemente nos comparar com os outros (o que chamo de tomar doses de *Compareschläger*).*

Não importa quantas horas por dia você medite ou quão intelectual ou

---

* Compareschläger: substantivo; um veneno autoinfligido. É ativado quando você se compara com outras pessoas e acaba se sentindo sem valor. É análogo ao *Goldschläger*, o abominável *schnapps* com flocos de ouro que, quando ingerido em grande quantidade, faz a gente vomitar.

espiritualmente superior você se considere, todo mundo é suscetível. Steve Jobs sabia muito bem disso, então não deixava os filhos usarem iPads. Quando o tablet começou a ser vendido em 2010, o jornalista Nick Bilton, do *The New York Times*, perguntou a Jobs: "Seus filhos devem adorar o iPad, não é?" Jobs respondeu: "Eles nunca usaram. Limitamos o uso de tecnologia para os nossos filhos em casa." O artigo de Nick relatava com detalhes que um bom número de tecnocratas segue práticas semelhantes à de Jobs. Chris Anderson, CEO da 3DR e ex-editor da revista *Wired*, estabelecia regras rígidas para o uso desses dispositivos por parte de sua família. "Meus filhos acusam a mim e à minha esposa de sermos fascistas e preocupados demais com tecnologia e dizem que nenhum dos amigos deles tem as mesmas regras", disse ele, falando dos cinco filhos com idades de 6 a 17 anos. "Isso é porque nós vimos os perigos da tecnologia em primeira mão. Eu os vi em mim mesmo, não quero que isso aconteça com meus filhos."[6]

É preciso perguntar: se alguns dos pioneiros de tecnologia mais poderosos do mundo não permitem tempo ilimitado diante das telas em casa, por que nós deveríamos permitir? Não estou demonizando nossos dispositivos – sou agradecida pelos incontáveis benefícios que a tecnologia trouxe à minha vida e à humanidade –, mas apreciar o lado positivo não nega os negativos.

A maioria de nós não tem a mínima noção do tempo que passamos diante das telas. Pesquisas mostram que provavelmente subestimamos o uso do telefone em quase 50%. Segundo a psicóloga Sally Andrews, professora da Nottingham Trent University e principal autora de um estudo sobre os smartphones, "o fato de usarmos nossos telefones o dobro do que imaginamos indica que uma grande parte do uso dos smartphones parece ser com comportamentos habituais e automáticos dos quais não temos consciência".[7]

Quando comecei a suspeitar dos meus próprios hábitos, acreditava de verdade que usava o telefone muito menos do que o fazia. O que me despertou? Um aplicativo grátis chamado Moment.* Ele rastreia como você usa o seu telefone e os aplicativos e mostra exatamente quanto

---

* Agora a Apple tem um componente nativo chamado Tempo de Uso, que funciona praticamente do mesmo modo.

tempo você olha para sua caixinha viciante por dia. Prepare-se para ficar horrorizado.

Digamos que você seja resistente e zombe dos modernos smartphones. Respeito isso. Mas não pense que está fora do anzol. As pesquisas de audiência Nielsen mostram que, em média, os adultos americanos ainda assistem a cerca de cinco horas de TV por dia.

POR DIA.

Ainda que você despreze todas as telas e viva como se estivéssemos em 1926, faça o exercício de rastreamento do tempo durante uma semana. Interesse-se em saber exatamente o que você faz e quanto tempo isso demora. Pesquisas mostraram que mais ou menos 40% de nossas atividades diárias são habituais. O que significa que nós, seres humanos, passamos parte significativa da nossa existência no piloto automático, sem perceber o que estamos fazendo enquanto estamos fazendo.

Lembre-se: sua missão é ganhar pelo menos duas horas livres por dia. E você pergunta: por que duas? Primeiro porque duas horas por dia é um tempo suficiente para forçá-lo a questionar convicções sobre como construiu sua vida. Minha esperança é inspirar você a ter algumas conversas desconfortáveis mas necessárias consigo mesmo, com sua família, seus amigos e colegas de trabalho. Quer seja para descobrir modos de ser mais eficaz em menos tempo, reequilibrar responsabilidades ou estabelecer limites, use isso como oportunidade para comunicar o que você necessita e obter apoio.

Segundo, porque o efeito cumulativo de gastar duas horas de cada dia com um objetivo significativo vai alterar a trajetória da sua vida. Mesmo se você não liberar duas horas mas acabar tendo uma, já é um progresso enorme. Durante um ano você terá criado duas semanas de tempo livre adicionais.*

Pressione-se. Se você não lutar por duas horas livres por dia, o mais provável é que não consiga nem uma.

---

* 365/24 horas = 15,20 dias inteiros de 24 horas. Se os transformarmos em um tempo em que você passa acordado e concentrado, você terá 45 dias de trabalho, de 8 horas, por ano.

VOCÊ PODE CONSEGUIR ISTO OU *AQUILO*

O CUSTO DE OPORTUNIDADE DO DESPERDÍCIO DE TEMPO

Custo inconsciente de hoje	Tempo total gasto por ano	O que você poderia ter feito
30 minutos por dia mexendo no telefone e acessando as redes sociais	182,5 horas por ano ou *22 dias de trabalho de 8 horas*	Fazer exercícios Montar um site novo Aprender a meditar
60 minutos por dia com noticiários, e-mails e fofocas de celebridades	365 horas por ano ou *45 dias de trabalho de 8 horas*	Escrever um primeiro esboço do seu livro Iniciar um novo fluxo de caixa Conseguir um aumento ou mudar de carreira
90 minutos por dia vendo TV	547,5 horas por ano ou *68 dias de trabalho de 8 horas*	Aprender italiano Terminar a faculdade Abrir um negócio lucrativo

O custo de oportunidade não é brincadeira. Cada escolha tem um preço. Cada sim que você diz a uma coisa significa que está dizendo não a outra. Quer que eu traduza? A cada vez que você pega seu aparelhinho sugador de cérebro e diz *SIM* a assistir a outro vídeo de gatinho, está dizendo *NÃO* a alcançar seus maiores e mais importantes objetivos de longo prazo.

Quer falar outra língua? Escrever um livro? Tornar seu corpo mais saudável? Solucionar sua vida financeira? Iniciar qualquer tipo de negócio, atividade ou toda uma nova carreira? Salvar os oceanos? Encontrar tempo para um relacionamento de verdade? Reacender a vida sexual? É claro que você tem tempo, agora mesmo.

Os trinta minutos por dia que você passa vidrado no celular podem ser usados para começar a malhar e ganhar uma barriga "tanquinho" em questão de meses.

A hora que você gasta de bobeira na internet em busca de mais besteiras desnecessárias poderia ser usada para escrever alguns parágrafos do seu livro de memórias. Em menos de um ano você teria um esboço decente.

Os noventa minutos por noite que você passa vendo a TV entorpecedora de mentes poderiam ser usados para aprender um novo idioma, estudar pensando no seu diploma ou estreitar um relacionamento importante.

Já estou até ouvindo alguns de vocês dizendo: "Ok, Marie, entendo seu argumento, mas ainda não sei como arranjar duas horas por dia." Lembre--se: trinta minutos aqui e 15 ali vão se somando com rapidez.

Aqui vão mais algumas estratégias para matar os usurpadores de tempo mencionados. Você não precisa fazer essas mudanças de modo permanente. Algumas podem não ser possíveis, dada a sua profissão ou situação de vida, mas incentivo você a experimentar algumas – se é que não todas – durante um mês. Você pode fazer qualquer coisa durante trinta dias. Use essas sugestões como pontos de partida para inventar suas próprias experiências. Lembre-se de perguntar: "Como isso pode funcionar no meu caso?"

Nada muda se nada mudar. Tenha ousadia. Rompa seus padrões. Afaste-se das normas sociais que sufocam sua vida. Com alguns ajustes você verá como é realmente possível ter mais tempo livre.

1. Elimine o consumo de mídia

Elimine todas as mídias: redes sociais, vídeos na internet, revistas, catálogos, podcasts, noticiários e qualquer absorção de informação. Se a ideia de não acessar qualquer mídia deixa você em pânico, relaxe. Faça um jejum de mídia por quatro semanas. Você vai sobreviver. Depois disso poderá criar limites melhores para o seu consumo (por exemplo, nada de mídia antes das 11 horas da manhã, de modo que consiga aproveitar a energia matinal).

Eis o mantra que uso para reduzir meu consumo de mídia: **"Crie antes de consumir."** Ou seja, é imperativo que eu dê vida aos meus sonhos e trabalhe em prol deles antes de consumir inconscientemente e por hábito as criações dos outros. Por exemplo: dez minutos de meditação me ajudam a fortalecer o cérebro e experimentar mais clareza, ideias e criatividade; 15 minutos de exercício físico em casa me auxiliam a dispor de mais energia e força; 25 minutos de escrita me ajudam a trabalhar num livro ou numa ideia de marketing e a promover um grande progresso na minha carreira. Até cinco minutos de pensamento silencioso – livre de distrações – produzem avanços!

O que enfatiza um ponto importante. Sim, estou desafiando você a conseguir duas horas livres por dia. Como sua treinadora nessa jornada, estou aqui para pressioná-lo. Mas até mesmo melhorar o seu comportamento em pequenas porções de tempo – cinco minutos aqui, 15 minutos ali – vai lhe dar pequenas vitórias, cujo efeito cumulativo cria milagres. Dez minutos já é melhor do que nenhum.

2. Descole-se do e-mail

Ponha uma resposta automática, estilo férias, e limite a verificação de e-mails a no máximo três vezes por dia. Não cheque seus e-mails logo depois de acordar. Se puder olhar a intervalos de alguns dias, melhor ainda. Sei que isso é mais fácil para empreendedores e autônomos do que para alguns empregados, mas difícil não significa impossível. Como chefe, encorajo os membros da minha equipe a informar ocasiões em que eles estarão totalmente focados (indisponíveis através de e-mail ou Slack) durante intervalos de várias horas – às vezes dias inteiros – para progredir em projetos importantes, livres de distrações. Ainda que isso não seja possível no trabalho, como essa ideia pode ajudar a reduzir sua caixa de entrada pessoal?

Quaisquer que sejam as mudanças que você faça, informe aos familiares, aos amigos íntimos, aos colegas de trabalho e aos principais clientes sobre sua nova política de e-mails. As chances são de que eles respeitem. Assim que as pessoas mais relevantes souberem e você acionar a resposta automática, NÃO abra sua caixa de entrada.

O melhor modo de romper um hábito compulsivo de checar e-mails é organizar seu ambiente como forma de apoio. Isso significa remover completamente as tentações visuais e de áudio para os e-mails. Se possível, delete o aplicativo de e-mail do seu celular. Se não quiser fazer isso, remova o aplicativo de e-mail da tela principal e passe-o para a quarta ou quinta tela. Os poucos segundos necessários para *achar* aquele ícone de e-mail podem interromper o padrão e fazer com que você pare de ficar verificando o tempo todo.

O mais importante é eliminar todas as notificações de todos os aparelhos ou computadores que você usar. Nada de apitos, zumbidos, vibrações, notificações ou pop-ups visuais. Isso não é negociável. Retome o controle da sua mente, do seu tempo e da sua atenção. Não permita que a tecnologia determine sua lista de tarefas. As agendas das outras pessoas não devem atrapalhar a sua.

O mundo vem escrevendo amplamente sobre o melhor modo de administrar os e-mails desde o ano 2000. Procure na internet e você encontrará um tesouro de ferramentas e práticas para domar sua caixa de entrada.

3. Coma melhor, mais rápido e mais barato

Para alguns de nós, um dos maiores usurpadores de tempo está ligado à nossa alimentação e à de nossa família. Pensar no que comer, fazer compras, preparar, cozinhar e lavar tudo depois – parece um emprego extra.

Tenho certeza de que você sabe disso, mas uma dieta contínua de comida rápida, processada, comprada pronta não é uma opção viável e de longo prazo. Digo isso como alguém que cresceu à base de macarrão em lata ou em caixa, creme de amendoim, bolachas, pizza e hambúrguer. Só à beira dos 30 anos percebi o erro. A comida processada exaure nossa energia, nubla a capacidade cognitiva e provoca um monte de problemas de saúde mental, física e emocional.

Se pensar no que comer é um dos seus maiores usurpadores de tempo, experimente isto: aprenda a cozinhar em quantidades maiores e assuma o tédio e a repetição nas refeições. Encontre de três a cinco receitas simples e saudáveis que possam ser feitas em grande quantidade (sopas, cozidos, refeições feitas em uma única panela, etc.) e reserve dois dias na semana (por exemplo, às quintas e aos domingos) para planejar, comprar, preparar e executar. Na internet há uma biblioteca crescente de receitas saudáveis, rápidas e fáceis de preparar.

Vamos falar de dinheiro, também. Eis outro mito que precisamos destruir. Você não precisa fazer compras em lojas de comida saudável caras ou em feiras de agricultores nem só comer comida orgânica. O objetivo é escolher as opções mais saudáveis possíveis, não importa onde você compre. O colunista Mark Bittman, do *The New York Times*, escreveu em 2010 uma coluna intitulada "A comida pouco saudável é mesmo mais barata?", em que mostrava que alimentar uma família de quatro pessoas no McDonald's custa cerca de 28 dólares, ao passo que alimentar uma família de quatro pessoas com frango assado, legumes e uma salada simples custa cerca de 14 dólares. Alimentar uma família de quatro pessoas com arroz e feijão com alho, pimentão e cebola custa uns 9 dólares. Procure guias de alimentação saudável e barata na internet com listas de legumes e verduras da estação. Essas dicas ajudam a comer bem e economizar dinheiro. Lembre-se: tudo tem jeito – inclusive comer comida de verdade e nutritiva sem ir à falência.

O objetivo aqui é reajustar o modo como você pensa a alimentação e lida com ela. Busque simplificar e evitar ao máximo tomar decisões diárias (*Não sei... o que* você *quer comer hoje?!*). Com uma mudança mental e um pouco de planejamento, você pode ter uma casa cheia de sobras saudáveis e petiscos nutritivos que não precisam de tempo de preparação, como nozes e castanhas, frutas e legumes.

■ ■ ■

Você não acha que experimentar apenas algumas dessas ideias, ainda que só por poucas semanas, pode abrir uma nova perspectiva sobre como você usa o seu tempo?

Se precisar de um último empurrão para conseguir duas horas livres por dia, aqui vai...

Se você precisasse arranjar tempo, arranjaria.

Imagine se o seu médico ligasse dizendo que você tem uma doença rara e fatal. A única chance de cura é: você precisa ficar sentado em silêncio e sem interrupção durante duas horas por dia, sete dias por semana, nos próximos três meses. Sem celulares, sem redes sociais, sem televisão ou computador. Apenas duas horas livres por dia ininterruptas, caso contrário sua vida chegaria ao fim abruptamente.

Como você faria isso? Que mudanças adotaria para criar duas horas livres e ininterruptas diariamente nos próximos noventa dias? Acessar redes sociais ou e-mail parece mesmo tão importante? Seja honesto. Se sua vida *dependesse* disso, com certeza você arranjaria duas horas livres por dia.

Agora que aniquilamos as desculpas sobre o tempo, vamos abordar o dinheiro.

DESCULPA Nº 2: "NÃO TENHO DINHEIRO"

Uma das minhas citações preferidas, de Tony Robbins, é: "Não tem nada a ver com seus bens, tem a ver com seus dons." Essa filosofia é aplicável a todas as desculpas, mas especificamente às financeiras.

Vamos começar com uma pergunta: Para que exatamente você acha que precisa de mais dinheiro? Seria possível obter o resultado final sem pagar o preço inteiro, ou sem pagar nada? Por exemplo, digamos que você precisa de dinheiro para aprender algo novo ou começar uma nova carreira. Será que precisa mesmo? Com acesso à internet você pode desenvolver praticamente qualquer conhecimento, quase sempre de graça.

Robótica, programação, matemática, negociação, estatística, design, tricô – está tudo on-line. A quantidade de cursos grátis de alta qualidade disponível por meio de aplicativos, vídeos, podcasts, blogs, cursos abertos on-line é espantosa e continua crescendo. O edX é uma plataforma de aprendizado com cursos grátis das melhores universidades e instituições dos Estados Unidos como Harvard, MIT, UC Berkeley e outras. A Khan Academy, cuja missão é fornecer educação de alto nível gratuita para todos, em todos os lugares, abrange disciplinas como matemática, ciência, programação de computadores, história, história da arte e economia. A Faculdade de Medicina da Universidade de Nova York anunciou há pouco tempo que cobriria os custos de mensalidades, independentemente de mérito ou necessidade, de todos os estudantes atuais e futuros.[8]

Talvez você queira abrir sua própria empresa. Acha que precisa de uma pilha de dinheiro para tirá-la do papel? Décadas atrás, isso talvez fosse verdade. Mas vivemos uma época diferente. Na verdade, ouvi tantas vezes uma versão da pergunta "Marie, como posso abrir meu próprio negócio se não tenho dinheiro?" que criei uma lista de 320 ferramentas e plataformas grátis que podem ajudar praticamente qualquer empreendedor a dar o pontapé inicial. É um recurso que foi baixado e compartilhado centenas de milhares de vezes. Procure por *Marie Forleo + free tools resources*.

Agora digamos que você queira abrir um negócio que *realmente* precise de capital. Se você tiver determinação, criatividade e empenho suficientes, há um monte de maneiras de obter financiamento. Você vai precisar explorar cada opção que seja legal e ética, mas, se tiver comprometimento, vai fazer acontecer. Aqui vão algumas ideias para despertar sua imaginação:

Renda extra. Quando se trata de conseguir mais dinheiro, esse sempre foi o meu método preferido. Quando eu era criança, meu pai dizia: "Nunca abri o jornal sem ver a seção de vagas de emprego." Isso me ensinou a ver o mundo como um lugar onde pessoas decididas, trabalhadoras e responsáveis sempre são requisitadas. Ele me ensinou que devemos nos orgulhar de qualquer trabalho honesto, não importa qual seja. Sempre que tive uma atitude positiva e fui além, consegui encontrar emprego.

Quando iniciei minha empresa, eu estava devendo dezenas de milhares de dólares. Para conseguir o dinheiro necessário para o primeiro site, fiz turnos extras como garçonete e economizei. Na verdade, trabalhei em vários empregos paralelos durante sete anos inteiros antes de ter estabilidade financeira suficiente para administrar minha empresa em tempo integral.

É, você precisa ser diligente. É, precisa ter ousadia. É, precisa ser humilde (nunca esperei que limparia banheiros depois de terminar a faculdade, mas fiz isso e agradeci pelo trabalho). Além do mais, que modo melhor de construir a reputação de alguém disposta a fazer o que fosse necessário? Que modo melhor de criar uma rede de relacionamentos? Já notou que essas são exatamente as pessoas que têm sucesso na vida?

Gastar menos. Tenho uma amiga que é CEO de uma empresa de educação financeira e mãe solo de duas crianças. Ela se mudou de uma casa grande e cara para um apartamento pequeno e modesto. Essa mudança lhe permitiu reduzir as despesas mensais para uma fração do que haviam sido, liberando instantaneamente um fluxo de caixa significativo para poupar e investir no futuro da família. Ainda que no início ela e os filhos estivessem preocupados pensando que a nova situação provocaria sofrimento, aconteceu o oposto. Emocionalmente a família ficou mais conectada do que nunca. Todos eles se envolveram mais na vida uns dos outros e se sentiram mais felizes e mais calmos ao levarem menos peso nas costas.

Você pode pensar num passo mais radical. Um casal que se matriculou na B-School, meu programa empresarial on-line, decidiu que queria testar várias ideias empresariais diferentes e ter a liberdade de fracassar, alterar a direção ou mudar de ideia sem medo de ficar sem dinheiro. Depois de quebrar a cabeça com os números, eles perceberam que seria quase impossível testar várias ideias morando numa área cara como o Brooklyn, em Nova York. Por isso traçaram um plano, transferiram os móveis para um depósito e se mudaram para um país propício a startups na América do Sul, onde o custo de vida era uma fração do de Nova York. Ainda que pareça uma decisão extrema, esse tipo de ideia é necessário se você quiser se libertar de suas desculpas com relação ao dinheiro e realizar seus sonhos.

Vender itens pessoais. Parta para a moda antiga e faça um bazar. Ou use sites apropriados para vender o que você tem, com o objetivo de ganhar dinheiro extra. Uma vez conheci uma mulher tão decidida a ir a um evento de treinamento ao vivo que vendeu o sofá para pagar o ingresso.

Bolsas de estudo. Segundo um estudo da Pell Grants, cerca de 2,9 bilhões de dólares em bolsas federais dos Estados Unidos – que não precisam ser reembolsados – ficaram sem utilização somente em 2014.[9] Existem tremendos recursos disponíveis na forma de bolsas de estudos, desde que você use a filosofia *tudo tem jeito* e coloque a mão na massa.

Um dos meus exemplos prediletos é o de uma mulher chamada Gabrielle McCormick. Sua bolsa universitária como jogadora de basquete desapareceu quando ela teve um rompimento no tendão calcâneo no último ano de faculdade. Desapontada, mas ainda decidida, ela canalizou a dor para encontrar novas possibilidades financeiras.

Gabrielle descobriu que nos Estados Unidos é possível conseguir uma bolsa de estudos em troca de quase qualquer coisa, desde jogar videogames até desenhar pássaros, usar lentes de contato ou fazer o vestido de formatura com fita adesiva. Seus esforços lhe renderam 150 mil dólares em bolsas. Formou-se com zero dívida e garantiu bolsas para fazer o doutorado. Além dos estudos, Gabrielle também administra uma empresa chamada Scholarship Informer, que ajuda pais e alunos a evitar empréstimos e dívidas. Vale o tempo de pesquisar, não é? No Brasil também há diversos sites que agregam bolsas dos mais variado tipos, basta procurar na internet.

Crowdfunding. Catarse, Kickante e Benfeitoria são alguns dos sites mais conhecidos no Brasil por reunir indivíduos dispostos a investir dinheiro em projetos de empresas e pessoas que eles queiram apoiar. Faça uma busca por *melhores sites de crowdfunding* e você verá uma quantidade cada vez maior de plataformas, desde empréstimos de pessoa a pessoa ou de sites de financiamento educacional até investimento de capital e outros.

A lista continua. O que impede você jamais é algo externo. Jamais. Nunca tem a ver com falta de dinheiro, de tempo ou de qualquer coisa. Tem a ver com o seu jogo interno, seu comprometimento em realizar o necessário para mostrar criatividade, engenhosidade e fazer acontecer. Encontrar ou criar um caminho, independentemente de qualquer coisa.

DESCULPA Nº 3: "NÃO SEI COMO/NÃO SEI POR ONDE COMEÇAR"

Não vamos perder muito tempo com essa desculpa porque, vamos ser sinceros, ela é bem fraca.

Vivemos uma realidade sem precedentes na história humana. Com o milagre sempre crescente conhecido como internet, você pode aprender os fundamentos de quase todos os assuntos ou habilidades em minutos, em geral 100% grátis e na privacidade do seu lar. Em seu livro *Abundância*, os escritores Peter Diamandis e Steven Kotler escrevem: "Neste momento, um guerreiro massai com um celular tem melhores condições de comunicação do que o presidente dos Estados Unidos tinha há 25 anos. E se for um smartphone com acesso ao Google, ele tem melhor acesso a informações do que o presidente possuía há apenas 15 anos."

Não importa o que queira aprender, sua resposta provavelmente já existe. Já foi explicada num livro, na internet ou em alguma forma de mídia. Ou pode ser aprendido com outra pessoa numa aula em grupo ou individual, num estágio, num curso profissional, etc. Ou você pode chegar a um momento de descoberta através da meditação, de oração, numa peregrinação ou mesmo com uma ideia espontânea no chuveiro (falarei sobre isso mais tarde).

Na época atual não existe escassez de informação disponível. Assim que você se comprometer e começar, use cada ideia deste capítulo e o restante do livro para seguir em frente, até dar um jeito!

A arte de dar adeus às desculpas implica abraçar o fato de que seus sonhos não são criados nem derrubados por ninguém, a não ser por você mesmo.

DA IDEIA À AÇÃO

Vá para onde seu coração quer estar.

Steven Pressfield

1. *Cite uma situação em que, a princípio, você achava que não tinha tempo, capacidade ou recursos para fazer alguma coisa acontecer e mesmo assim deu um jeito.* Liste o maior número de que puder se lembrar. Nenhum exemplo é pequeno ou insignificante demais.

2. *Qual é o objetivo mais importante que você está pronto para resolver, alcançar ou descobrir?* (Dica: O que você citou no capítulo anterior? Escreva de novo. A repetição tem poder.)

3. *Quais são as três principais desculpas que – antes deste capítulo – você usaria para se boicotar?*

4. *Agora risque cada desculpa.* ~~**RISQUE TOTALMENTE.**~~ Escreva por que cada desculpa não é mais válida. Depois escreva o que você está disposto a pensar, dizer ou fazer para dar adeus a essa desculpa.

   Por exemplo: Desculpa nº 1: ~~Não tenho tempo para fazer minha pós-graduação.~~

   A Desculpa nº 1 é mentira. Se minha pós-graduação fosse mesmo tão importante eu arranjaria tempo. Iria parar de ver Netflix o tempo todo, dormir antes das 11 horas da noite e acordar mais cedo todo dia. Abandonaria as idiotices das redes sociais. Cozinharia *em maior quantidade. Teria uma conversa com meu parceiro sobre como esse objetivo é importante para mim e discutiríamos como poderíamos realizá-lo juntos.*

O que posso pensar/dizer/fazer em vez disso: Sempre arranjo tempo para o que importa. Ação: fazer mudanças radicais na minha programação. Começar a pesquisar cursos de pós-graduação hoje mesmo. Se não estou disposto a fazer isso, é hora de parar de falar a respeito e arranjar um novo objetivo que arda em meu coração.

5. ***Registro do tempo durante sete dias.*** Se sua principal desculpa é não ter tempo suficiente, registre o uso que faz do tempo durante os próximos sete dias. Reveja as recomendações anteriores. Se você usa um smartphone ou um tablet, baixe o aplicativo grátis Moment para medir o seu tempo de uso do telefone e dos aplicativos ou pesquise na internet como acessar esses dados pelo próprio celular.

SEGUNDA-FEIRA

Tempo	Atividade	Anotações/ideias
6h30 a 6h57	Acordo e verifico o telefone	Leio as notícias e vejo o Twitter e o Instagram. Por quê, exatamente?
6h57 a 7h06	Ligo a cafeteira, o notebook, fecho guias extras no browser	Costumo checar os e-mails de novo no notebook, sem nem pensar
7h07 a 7h14	Banho	
7h15 a 7h19	Verifico o telefone	Respondo a mensagens, acesso as redes sociais
7h19 a 7h46	Me visto, penteio o cabelo, etc.	

No fim de sete dias, avalie seu registro de tempo e (se aplicável) as estatísticas do seu aplicativo Moment ou do seu celular. Faça as seguintes perguntas para ter um olhar objetivo sobre como está gastando seu recurso mais precioso. Nem todas as sugestões serão relevantes para você. Use-as como pontos de partida para criar as suas próprias.

- Numa escala de 1 a 10, quanto essa atividade contribui para os meus valores e objetivos mais importantes? (1 = ela atua *contra* o que você diz que mais quer. 10 = ela se alinha totalmente com seus valores e objetivos.)
- Essa atividade precisa mesmo ser feita? Em caso positivo, como ela poderia ser feita com mais rapidez ou com menos frequência? Ela poderia ser agrupada ou automatizada? Poderia ser feita por outra pessoa?
- O que de melhor aconteceria se eu parasse de fazer isso – temporária ou permanentemente? Quais são as melhores consequências possíveis a curto e longo prazo?
- O que de pior aconteceria se eu parasse de fazer isso – temporária ou permanentemente? Quais são as piores consequências prováveis a curto e longo prazo?

6. *Se Você Precisasse Fazer, Faria: Anote seu plano salva-vidas de duas horas por dia.* Lembre-se: a sua médica ligou. Disse que a única chance de você salvar sua vida é passar duas horas ininterruptas por dia sentado calmamente, todos os dias, por três meses. Não há outra cura. Como você faria isso?

Bônus: Desafio do Jogo de Palavras

As palavras que você pensa, diz e reforça vão se tornar sua realidade. A qualquer momento em que você se pegar inventando desculpas ou dizendo "não posso", PARE. Questione esse pensamento. É realmente verdade que você não pode? Ou será mais verdadeiro dizer que você não *quer*? Isso não é semântica. Quando você diz "não posso", está mandando uma mensagem interna para si mesmo de que não está no controle do seu tempo nem das suas escolhas. Substitua "não posso" por algo mais honesto, como "não quero".

Para pontos de bonificação, faça o seguinte agora. Pense numa coisa que você quis alcançar ou experimentar no passado mas inventou desculpas. Depois diga as seguintes frases em voz alta:

A verdade é que...
Eu realmente não queria tanto assim.
Não é prioridade agora.
Não é tão importante.
Não estou disposto a trabalhar tão duro / assumir o risco / fazer o esforço / etc.
Tudo bem.

(Sério. Diga em voz alta!)
Está vendo como se sente melhor?

Bônus: Episódios essenciais da *MarieTV* (em inglês)

1. *Sem desculpas.* Tenho uma personagem chamada Marie de Jersey que fez um vídeo muito especial sobre o poder de viver uma vida livre de desculpas. Procure por *Marie Forleo No Excuses* sempre que precisar de um demolidor de desculpas especial. Você pode ativar as legendas em inglês.

2. *Como alcançar sonhos impossíveis, com a Dra. Tererai Trent.* É difícil descrever como é impactante ouvir a Dra. Trent contar sua história. Procure por *Marie Forleo + Tererai Trent* para assistir a uma das entrevistas mais comoventes e inspiradoras de todos os tempos. Não esqueça os lenços de papel.

Acima de tudo, seja a heroína da sua vida, não a vítima.

Nora Ephron

Anotações de Campo

Esta mãe solo de 23 anos, que parou os estudos no primeiro ano do ensino médio, usou o tudo tem jeito para obter o diploma de nível médio e agora está na faculdade de direito – ao mesmo tempo que trabalha como diretora de comunicações num importante banco global.

Quando descobri Marie, eu era uma mãe de 23 anos que tinha parado de estudar no primeiro ano do ensino médio. Tive minha filha nesse período, mas antes disso era uma atleta e escritora brilhante, com talento para o empreendedorismo.

A maternidade me obrigou a deixar os sonhos na fila de espera e dar à minha filha tudo de que ela precisava para começar a vida. Quando o pai dela e eu nos separamos precisei fazer uma escolha: ficar chateada e cheia de tristeza ou responder à minha empreendedora interior que ficava me incomodando, trancada e afastada da criatividade por conta da responsabilidade de ser mãe.

O incômodo era irritante demais, e, como o YouTube é uma tremenda distração, pensei em procurar alguma coisa impossível: "Perseguir sonhos irreais". O vídeo de Marie "Dream Big: Five steps to help you chase your most 'unrealistic' dreams [Sonhar alto: Cinco passos para ajudar você a perseguir seus sonhos mais 'irreais']" foi o primeiro a aparecer. Cliquei no vídeo. Minha descoberta aconteceria segundos depois.

O conceito *tudo tem jeito* me deu esperança quando não havia esperança nenhuma. Marie me ajudou a perceber que, se eu me esforçar, posso ter qualquer coisa que desejar na vida.

Minha família tem décadas de crenças limitadoras e eu estava louca para rompê-las. Sabia que era inteligente e queria terminar o que havia começado. Mesmo sendo mãe, minha alma não permitiria que essa limitação me definisse.

Desde que assisti àquele primeiro vídeo, concluí o ensino médio e fiz bacharelado em estudos jurídicos, e agora sou uma mãe solo que está na FACULDADE DE DIREITO mantendo um trabalho em tempo integral como diretora de comunicações num importante banco global.

Participo de um programa de desenvolvimento de liderança global e me tornei líder regional na rede de diversidade e inclusão da minha empresa para empregados afro-americanos em todo o país.

Tudo tem jeito. Existem muitos passos que me trouxeram até aqui, mas a ESPERANÇA transmitida pelos vídeos de Marie me lembrou de que nada era impossível quando eu mais precisava ouvir isso. Não consigo imaginar onde eu estaria se não tivesse encontrado Marie naquele dia, mas sinto uma gratidão profunda. Compartilho esse conceito com minha equipe diariamente!

– AVELYN
MASSACHUSETTS

5

Como enfrentar o medo de qualquer coisa

Nada na vida deve ser temido, apenas entendido.
Agora é a hora de entender mais, para que
possamos temer menos.

Atribuído a Marie Curie

Josh e eu estávamos em Salina, uma linda ilha no litoral da Sicília, onde o melhor modo de se locomover é de lambreta. Fazia pelo menos vinte anos que eu não andava de lambreta, mas fiquei empolgada em montar de novo numa. Era um dia quente de julho, por isso saí de bermuda do hotel a caminho da locadora de lambretas. Apesar da minha ascendência, meu italiano não é fantástico, e a dona da locadora não falava inglês muito bem. Com a ajuda do Google Tradutor e de nossas melhores pantomimas, entendi a principal pergunta dela: "Vocês sabem andar de lambreta?" Minha resposta: "Não. Por favor, me mostre *tudo.*"

Ela fez um rápido tutorial. Essencialmente, me mostrou o movimento simples de girar o acelerador, "assim para acelerar", e um aperto dos manetes, "assim para frear". Parece bem fácil. *Facile.*

Pus o capacete, girei a chave de ignição e me preparei para rodar até o paraíso. O que não sabia era que o manete da direita era o freio da roda da frente e o da esquerda, o freio da roda de trás. Ainda não sei direito como consegui (tremendo gênio), mas acelerei (com força), entrei em pânico e apertei *os dois* freios ao mesmo tempo.

Em menos de três segundos eu parti, tombei, dei uma cambalhota e pousei no asfalto com os joelhos nus e uma lambreta de mais de cem quilos em cima de mim. Graças a Deus não havia nenhum carro passando. Josh e o pessoal da locadora levantaram a lambreta e me puxaram para o acostamento. Por um milagre, não quebrei nenhum osso. Não estava sangrando, só abalada e morrendo de vergonha. *Que idiota completa!*

Como era de esperar, a proprietária não quis que eu voltasse para a pista. Ofereceu uma lambreta maior para Josh de modo que eu pudesse relaxar e andar na garupa. Nesse momento, eu tinha a opção de (A) ficar calma e ser passageira ou (B) me levantar, montar de novo e aprender a andar de lambreta sem me matar nem matar ninguém.

Escolhi a opção B. Pelo seguinte motivo:

Você nunca vai ficar mais forte se só fizer coisas fáceis. Eu não queria que o medo calcificasse meus ossos. Recuso-me energicamente a me encolher até virar um eu menor e menos capaz. Só porque cometi um erro e *fiz besteira* não significava que ia *desistir*.

Assim, respirei fundo e montei de novo (é, eu ainda estava tremendo). Mas dessa vez, com detalhes meticulosos, pedi que todo mundo me explicasse exatamente o que fazer e o que *não* fazer. Muito devagar tentei de novo. Então fiz pequenos testes indo e vindo numa rua secundária. No fim do dia podia rodar pela ilha com relativa facilidade. Em poucos dias estava me divertindo horrores.

Aqui vai uma coisa que nunca é demais ouvir: todo mundo pisa na bola. Física, emocional, criativa, financeira e socialmente – todo mundo faz merdas idiotas. É inerente ao processo de crescimento humano. Mas a chave é a seguinte: uma queda nunca é definitiva a não ser que você fique no chão.

Vamos dar uma olhada mais atenta no medo e na infinidade de maneiras para metabolizá-lo, administrá-lo e mitigá-lo enquanto continuamos na jornada do *tudo tem jeito*.

A PALAVRA QUE VOCÊ
PRECISA ABRAÇAR

Dou graças a Deus pelo medo. Se ele não existisse, estaríamos todos mortos.

Neste capítulo não vamos falar do medo que nos mantém vivos (por exemplo, o medo de parar na frente de um trem em alta velocidade). Estamos falando do medo que nos mantém pequenos e paralisados. O medo é uma das palavras mais incompreendidas. Se não for examinado, é um assassino de sonhos. Esmagador de almas. O mestre da mediocridade. Se isto aqui fosse uma pesquisa com a pergunta: "O que nos impede de alcançar nosso potencial mais alto?" A resposta principal seria: o medo.

Adivinhe? Todo mundo sente medo. Cada pintor, atleta, escritor, ator, pai, empresário, ativista social, empreendedor, cientista e líder militar. Desde os iniciantes até os ícones. Cada pessoa que você conhece e admira. Todas experimentam o medo regularmente. Você não é uma pessoa defeituosa nem fraca se tiver medo. Você é um ser humano.

Mas isso implica uma pergunta: por que o medo paralisa algumas pessoas enquanto outras o superam? Essa é uma capacidade que separa os aspirantes dos realizadores. Neste capítulo você vai se tornar parte do segundo grupo. O medo, como todo o resto, tem jeito.

E você precisa descobrir como dar jeito nele. Porque, não importa o que você queira explorar, mudar ou superar, o medo virá à tona durante a jornada. A boa notícia é que o medo não examinado é como o ouro não minerado. Contém riquezas destinadas aos que são suficientemente sábios e pacientes para revirar a terra.

Obviamente para mim é impossível saber qual medo está bloqueando você.* E mesmo se soubesse, não há uma solução que funcione para todas as pessoas em todas as situações. O medo vem de muitos modos e muitas intensidades, desde palmas suadas e um nó no estômago até visões dignas de pesadelos e fobias intensas. Além disso, cada um de nós dá o próprio nome ao medo: preocupação, estresse, ansiedade, pânico, terror e pavor de falar em público, só para citar alguns. Por fim, todos nós incluímos

---

* Os dois mais comuns são (1) o medo de não ser bom o suficiente e (2) o medo de não ser amado. Tem algum dos dois? Bem-vindo ao clube.

no pacote nossa história emocional única e cheia de camadas, desde os traumas da infância e as humilhações da adolescência até uma tapeçaria de experiências emocionais acumuladas durante a vida adulta. Tudo isso é para declarar o óbvio: o medo é complexo e multifacetado. Motivo pelo qual é o foco único de muitos livros, cursos e terapias de renome.

Transformar o medo é mais arte do que ciência. Diferentes abordagens funcionam para diferentes pessoas. Motivo pelo qual você deve misturar, comparar e experimentar as sugestões a seguir. Elas são uma fusão de estratégias cognitivas, emocionais e somáticas que podem transformar qualquer medo em combustível produtivo e criativo. Eu as usei e ensinei por anos, por isso sei que todas funcionam quando aplicadas com sinceridade. Vamos começar com uma importante mudança de paradigma.

O MEDO NÃO É O INIMIGO

Existem muito poucos monstros que justificam o medo que temos deles.

André Gide

Nosso primeiro e maior erro é transformar o medo em inimigo. Um monstro grande, forte e maligno que fica entre nós e nossos sonhos. Mas e se essa ideia não estiver somente errada, mas também nos causando mais mal do que bem? E se fomos ensinados a acreditar numa história negativa sobre essa emoção natural que na verdade se destina a nos ajudar, e não a nos impedir?

O medo é uma reação evolucionária que impedia nossos ancestrais de serem comidos por tigres. Hoje o mesmo instinto nos impede de atravessar a rua no meio do trânsito. É útil, para dizer o mínimo. Mas o medo é sempre útil se for bem entendido.

O seu medo não precisa ser "esmagado" nem aniquilado. Precisa ser ouvido e apreciado pelos dons que oferece. Pense num bebê que chora no berço ou num cachorro que late sem parar. Eles estão se esforçando para comunicar *alguma coisa*, mas não têm a habilidade da linguagem para articulá-la.

Isso também é verdade com relação ao medo. O medo se comunica usando a única ferramenta que ele possui: a capacidade de nos fazer senti-lo. Quando você sente sua presença, o medo está soando um alarme compassivo. Está fazendo o que pode para fazer você prestar atenção. Essa distinção sutil, mas importante, vai ajudar você a baixar sua guarda e, em vez disso, receber o medo de braços abertos e com um sorriso.

O medo não é o inimigo. Esperar até parar
de sentir medo é que é.

Mais uma vez, porque é fundamental: o medo não é o inimigo – esperar até parar de sentir medo é que é. Passar tempo demais tentando "derrotar" ou "aniquilar" seu medo só vai manter você paralisado. O medo será seu companheiro enquanto você viver. Não importa quanta experiência, quanto sucesso ou fama você adquira. Sempre vai sentir medo. Não caia na sedução de pensar que chegará algum dia mágico em que você não sentirá mais medo e que só então estará em condições de agir. Não é assim que a coisa funciona. **A ação é o antídoto do medo.** A ação o metaboliza. O truque é se permitir sentir medo enquanto age.

Dê o telefonema, ainda que suas axilas estejam suando. Fale, mesmo que sua voz esteja esganiçada. Monte na lambreta, mesmo que seu corpo esteja tremendo. Aumente o seu preço, mesmo que isso lhe dê vontade de vomitar. Mande o seu projeto, mesmo que seu estômago esteja embrulhado. Tenha aquela conversa difícil, mesmo que isso faça você se retorcer. Tomar a atitude é muito mais fácil do que o terror que infligimos a nós mesmos repassando-a na cabeça. O caminho mais rápido para escapar do medo é passar por ele.

O medo é saudável se inspirar você a agir. Se o medo de perder a custódia de seus filhos mantém você livre das drogas e do álcool, agradeça. O medo guiou você de volta para o amor. Se o medo de sufocar embaixo de uma pilha de dívidas inspira você a dar um jeito em suas finanças, agradeça. O medo pariu a liberdade. Se o medo de ter um ataque cardíaco fatal antes que seus netos se formem ajuda você a comer mais legumes e verduras, agradeça. O medo acaba de lhe dar uma vida mais longa e saudável.

O medo não é seu inimigo, é seu aliado. É um mensageiro carinhoso e um amigo que apoia – e sempre defende você.

O MEDO É O GPS DA ALMA

A maioria dos mal-entendidos no mundo poderia ser evitada se as pessoas simplesmente perguntassem: "O que mais isso poderia significar?"

Shannon L. Alder

Nove em cada dez vezes, nosso medo nos direciona. É uma placa de sinalização apontando a direção exata em que nossa alma quer ir.

Como saber se o seu medo é direcionador (e não está apenas mantendo você vivo)? Um sinal é se você não consegue tirar uma ideia do coração ou da mente. Não importa o quanto você tenta, ela sempre volta. Ideias do tipo fazer aulas de canto, abrir uma padaria, escrever um livro infantil, mudar-se para o outro lado do país, aprender espanhol, candidatar-se a um cargo político, salvar ou terminar um relacionamento – você sabe, qualquer tipo de esforço criativo delicioso ou arriscado.

Sempre que você se imagina indo na direção dessa ideia, pode sentir medo. Mas o medo não fala com palavras. Ele está fazendo o máximo para enviar uma mensagem fazendo você *senti-lo*. E é aí que costumamos entender errado. Interpretamos qualquer sensação de medo como "Perigo. Pare. Não vá em frente". Imediatamente a voz na nossa cabeça solta uma lista de racionalizações destinadas a nos manter longe do medo percebido:

Você PIROU? Não faça isso.
Você é velho demais para isso.
Você é novo demais – quem vai levar você a sério?
Você não pode simplesmente agradecer pelo que já tem?
O seu tempo passou. Aceite.
Você não tem a MÍNIMA ideia de como começar.

Você não tem foco suficiente.

Ninguém vai acompanhar você.

Você vai acabar com uma dívida enorme.

Vão destroçar você na internet.

Você não pode pagar por isso.

Você vai arruinar tudo pelo qual trabalhou tanto.

Mantenha-se na linha.

Você não tem talento.

Todo mundo já fez isso. E muito melhor.

Que ideia idiota!

O resultado? Nós não agimos. Não acontece nenhum crescimento. A zona de conforto fica intacta.

Mas e se tivermos interpretado mal o sinal? E se a mensagem do medo não era "Perigo", e sim "FAÇA!"? O medo estava pulando feito louco, balançando as mãos e fazendo o maior estardalhaço possível: *SIM! SIM! SIM! Isso é importante!! Vá em frente: faça ESSE NEGÓCIO!* O medo fez o serviço e mandou o sinal. Nossa interpretação é que foi errada.

Em seu livro revolucionário *The War of Art* [A guerra da arte], Steven Pressfield escreve:

> Quanto maior o medo que sentimos de um trabalho ou de um chamado, mais certeza podemos ter de que precisamos fazê-lo (…) Portanto, quanto maior o medo que sentirmos de um empreendimento específico, mais certeza podemos ter de que esse empreendimento é importante para nós e para o crescimento da nossa alma.

Segundo essa perspectiva, nosso medo nos apoia e direciona, não tem nada de vergonhoso ou fraco. Certamente não é algo a ser ignorado. Na verdade, deveríamos agradecer por estarmos recebendo uma orientação tão clara e visceral. Encontramos um veio de ouro. Pense nisso. Se uma ideia no seu coração provoca uma reação tão visceral, será que não significa que deve haver *alguma coisa* que valha a pena ser explorada?

Só porque sua alma quer buscar alguma coisa não significa que será fácil. Garanto que não. Verifique o painel de controle, ponha seu capacete e aperte o cinto de segurança. Você está indo numa aventura. Espere alegria, lágrimas, surpresas, confusão, tropeços e muitos avanços (e recuos) no caminho. A filosofia *tudo tem jeito* não promete uma vida livre de dor, apenas uma vida livre de arrependimentos.

Quando você sabe bem no fundo que, não importa o que venha na sua direção, você poderá dar um jeito, correr riscos fica muito menos amedrontador. De fato, dizer "Tudo tem jeito" em voz alta é uma ferramenta eficaz para convencer a gente a sair do degrau da dúvida. Repita-o como um mantra sagrado (eu repito). Isso acalma o sistema nervoso e traz foco.

Tudo tem jeito.
Tudo tem jeito.
Tudo tem jeito.

Você pode dizer: "E o medo muito real de não conseguir pagar meu aluguel ou cometer um erro idiota e irreversível que vai arruinar minha vida – e talvez a das pessoas que eu amo?"

Ótima pergunta. Eis como abordamos isso.

INTRODUÇÃO AO CONTROLE DO MEDO

> Se um medo não pode ser articulado, não pode ser dominado.
>
> *Stephen King*

Um motivo para nossos medos se tornarem tão debilitantes é que eles são vagos. Não desaceleramos o suficiente para questioná-los meticulosamente ou para avaliar sua probabilidade – por isso não temos ideia de até que ponto eles poderão se realizar. E não temos um plano prático para reagir, caso se realizem. É o equivalente de fechar os olhos, enfiar o dedo nos ouvidos e gritar "LÁ LÁ LÁ LÁ LÁ LÁ LÁ!" com a esperança de que nossos medos desapareçam por magia. Evitar o medo não o exclui. O que faz isso é a ação.

Eis o que você deve fazer. Escreva a pior, pior, *pior* hipótese que poderia acontecer se você fosse adiante com essa ideia empolgante mas que provoca medo. Vá fundo. Em seguida dê uma nota de 1 a 10 para a probabilidade de essa pior hipótese ocorrer: nota 1 para improvável e nota 10 para praticamente garantida de acontecer. Por fim, imagine que a pior hipótese – seu maior pesadelo – se realize. E aí? Anote um plano de ação para como você iria se recuperar, reconstruir e voltar a ficar de pé.

Fiz uma versão simplificada disso quando criei minha empresa. Minha pior hipótese era um fracasso total e humilhante. Em termos práticos eu não ganharia dinheiro suficiente para me sustentar. Desperdiçaria anos da minha vida num empreendimento fracassado. Seria motivo de riso para os meus amigos e decepcionaria minha família. Passaria o resto da vida trabalhando como garçonete e fazendo bicos.

Então me desafiei a ir mais longe ainda. E se essa pior hipótese acontecesse e as coisas ficassem tão ruins que eu perdesse também o emprego de garçonete? E aí? Percebi que meu medo definitivo era o de perder tudo e não poder me sustentar. Imaginei como seria não ter dinheiro, nem emprego, nem onde morar. Para mim esse era o pior do pior, *ser humilhada, ficar sozinha, falida e sem-teto.*

Bom, se essa pior das piores hipóteses acontecesse, o que eu poderia fazer para me recuperar? Qual era o meu plano de ação? O que pensei foi:

> Vou bater perna até arranjar outro emprego - qualquer emprego.
>
> Vou morar com parentes ou amigos até me reerguer (uma coisa que já PRECISEI fazer).
>
> Vou para um albergue ou encontrar outro modo de refazer a vida, por mais difícil ou demorado que seja.

Sabe de uma coisa? Eu poderia viver assim.

Então inverti o roteiro e anotei minhas melhores hipóteses. Imaginei todos os benefícios potenciais que poderia obter seguindo em frente. Aqui vão alguns resultados que imaginei:

Felicidade por fazer o que eu tinha nascido para fazer.

Realização por fazer uma diferença positiva na vida dos outros.

Independência financeira.

Capacidade de cuidar da minha família e dos amigos.

Recursos para doar aos outros e a causas nas quais acredito.

Uma plataforma para apoiar a mudança social.

Uma chance de colaborar com pessoas que admiro.

Liberdade para morar onde eu quisesse.

Viagens e aventuras.

Aprendizado ininterrupto, crescimento e criatividade.

Viver sem arrependimentos.

Bum! Ainda que eu alcançasse apenas uma parte dessa lista, morreria feliz. Mesmo sabendo que absolutamente nada era garantido, o potencial positivo era muito maior do que minhas piores hipóteses.

Se você tem um medo legítimo de ir em frente com uma ideia, tire 15 minutos para fazer este exercício, agora. Não pense simplesmente na sua cabeça. Articule no papel. Anote a *pior* coisa que poderia acontecer e o que isso significaria para você – mental, emocional e financeiramente. É uma questão de perder dinheiro? Despedaçar um ego ou uma reputação? Você poderia perder seu emprego ou seu negócio? Decepcionar familiares ou entes queridos? Pergunte-se: "Certo. Qual seria a pior coisa possível se *isso* acontecesse?" Continue até chegar à pior coisa que conseguir imaginar. O fundo do poço. Em seguida, numa escala de 1 a 10 – 1 sendo improvável e 10 sendo garantido –, qual é a probabilidade de essa pior hipótese acontecer de fato? Então escreva os passos exatos que você daria para se reerguer.

Esse exercício nos ajuda a perceber que, ainda que tudo implode (de novo, isso é tremendamente improvável – ainda mais quando você se antecipa ao listar todos os potenciais problemas), sempre há *alguma coisa* que podemos fazer para nos reerguermos.

As piores hipóteses costumam ser eventos de baixa probabilidade. São ainda menos prováveis de acontecer se você criar uma estratégia para impedi-los e um modo de enfrentá-los caso aconteçam.

Assim que você articular no papel seus temores mais sombrios e seu plano de recuperação, inverta a perspectiva. Dessa vez anote as melhores hipóteses. Quais são todos os possíveis pontos positivos resultantes de seguir em frente? Você vai reacender sua alegria e paixão? Aprender e crescer? Viver sem um sentimento irritante de arrependimento? Causar um impacto positivo nos outros? Existem recompensas financeiras? Ganhos criativos? Benefícios de relacionamento? Determinadas liberdades que só podem chegar caso você assuma o risco e diga sim? Anote isso também. Do modo mais concreto e específico possível.

Depois que fizer esse exercício, você estará em condições de dar o primeiro passo da sua ideia (que é tudo em que você precisa se concentrar agora), ou ajustar o seu plano de modo que a pior hipótese e o plano de recuperação sejam algo com que você possa lidar. Um dos ajustes pode ser dividir um sonho enorme em pedaços menores e mais viáveis, alcançáveis. Em vez de largar o emprego para escrever o novo best-seller, continue trabalhando e escreva seu primeiro conto. Talvez você possa fazer um teste em pequena escala antes de assumir um risco maior (por exemplo, vivendo e trabalhando fora do país por três semanas, em vez de três anos).

O importante é o seguinte: *não* permita que seus medos permaneçam amorfos. Encare-os no papel. É bem provável que seus maiores temores sejam piores na sua imaginação do que na vida real.

USE A ALQUIMIA DA LINGUAGEM

Não existe nada bom ou ruim, mas pensar faz com que seja.

William Shakespeare

O pai de Josh era um famoso físico teórico que trabalhou com Einstein (isso mesmo, *aquele* Einstein). Quando Josh era pequeno, seu pai explicava que, no nível mais profundo, tudo no universo era feito da mesma substância. Um carvalho, um carro esportivo, a mão humana – todas as coisas são compostas de átomos e energia, vibrando em frequências que se alteram constantemente.

Josh cresceu, virou ator e, além de seu trabalho na TV, no cinema e no teatro, fundou a Committed Impulse, que treina atores e oradores para criar espetáculos espontâneos e empolgantes.

Uma das lições mais poderosas do Committed Impulse questiona a ideia de que existem emoções "boas" e "ruins". E se todas as emoções a princípio "ruins", inclusive o medo, o nervosismo ou a ansiedade, forem apenas átomos e energia vibrando em frequências diferentes que aprendemos a rotular como "ruins"? Por exemplo, se você descrevesse a emoção que chama de medo como uma pura sensação corporal, como faria isso? Talvez falasse de uma sensação de vazio no estômago. Ou um aperto no peito. Ou um peso no coração. Onde, exatamente, esse medo estaria localizado: no pescoço, na testa ou no dedão do pé? Qual seria a sua cor, sua forma, sua textura ou seu padrão de movimento?

Remova a história negativa que você conta a si mesmo sobre o significado dessas sensações – será que elas são tão terríveis assim? Você já se permitiu realmente senti-las sem entrar num drama mental por causa delas? Claro, essas sensações podem não parecer agradáveis, mas será que são tão intoleráveis a ponto de valer abandonar seus maiores sonhos para não as experimentar de vez em quando, ainda que só por alguns instantes?

Considere o seguinte: será possível que a emoção que você rotulou antes como "medo" poderia ser outra emoção totalmente diferente? Será que a sensação que você presumiu que era "medo" também poderia ser chamada de ansiedade, expectativa ou talvez até de uma empolgação gigantesca?

Dizem que quando Bruce Springsteen está para subir no palco em estádios cheios de fãs gritando, ele experimenta um monte de sensações físicas.

> Logo antes de eu subir no palco, meu coração bate um pouco mais rápido (...) minhas mãos suam (...) minhas pernas começam a formigar como se eu estivesse com comichão (...) então tenho uma sensação de aperto na boca do estômago, que começa a girar e girar (...) Quando tenho todas essas sensações, sei que estou empolgado, animado e pronto para subir no palco.[1]

Fascinante, não é? Springsteen interpreta essas sensações corporais como sinal de prontidão, e não como indício de medo, ansiedade ou incompetência. Ele *escolheu* acreditar que as vibrações e sensações em seu corpo físico estão dizendo que ele está preparado para proporcionar um espetáculo lendário aos fãs. Ele *escolheu* uma interpretação que lhe cai bem.

Nada existe outro significado além daquele que nós damos. Quer percebamos ou não, nós atribuímos um significado para tudo na vida: cada evento, cada interação e (sim) cada sensação. Só por diversão, experimente este exercício do Committed Impulse. Crie um nome novo para a sensação de "medo" que faz você hesitar com mais frequência. Em vez de dizer que está com medo, nervoso, ansioso ou aterrorizado, dê um nome bonitinho e inofensivo para essa sensação, como "chuchuzinho", "naninha" ou "cuti-cuti". Tipo:

> *Vou pedir um aumento e estou me sentindo um tremendo chuchuzinho por causa disso.*
> *Ah, meu Deus, estou cheio de naninha: vou apresentar minha ideia para o editor!*
> *Cacete, estou explodindo de cuti-cuti! Vou subir no palco e fazer um discurso para cinco mil pessoas!*

É, eu sei, soa ridículo. E é exatamente por isso que funciona. Às vezes precisamos parar de nos levar tão a sério. Uma palavra idiota feito "chuchuzinho" rompe o transe de terror em que nos colocamos e nos ajuda a ficar mais leves. Como Catelyn Stark disse sabiamente em *Game of Thrones*: "O riso é veneno para o medo."

Vou esclarecer: mudar o rótulo das suas emoções não implica negá-las, suprimi-las ou fingir que elas não existem. Você ainda está experimentando essas sensações físicas. Está respirando e presente. Está sentindo o que sente. Está metabolizando a energia interna.

Só não está dando um rótulo negativo ou uma interpretação dramática que machuca, em vez de ajudar. As emoções são apenas energia, e toda energia pode ser transformada. Seja como Bruce Springsteen. Treine interpretar as palmas das mãos suadas e o estômago embrulhado não como sinais de que está com medo, mas como sinais de que você está pronto para arrasar.

MEDO VS. INTUIÇÃO: COMO SABER A DIFERENÇA

Há mais sabedoria no seu corpo do que em sua melhor filosofia.

Friedrich Nietzsche

Quando você está diante de uma oportunidade de crescer, é normal sentir hesitação e insegurança. Mas como saber a diferença entre o medo útil e referencial que precisa ser metabolizado e atravessado e sua intuição tentando lhe dizer para *não* fazer uma coisa da qual você vai se arrepender mais tarde?

Essa é uma distinção importante. Administro minha empresa e minha vida confiando na intuição. Ela nunca me levou ao caminho errado. Quando esses alarmes soam lá no fundo, é porque algum motivo tem.

Sempre que fico indecisa em uma situação e não sei de imediato se estou sentindo um medo normal, saudável e referencial (um sinal para dizer sim e CRESCER!) ou recebendo uma dica intuitiva para sair correndo, encontro a resposta por meio de uma restrição física sutil e visceral. Leva apenas alguns segundos e produz uma reação clara. Todas. As. Vezes.

Funciona assim: fique numa posição confortável, sentado ou de pé.

Feche os olhos. Respire fundo algumas vezes (pelo menos três) e permita que sua mente se acalme. Esteja presente no seu corpo. Depois, faça a si mesmo a seguinte pergunta e preste bastante atenção à sua reação corporal instantânea e automática:

Dizer sim a isso faz com que eu sinta
expansão *ou* contração?

Em outras palavras: quando você se imagina indo em frente com isso, o que acontece no seu corpo um nanossegundo depois de se fazer essa pergunta? Sente uma abertura, um impulso de seguir em frente, uma leveza no peito? Alegria, empolgação, diversão?

Ou tem um sentimento imediato de peso e pavor? Seu coração se comprime? Você detecta um aperto no peito ou uma sensação de enjoo? Alguma coisa sutil dentro de você recua, fecha-se ou de algum modo diz um enérgico *não* – ainda que a recusa não faça sentido racionalmente?

Não estou me referindo aos seus pensamentos. Não estou interessada no que sua mente acha que você "deveria" fazer. Estou pedindo que preste atenção à verdade e à sabedoria do seu corpo. Do seu coração. Quando você presta atenção e ouve suas dicas não verbais, quase pré-verbais – nota uma predominância de energia indo numa direção ou na outra. Obviamente, se você sente alguma coisa próxima de expansão, júbilo ou empolgação, é a intuição sinalizando para ir em frente e dizer sim. A contração ou qualquer sentimento de pavor significa: não vá.

Seu corpo tem uma sabedoria inata que se estende muito além da razão e da lógica. Você não pode acessar a inteligência do seu corpo através do pensamento, precisa sentir o caminho. Seu coração, suas entranhas, sua intuição – como você quiser chamar – são muito mais inteligentes do que sua mente. Numa cultura sedentária, focalizada nas telas, que considera normal viver do pescoço para cima, sentir e "ouvir" o que seu corpo comunica exige treino. Mas, como qualquer outra habilidade, ela pode ser desenvolvida.

Para obter maior controle na distinção entre medo e intuição, as perguntas a seguir podem ajudar. Lembre-se: a sabedoria está no seu corpo. Direcione a atenção para dentro enquanto responde a estas perguntas:

- Eu realmente *quero* fazer isso?
- Eu sinto expansão ou contração quando me imagino dizendo sim a isso?
- Dizer sim me faz sentir deleite ou pavor?
- Isso parece jubiloso e divertido?
- Se eu tivesse 20 milhões no banco, ainda faria isso?
- Quando estou perto dessa pessoa (ou organização/ambiente), me sinto mais confiante e capaz ou me comparo e me sinto inferior?
- Depois de estar perto dessa pessoa eu me sinto mais energizado ou menos energizado?
- Eu confio nela?
- Eu me sinto seguro, compreendido, respeitado?

Perceba a primeira coisa que você sente ou deixa escapar, ainda que isso o surpreenda.

A VERDADE SOBRE O FRACASSO

Uma vez, numa entrevista, me perguntaram sobre meus maiores fracassos. Engasguei. Gelei feito um cervo diante dos faróis de um carro. Eu não tinha uma resposta. Depois, me senti esquisita e péssima por isso. *Por que não consegui responder àquela pergunta simples? Não é que eu nunca tenha errado, pelo contrário: eu cometo erros o tempo todo!*

Então entendi. Não existe uma pasta permanente do fracasso no arquivo da minha mente. Antes que você me odeie ou ache que sou uma coach privilegiada, fria, escrota, me deixe explicar. O motivo para não ter mais essa pasta na minha cabeça é por causa de um velho ditado que ouvi quando tinha 20 e poucos anos:

Eu ganho ou aprendo, mas nunca perco.

Essa frase se tornou imediatamente um dos meus principais mantras. Ouvir isso mudou minha perspectiva por completo. E ainda bem, porque eu adorava catalogar meus erros. Mas a verdade é que não há um único caso no meu passado em que minha suposta ação "errada" ou tentativa "fracassada" não tenha levado a uma coisa boa e útil.

É por isso que tropecei diante daquela pergunta na entrevista. Quando olho para esta aventura de tirar o fôlego e partir o coração que é a vida, legitimamente não vejo fracassos. Cada passo errado e doloroso que dei foi um degrau para me tornar uma pessoa melhor.

Agora vamos falar a verdade. No meio de uma confusão ou logo depois, às vezes eu choro e me sinto uma idiota sem noção? Sim. Será que eu me dou uma bronca se desperdicei uma quantidade enorme de tempo, dinheiro ou energia? Sim, sim e sim. Mas no nanossegundo em que lembro que "eu ganho ou aprendo, mas nunca perco", começo a recuperar a sanidade e a perspectiva. Alguma coisa boa vai acabar surgindo dessa tempestade de merda. Algo que vai me ajudar a crescer e melhorar da próxima vez.

O fracasso, como conceito, é incrivelmente míope. É como assistir a um filme e parar no meio porque os personagens têm conflitos. A gente não tem a menor ideia de aonde a história vai chegar, a não ser que continue assistindo. Isso é verdade na telona e também é verdade na aventura da sua vida. A não ser que você esteja morto e lendo isto no outro lado, você *não* faz a mínima ideia de onde tudo isso vai dar.

Agora pense nos seus fracassos do passado: projetos que não deram em nada ou todas as vezes que você tropeçou e caiu. Relacionamentos que ficaram inesperadamente ruins. Palavras, atos ou decisões que não deram certo. Por mais que essas lembranças sejam dolorosas, também não é verdade que, nesse processo, você aprendeu alguma coisa útil? Não ganhou percepção, compreensão ou alguma experiência valiosa? Alguns dos seus contratempos ou fracassos não foram redirecionamentos que guiaram você para um caminho melhor?

Uma das melhores ideias sobre o fracasso veio de uma convidada da *MarieTV*, a juíza Victoria Pratt. Ela obteve aclamação internacional por seu trabalho de reforma do sistema de justiça criminal de Newark, Nova Jersey. Em vez de sentenças de prisão, ela determinava redações introspectivas. Seu tribunal recebia tantos aplausos que era comparado com uma peça de teatro off-Broadway. A juíza Pratt me disse:

O fracasso é só um incidente. Não é uma característica. Pessoas não podem ser fracassos.

Deixe isso penetrar na sua mente. *O fracasso é só um incidente. Não é uma característica. Pessoas não podem ser fracassos.* Veja bem, todos nós avaliamos mal certas situações. Mas os seus fiascos são eventos, não traços de personalidade permanentes. Você não é um fracasso.

VOCÊ não é um fracasso e nunca pode ser.

Pense na palavra "FRACASSO" do seguinte modo: é uma tentativa fiel de aprendizado. Só isso. Uma tentativa fiel de *aprendizado*. Não é algo a ser temido nem evitado. Segundo essa perspectiva, o fracasso não é um entrave na sua jornada do *tudo tem jeito*, é uma característica fundamental. Por mais que pareça clichê, você só pode fracassar realmente se parar de aprender e crescer.

DA IDEIA À AÇÃO

Você ganha força, coragem e confiança por meio de cada experiência em que realmente para e encara o medo de frente.

Eleanor Roosevelt

1. ***Qual é a pior das piores hipóteses que você imagina que poderia acontecer se você fosse em frente com sua ideia?*** Perder dinheiro? Parecer idiota? Você poderia perder seu emprego ou sua empresa? Decepcionar familiares ou entes queridos? Seu objetivo é esvaziar o cérebro, tirar os piores medos da cabeça e colocar na página. Continue até chegar à origem do seu medo. Depois, pergunte: "Tudo bem. Qual é a pior coisa possível se *isso* acontecer?" Continue até chegar ao ponto central do seu medo.

2. ***Dê uma olhada no que você escreveu.*** A seu ver, qual é a probabilidade de esse pesadelo completo acontecer? Numa escala de 1 a 10 (1 sendo improvável e 10 sendo garantido), qual é a chance disso?

3. ***Agora escreva os passos exatos que você daria para se recuperar e reconstruir se o pior de tudo acontecesse realmente.*** Se fosse necessário, como você se reergueria?

4. ***Inverta o roteiro.*** Qual é a melhor hipótese? Quais são as vantagens possíveis – os lados positivos – que podem resultar de seguir em frente? Anote o maior número em que conseguir pensar.

5. *Explore o medo como se ele fosse o seu GPS.* Tenha curiosidade e ouça o seu medo. Que sinal útil e positivo o medo pode estar mandando? Que mensagem produtiva ele está tentando comunicar? Em que direção essa mensagem está orientando você?

6. *Use sua linguagem.* Se o fato de dizer que sente terror, estresse, medo, ânsia ou nervosismo costuma deixar você imóvel ou subjugado, mude o nome. Pegue emprestado o "chuchuzinho" ou "naninha" ou invente sua própria palavra (dica: busque alguma coisa que pareça ridícula).

7. *Pense numa ocasião específica em que você "fracassou" (ou, para ser mais exata, fez uma tentativa fiel de aprender).* Descubra o ouro que existe aí. Quais são as três coisas boas que resultaram disso? Que lições você aprendeu? Que compreensão valiosa você tem agora e que não teria de outro modo?

Material bônus

O medo é um assunto inesgotável. Temos dezenas de episódios e podcasts em inglês na *MarieTV* que abordam todas as nuances do medo, inclusive o medo do sucesso, o medo de falar em público, o medo do dinheiro, o medo da autopromoção, o medo de ser uma fraude, o medo de simplesmente não sermos bons o suficiente, etc. Encontre-os em MarieForleo.com/MarieTV.

Anotações de Campo

Ela usou o tudo tem jeito para terminar um relacionamento abusivo – com dois filhos e sem um plano B. Rompeu um ciclo tóxico e está reconstruindo a vida, um passo inteligente de cada vez.

Eu me separei do meu marido abusivo depois de vinte anos de relacionamento. Para ser honesta, Marie, eu estava psicologicamente paralisada durante o casamento. O nível de abuso me levou a acreditar que eu não tinha forças para ir embora.

Sua abordagem calma ao caos é um dos principais conceitos que me permitiram entender que, mesmo não sabendo o que aconteceria depois de ir embora, eu encontraria um jeito. Com meus dois filhos a reboque, fui embora com as coisas deles, minha formação, minha carreira, minha dignidade e meu carro caindo aos pedaços. Estou seguindo em frente, um dia de cada vez. E agora meus filhos testemunham como é romper um ciclo tóxico.

Obrigada, Marie. Realmente, tudo tem jeito. Até as coisas que eu acreditava serem impossíveis. Ouvir você, e o modo como você aborda a vida, me fez ver que podia dar um passo (neste caso, um plano para me estabilizar sozinha financeiramente), e depois outro (conseguir contratar um advogado competente e pensar num plano de fuga). Então agi.

O resultado final é que estou fora daquela situação horrível, meus filhos estão no processo de entender que preservar nossa integridade é mais importante do que a percepção pública da perfeição, e agora estou estabelecendo uma reputação sólida na minha carreira.

– JESSICA
MISSOURI

6

Defina o seu sonho

Tudo está na mente. É lá onde tudo começa. Saber o que
você quer é o primeiro passo na direção de conseguir.

Mae West

Você se lembra de quando era criança e os adultos perguntavam
repetidamente: "O que você quer ser quando crescer?" Eu jamais
conseguia citar uma única coisa.

*Quero ser escritora, artista plástica, dançarina, empresária, professora,
cantora, estilista e e e... maquiadora!*

Essa lista foi se modificando durante meus anos na escola, mas sempre
foi bem comprida. Eu presumia que todos os meus interesses iriam se fun-
dir num passe de mágica por meio da alquimia da faculdade e que eu me
formaria com uma única ideia "para ser". Não foi bem assim.

Eu estava com 20 e tantos anos e me sentindo a coach mais patética do
planeta. Tinha rompido um noivado com um cara gentil mas errado para
mim havia pouco tempo, o que me deixou emocionalmente ferida, abalada
e sem ter onde morar. Desesperada, voltei para a casa dos meus pais em
Nova Jersey, para me reerguer (é, meus pais se divorciaram quando eu
tinha 8 anos, mas se reconciliaram vários anos depois).

Após a segunda semana na casa deles, mamãe e eu tivemos uma briga
feia. Ficou dolorosamente claro que eu não podia continuar morando lá.
Por sorte, uma amiga generosa, dos meus tempos da revista, estava disposta a me hospedar. Dormi num colchão inflável na sala de seu apartamento

minúsculo e charmoso no West Village. Ela foi um anjo ao me deixar ficar lá (obrigada, Dana).

Portanto ali estava eu, uma coach enfrentando dificuldades, me sentindo a maior fracassada. Passava as noites preparando bebidas e servindo mesas enquanto trabalhava na minha empresa durante o dia. Mas não conseguia afastar uma sensação implacável de que minha vida estava passando rápido *demais* e eu não estava nem um pouco perto de onde deveria estar.

Por mais que eu adorasse trabalhar com coaching e desenvolvimento pessoal, alguma coisa ainda parecia ligeiramente incompleta. Como se houvesse uma peça (ou várias) faltando no meu quebra-cabeça profissional e pessoal. Bem no fundo eu acreditava que tinha *alguma coisa* especial para dar ao mundo. Mas ainda me sentia uma pessoa deslocada e não realizada.

Morria de medo de que me perguntassem: "E o que *você* faz?" A vergonha me dava vontade de sair correndo. Além disso, me considerar "coach" e me concentrar apenas nessa profissão parecia uma coisa estreita e limitadora. Eu não conseguia negar um desejo de explorar outros aspectos da minha criatividade – como a dança hip-hop, o fitness e a escrita. Além disso, era superapaixonada pelo mundo embrionário dos negócios pela internet e a mídia digital (lembre-se, isso foi por volta de 2002). Meus diários daquele tempo eram cheios de pedidos desesperados a Deus.

Por que não consigo escolher uma coisa na qual me concentrar, como todo mundo?

O que há de errado comigo?

Como sei que o coaching é a única coisa que eu deveria fazer na minha vida?

E se eu estiver desperdiçando meus outros talentos e dons? Nada disso parece certo!

Será que existe alguma coisa errada com o meu cérebro? Será que simplesmente não consigo me concentrar em nada?

Será que sou defeituosa?

Profissionalmente, eu atirava em todas as direções. Adorava o coaching, mas não conseguia me enxergar fazendo *só* isso. Em busca de respostas, comecei a ler cada livro clássico sobre carreira, negócios e sucesso que pude encontrar. A maioria oferecia diferentes versões do mesmo conselho convencional.

"Domine um nicho."

"Quanto mais especializado você for, mais rapidamente fará sucesso."

Do ponto de vista intelectual, esse conselho fazia sentido. Mas sempre que eu tentava "escolher uma coisa" – como ser coaching ou mesmo um aspecto específico do trabalho de coaching –, parecia que estava amputando um membro. Uma voz pequenina dentro de mim continuava dizendo, insistente: *Você é MAIS do que apenas uma coisa, Marie – pare de tentar se encaixar.*

O puxão mais intenso e imediato que senti foi em direção à dança e ao fitness. O problema era que eu não tinha formação em nenhuma das duas áreas. Claro, na adolescência eu era obcecada por um programa de TV chamado *Corpos em movimento*, com um treinador fortão chamado Gilad. Em pouco tempo comecei a projetar minhas próprias sessões de exercícios e me tornei um membro orgulhoso do Gold's Gym.

Com relação à dança, eu fazia o *moonwalk* no piso de linóleo da minha mãe. Pegava passos de programas como *Yo! MTV Raps* e *Club MTV* com Downtown Julie Brown. Ganhei dez concursos de dança nas boates permitidas para menores de 18 anos em Seaside Heights, Nova Jersey. A paixão estava sempre presente, mas nunca pus um pé numa aula de verdade. Tinha zero técnica e zero noção de como entrar no mundo da dança aos 25 anos, uma idade, infelizmente, considerada "avançada" para uma novata.

A exasperação produziu meu primeiro avanço. Como o conselho tradicional de escolher uma coisa na carreira me dava vontade de bater com a cabeça na parede, finalmente falei: *Foda-se. Estou cansada de tentar me encaixar. Estou com uma tonelada de dívidas. Estou dormindo num colchão inflável. Por que não experimentar? O que eu tenho a perder?**

A cidade de Nova York é sede do lendário Broadway Dance Center (BDC). Se eu queria fazer minha primeira aula de dança de verdade, era melhor procurar os profissionais.

---

* Momentos de ligar o foda-se: quando você para de tentar parecer bom, para de tentar se encaixar e finalmente segue seu coração. Geralmente são pontos de virada enormes e positivos.

Para deixar claro, eu estava aterrorizada. Tinha visões horríveis de tropeçar nos meus próprios pés e trombar nas pessoas por perto. Pensei que iriam rir de mim e me vaiar e que eu seria chutada porta afora. Além disso, eu era quase uma década mais velha do que os outros alunos e imaginava que todos vinham fazendo aulas de dança desde que tinham saído do útero.

Mesmo assim fui em frente e me inscrevi em Jazz Moderno para Iniciantes. Vesti a roupa de dança mais vagabunda e ridícula do mundo. Do lado de fora da sala fiquei olhando a turma anterior terminar a aula. Todo mundo era *tão* talentoso! Eram *tão* descolados! *Tão* novos!

Assim que a turma anterior saiu, me encolhi e tentei ficar invisível. Outros alunos entraram e se sentaram. *Ah, acho que a gente começa se sentando.* O professor entrou, não disse nenhuma palavra nem cumprimentou ninguém. Houve alguns instantes de silêncio completo antes que uma batida de contrabaixo alta, profunda e constante enchesse a sala. A música sacudiu cada célula do meu corpo. Todo mundo (menos eu) começou a se mover e se alongar em sincronia. Eles sabiam exatamente quando progredir para o próximo alongamento com uma batida de palmas do professor.

Em menos de sete segundos de música irrompi em lágrimas. Não sabia o que estava acontecendo nem por quê, mas não conseguia parar. Fiquei sentada, tentando segurar a onda enquanto soluçava incontrolavelmente. Cobri o rosto com o cabelo e agradeci ao doce Jesus porque a música estava alta suficiente para que ninguém me ouvisse. Aquela sala parecia o meu lar. *ISSSSO!!!,* gritava meu corpo, movendo-se. *ATÉ QUE ENFIM. Você está escutando.*

Ainda fico chocada pensando em quanto tempo e energia nós, humanos, conseguimos desperdiçar sendo indecisos, falando sobre ideias (na cabeça ou em voz alta) sem jamais fazer alguma coisa a respeito. Passei anos imaginando se tinha o necessário para ser dançarina. *Será que eu poderia ser? Será que deveria ser?* Até fantasiava sobre como seria. Mas nunca dei nenhum passo, até que o fiz. Meu maior erro? Ficar buscando na cabeça uma resposta que só poderia ser experimentada pelo coração. Foi quando aprendi uma lição com a qual vivo até hoje:

A clareza vem do engajamento, não do pensamento.

Escreva isso. Memorize. Tatue na bunda. Sempre que estiver no inferno da indecisão, faça alguma coisa a respeito o mais rápido possível. Encontre um modo de fazer uma ação tangível, real, e você será recompensado com uma resposta inestimável para orientar seus próximos passos.

Está se perguntando pela 75ª vez se deve romper com seu parceiro ou sua parceira? *Passe um tempo sozinho, mesmo que só por uns dias. Mesmo que, para isso, tenha que dormir no sofá de alguém. Encontre um bom terapeuta de casais e se comprometa a resolver as coisas ou terminar. AJA.*

Não consegue pensar numa mudança de carreira? *Faça um curso. Procure um estágio (não se preocupe com a idade). Trabalhe de graça nos fins de semana. Não importa o que for necessário, experimente a atividade em primeira mão. AJA.*

Sonha se mudar para outra cidade ou mesmo outro país? *Pesquise. Descubra quanto custará para morar nesse lugar e como você vai poder se sustentar lá. Faça uma viagem curta para sentir o local. AJA.*

Não consegue escolher o vinho certo para o jantar? *Peça ao garçom só um golinho de suas duas principais opções. Eles raramente recusam. AJA e SAÚDE!*

Quando você estiver encalacrado num círculo paralisante de indecisão, pare de pensar e comece a fazer. Dê um passo, não importa que seja minúsculo. Encontre (ou crie) um modo de vivenciar uma experiência no mundo real. A ação é a rota mais rápida e mais direta para a clareza.

DECIDIR O QUE VOCÊ QUER É O PRIMEIRO PASSO PARA CONSEGUIR

Descobrir o que você realmente quer poupa uma
confusão interminável e o desperdício de energia.

Stuart Wilde

Sempre que trabalho frente a frente com as pessoas, digo durante a sessão inicial: "Posso ajudar você a conseguir tudo que quiser, mas primeiro você precisa me dizer o que quer." Parece simples. Mas simples nem sempre quer dizer fácil.

Quantas pessoas têm clareza cristalina com relação ao que estamos trabalhando para criar? Podemos dizer honestamente: "ISSO. Este (ou esta) _____ [ideia, relacionamento, projeto, filme, livro, causa, empresa, habilidade, jornada de cura, vício, objetivo, etc.] é o principal foco da minha vida neste momento. É por isso que estou disposto a trabalhar dias, noites e fins de semana para fazer acontecer, custe o que custar."

Quando não tenho clareza quanto ao meu foco primário ou, pior, quando estou com medo demais de admitir o que quero, isso sempre resulta em sofrimento. Dores de cabeça e no coração. Ignorar nossa verdade não a faz ir embora, só provoca desespero e disfunção.

Quando você não tem uma coisa clara e significativa por que batalhar, pode experimentar um monte de outros problemas:

- Sensação de estar perdido, de não estar onde deveria, e fora dos trilhos. Você tem pensamentos recorrentes do tipo: *Só existe isso? Estou realmente fazendo o que deveria fazer na vida?*
- Dificuldade em priorizar ou programar o seu tempo porque não sabe o que é mais importante nem como se orientar diante de oportunidades que competem entre si.
- Não conseguir produzir resultados significativos, apesar de estar sempre "superocupado". Você confunde atividade com realização: *Estou ralando demais, mas não tenho nada significativo para mostrar.*
- Oscilar à beira do esgotamento. Você sente exaustão e irritação e fantasia sobre fugir para longe e nunca mais olhar para trás.

A dificuldade é real, mas também é compreensível. Nunca fiz uma aula de Clareza dos Sonhos, você já fez? A maioria de nós tem pouca ou nenhuma instrução sobre como descobrir o que realmente quer na vida. Ou como voltar aos trilhos quando nos perdemos no caminho.

Neste capítulo sobre pôr a mão na massa você vai dar nome e reivindicar aquilo que mais quer realizar: seu sonho mais empolgante, seu objetivo, projeto ou mudança de vida. Se já sabe a resposta, fantástico. O que vem em seguida vai reforçar sua decisão e sua motivação à medida que prosseguirmos. Se você está tendo um branco ou medo de admitir o que deseja de verdade, esses desafios para a ação são cruciais.

Não vou mentir, esse trabalho pode ser difícil. Porém, quanto mais difícil for, mais você precisa dele. Quanto mais clareza você tem sobre aquilo que deseja tornar possível, mais chance tem de conseguir. Clareza é igual a poder.

Neste estágio você só precisa de um destino inicial: alguma coisa significativa que o desafie a aprender e crescer. Não precisa ser um objetivo épico, capaz de mudar o mundo, especialmente se isso parecer uma opção esmagadora. Você também não tem que saber *como* vai fazer esse sonho acontecer. Basta um marco nítido, porque é impossível acertar um alvo que a gente não consegue enxergar.

Eis o que é empolgante nesse projeto. Assim que você esclarece um sonho e se compromete com ele, forças misteriosas começam a se agitar, forças que caso contrário permaneceriam inertes. Forças poderosas e milagrosas que são de natureza cósmica e científica. William Hutchison Murray, um montanhista escocês, explica a primeira delas em seu livro *The Scottish Himalayan Expedition*, publicado em 1951:

> Até estarmos comprometidos existe a hesitação, a chance de recuar, sempre a ineficácia. Com relação a todos os atos de iniciativa (e criação) há uma verdade elementar e, se a ignorarmos, matamos incontáveis ideias e planos esplêndidos: no momento em que nos comprometemos, a Providência também se compromete... Toda uma sequência de acontecimentos decorre dessa decisão, provocando a nosso favor todo tipo de incidentes, encontros e auxílios materiais imprevistos, que nenhuma pessoa poderia sonhar que viriam em sua direção.

Vivemos num universo inteligente e sensível. Quer você esteja consciente do processo ou não, está cocriando sua realidade através dos pensamentos, das palavras e dos comportamentos que escolhe minuto a minuto, hora a hora, dia a dia. Sua vida é um ato constante de criação e você está 100% no comando. Quando você toma uma decisão clara e comprometida com relação a algo que deseja, isso equivale a pegar o telefone e fazer um pedido de entrega ao cosmo. É por isso que você deve lutar ao máximo para ser decidido, claro e específico. Objetivos confusos geram resultados confusos.

Um dos principais motivos pelos quais as pessoas não conseguem o que querem é porque sentem medo de pedir. Apavoram-se achando que não têm o que é necessário. Mas aqui vai um segredo que muita gente não percebe:

Você não teria o sonho se já não tivesse o
necessário para fazê-lo acontecer.

Você nasceu com tudo de que precisa para atender ao chamado da sua
alma. Esse chamado abarca o vasto âmbito de desejos intuitivos, projetos,
ideias, objetivos e sonhos criativos que você tem no coração.

SEJA FIEL A SI MESMO E AOS SEUS SONHOS

Nossos sonhos e desejos criativos vêm de uma fonte
divina. À medida que nos movemos em direção aos
nossos sonhos, vamos em direção à nossa divindade.

Julia Cameron

Quando era criança, criada por uma mãe solo em Mobile, Alabama, Laverne
Cox sofria bullying diariamente. Era perseguida, da escola até em casa, por
crianças que queriam espancá-la porque ela não agia como deveria agir
uma criança a que fora designada o gênero masculino ao nascer.

No terceiro ano do ensino fundamental, depois de ela se apaixonar por
um lindo leque de pavão durante um passeio escolar,[1] a professora ligou
para sua mãe e disse: "Seu filho vai acabar em Nova Orleans usando um
vestido se você não colocá-lo numa terapia imediatamente."[2] Esse momento, segundo Laverne, "causou-lhe uma vergonha profunda".[3]

O terapeuta sugeriu dar injeções de testosterona em Laverne para "con-
sertá-la".[4] Sua mãe achou isso inaceitável e a tirou da terapia imediatamente. Numa entrevista em 2015 ao *The Telegraph*, Laverne contou: "Quando
criança eu sabia que todo mundo dizia que eu era um menino, mas eu
me sentia uma menina. Achava que chegaria à puberdade e simplesmente
começaria a virar menina."[5]

No sexto ano – mais ou menos na época em que começou a se sentir
atraída por garotos –, Laverne engoliu uma cartela inteira de comprimidos
porque não queria mais ser quem era e não sabia como ser outra pessoa.
Diziam que ela era um "pecado" e um "problema". Ela não queria existir.[6]

O que queria era se apresentar como artista. Implorava à mãe para fazer aulas, mas ela não podia pagar. Então sua mãe descobriu um programa de artes para famílias carentes. Em sua entrevista ao *The Telegraph*, Laverne disse: "De repente eu tinha uma saída criativa, tinha uma coisa que eu amava e à qual podia aspirar. Quando penso na minha infância e nos momentos em que me sentia feliz, era quando estava dançando, sendo criativa, me apresentando e estando no palco."

Ela acabou ganhando uma bolsa para a Alabama School of Fine Arts, onde começou a experimentar se vestir com roupas de mulher. Embora ainda sofresse bullying, finalmente começou a se sentir mais confortável consigo mesma.

Como muitos aspirantes ao palco, Laverne se mudou para Nova York com apenas alguns dólares no bolso. Pela primeira vez era celebrada pelo que ela era. Nas boates de Nova York parecer diferente era uma vantagem. "Eu ainda era assediada nas ruas por causa da minha aparência", disse, "mas à noite eu era uma estrela".[7]

Fez aulas de interpretação e conseguiu alguns trabalhos. Para se sustentar, trabalhava como garçonete e se apresentava em bares. Só em 2007 a atriz Candis Cayne se tornou a primeira mulher transexual a ter um papel fixo no horário nobre da TV. Quando esse avanço aconteceu, Laverne disse a si mesma: "Esse é o meu momento."[8]

Inspirada, mandou centenas de cartões-postais para diretores de elenco e empresários, dizendo: "Laverne Cox é a solução para todas as suas necessidades de interpretação." A partir desses quinhentos cartões ela conseguiu quatro reuniões, e uma delas a levou a conhecer seu empresário.

Mesmo assim, em maio de 2012 fazia quase um ano que Laverne não conseguia trabalho. Estava pensando em desistir e cursar uma faculdade. Pegou com um amigo alguns materiais para estudar para os exames e estava procurando escolas. Mas, depois de tirar férias com a mãe e meter a cara nos estudos, percebeu que a faculdade não era para ela (a clareza vem do engajamento, e não do pensamento!). Voltou a se comprometer com o trabalho de atriz e estabeleceu como objetivo conseguir um papel fixo naquele ano. Foi quando foi chamada para um teste para uma série original da Netflix.

Claro, se você já assistiu ao seriado extremamente popular *Orange Is the New Black*, sabe que Laverne conseguiu o trabalho. Mais tarde, ela foi indicada para quatro Emmys e se tornou a primeira pessoa abertamente transexual a sair na capa da revista *Time*. Em entrevistas para a *Metro Weekly*, Laverne disse: "Muitos jovens trans sonham em ser atores ou atrizes e acham que isso não é possível porque são trans. Houve um ponto em que quase desisti. Por sorte não fiz isso... Mas não gosto da expressão 'modelo de comportamento'. Prefiro a expressão 'modelo de possibilidade'."

Deixe-me esclarecer: Laverne se mudou para Nova York em 1993 e trabalhou em *Orange Is the New Black* em 2012. São 19 anos. Apesar de ter chegado perto de desistir do sonho, nunca fez isso. De fato, no momento em que conseguiu uma oportunidade e uma plataforma, ela usou a voz para devolver. "Quando comecei a entender que era meu trabalho prestar um serviço, usar o fato de ser trans como algo que não era uma deficiência que me impedia de atuar, e sim como algo que me tornava única e especial, minha carreira mudou", disse ela.[9]

Do trabalho de atriz ao ativismo, Laverne demonstra o poder que vem de permanecermos ferozmente fiéis a nós mesmos e aos nossos sonhos.

RECRUTE O SEU SAR: PARA ELE, O SEU DESEJO É UMA ORDEM

Se você está possuído por uma ideia, encontra-a expressada em todo lugar, chega a sentir o cheiro dela.

Thomas Mann

E se eu dissesse que você tem um gênio neurológico mágico trabalhando 24 horas por dia, sete dias por semana, 365 dias por ano para guiar e apoiar você? Ter clareza e exatidão com relação ao que você deseja aumenta a capacidade do seu cérebro de ajudá-lo a descobrir como alcançar isso. Veja como:

Seu cérebro é bombardeado por bilhões de bits de informação a cada segundo de cada dia. De modo pouco surpreendente, ele não processa tudo conscientemente. Mas apesar do fluxo constante de dados, seu cérebro também não sofre um curto-circuito. Por quê? Como ele decide o que deve registrar e o que deve descartar? Parte da resposta está numa complexa rede neural chamada de sistema ativador reticular (SAR). Dentre outras funções cruciais, o SAR age como um filtro de atenção. Ele automaticamente separa e escolhe os dados que chegam, deixando fora de sua percepção consciente o que não é importante e só permitindo a passagem do que é. O SAR é o motivo pelo qual você costuma desligar o ruído de um restaurante barulhento, mas presta atenção se ouvir alguém chamar o seu nome. É a razão pela qual você nunca notou nem se informou sobre a "escovação a seco" até que uma amiga disse que era A coisa que transformou a pele dela. De repente dicas, artigos e conversas sobre escovação a seco aparecem e acontecem sem parar.

Em seu livro *A mente organizada*, Daniel J. Levitin escreve:

> Milhões de neurônios estão monitorando constantemente o ambiente para escolher as coisas mais importantes nas quais devemos nos concentrar. Esses neurônios formam o *filtro de atenção*. Eles trabalham sobretudo em segundo plano, fora de nossa percepção consciente. É por isso que a maioria dos detritos perceptivos da vida cotidiana não se registra, ou porque, quando está dirigindo na via expressa por várias horas seguidas, você não se lembra de boa parte da paisagem pela qual passou: seu sistema de atenção o "protege" de registrá-la porque ela não é considerada importante.

O ato de definir com clareza o seu sonho dirá ao seu cérebro que essa *coisa* agora é valiosa e deve ter prioridade. Você vai recrutar o seu SAR para ajudar a dar vida a esse sonho. Seu SAR começará a examinar seu ambiente em busca de todas as oportunidades, pessoas e informações relacionadas ao que você declarou que é um objetivo significativo. Ele passará a processar, reunir ideias e direcionar você para prestar atenção às soluções necessárias, quer você esteja totalmente consciente disso ou não.

Como você acha que este livro chegou às suas mãos? Não foi por acaso. Alguma parte sua, mais profunda e sábia, levou você a estas palavras. Seu SAR já está fazendo o serviço. Está trabalhando para ajudar na mudança que alguma parte sua está ansiando por fazer.

Mantenha a atenção. Fique de olhos, ouvidos e coração abertos. Uma ideia pode ser revelada na próxima música que você escutar no rádio. Ou no enredo de um filme a que você vai assistir no fim de semana. Ou numa matéria na qual você vai tropeçar na internet. Talvez um encontro com um estranho na mercearia vai guiar você ao próximo passo. Ou você vai receber um clarão de intuição criativa no chuveiro ou no ônibus. O ponto é o seguinte: assim que você identifica cognitiva e emocionalmente um alvo importante, seu SAR vai trabalhar incessantemente para realizar a missão. Não importa o quanto vai demorar nem quão imprevisível será o caminho, ele permanecerá na tarefa com diligência e persistência. Dia sim e dia não examinará enormes quantidades de dados e informações, guiando-o exatamente para o que você precisa ver, ouvir e em que prestar atenção.

Está vendo? Você tem um gênio poderoso na mente, ralando sem parar para ajudá-lo a conseguir o que deseja. A única exigência é dizer com clareza o que você quer.

COMO AUMENTAR EM 42% SUAS CHANCES DE SUCESSO

Examinar diários e cadernos antigos pode abrir nossos olhos. Anotei intermináveis pensamentos, sonhos e fragmentos de ideias que, na época, pareciam ridículos. Nos primeiros anos de minha empresa, eu devorava informações sobre empreendedores icônicos. Descobri o trabalho de Sir Richard Branson e sua organização sem fins lucrativos, a Virgin Unite, e fiquei fascinada. Adorei a natureza irreverente de sua marca com fins lucrativos junto a um compromisso feroz com a filantropia no ramo sem fins lucrativos. Escrevi "Virgin Unite" num bloco de papel e em seguida deixei aquilo pra lá.

Nove anos depois, conheci uma pessoa da Virgin Unite num evento em Nova York. Esse encontro casual resultou em um convite para orientar startups na África do Sul... e a passar um tempo com o próprio Sir Richard Branson. Acabei fazendo vários outros projetos com a Virgin Unite e desenvolvi um relacionamento maravilhoso com a equipe. Só muitos anos depois, quando estava limpando um armário antigo, encontrei aquele bloco em que estava escrito "Virgin Unite". Este é apenas um exemplo de uma ideia que parecia tremendamente improvável na época, mas que anos depois aconteceu de um modo que eu jamais esperava.

Isso não é surpreendente. Um estudo citado com frequência, feito por Gail Matthews, professora de Psicologia na Dominican University of California, mostra que você tem 42% a mais de probabilidade de alcançar seus objetivos se anotá-los. O grupo de amostragem de Gail incluía homens e mulheres dos 23 aos 72 anos, de todo canto do mundo e de todas as origens – empreendedores, educadores, profissionais de saúde, artistas, advogados e banqueiros. Ela dividiu os participantes em dois grupos, os que anotavam os objetivos e os que não anotavam. Os resultados foram claros. Os que anotavam seus objetivos alcançavam esses desejos num nível significativamente mais alto do que os que não anotavam.

Por mais básico que pareça, a maioria das pessoas ainda não anota o que é mais importante para elas. Se eu estivesse pensando em fazer uma aposta e você me dissesse que, se eu a registrasse num papel, teria uma chance 42% MAIOR de ganhar... eu faria isso! Se eu estivesse passando por algum tratamento médico e meu médico dissesse "Ei, se você anotar isso vai aumentar suas chances de cura em 42%", eu NÃO ouviria? Quem não quer esse tipo de vantagem?

Mesmo sem esse estudo, anotar o que você deseja é puro bom senso. Num mundo tão distraído, supercomprometido e superestressado como o nosso, registrar o que é mais importante é um modo surpreendentemente fácil de manter o foco. Anotar seus sonhos força você a ter clareza e especificidade com relação ao que deseja. A ambiguidade é inimiga da realização.

Sem mencionar que é isso que costumamos fazer em todas as outras áreas da vida, quando queremos produzir resultado. Se você está reformando sua cozinha, não acorda simplesmente e dá marretadas na pia. Primeiro você faz um projeto no papel. Precisa fazer compras no supermercado? Faça uma lista. Quer dominar um novo assunto ou um artesanato? Faça anotações escritas. Vai viajar? Faça um roteiro. Pense em qualquer projeto profissional do qual você participou. Contratos, acordos de trabalho e ordens de compra transformam ideias cotidianas em realidade. Não importa o que você quer realizar, uma coisa é certa: anotar é um passo fundamental para tornar a coisa concreta.

Bom, é óbvio que você não deve simplesmente escrever seu objetivo num diário e parar por aí. Deve olhá-lo com frequência. O ideal é fazer isso todo dia. Essa atitude mantém sua prioridade número um sempre em sua mente.

DA IDEIA À AÇÃO

Este desafio é mais longo e mais profundo que os anteriores. Coloque o cinto de segurança. Vamos viajar para os recessos mais profundos do seu coração e da sua alma. Prometo que o foco, a honestidade e o esforço que você empenhar agora renderá dez vezes mais no futuro.

1º PASSO: LISTE SEUS PRINCIPAIS SONHOS PARA UM ANO

Um sonho é um desejo do seu coração.

Cinderela *(filme de 1950)*

Ajuste um cronômetro para 15 minutos e faça uma lista dos principais sonhos, objetivos ou projetos que você sente mais empolgação de **começar a realizar no próximo ano**. Podem ser problemas dolorosos que você precisa resolver ou aspirações que você está pronto para concretizar. Anote tudo que lhe vier à mente e que você gostaria de mudar, começar, parar, buscar, curar, transformar, aprender, experimentar, explorar, tornar-se, criar ou alcançar.

NOTA IMPORTANTE: Não é necessário que você realize esse sonho em um ano, mas **é imperativo que esteja disposto a começar agora**. Se você já tiver clareza em relação ao que deseja resolver, pode começar a fazer uma lista de sonhos de um ano só por diversão (suas respostas podem surpreender você!) ou passe direto para o próximo passo.

Se já estiver sentindo ansiedade porque não consegue pensar em nada, não se preocupe. Não saber o que quer é mais comum do que você imagina. Alguns de nós vêm agradando os outros e suprimindo nossos próprios sonhos por tanto tempo que perdemos o contato com nossos desejos mais íntimos. Essas perguntas ajudam. Use o máximo dessas sugestões que desejar.

- Se você pudesse usar uma varinha mágica e mudar *uma* coisa na sua vida ou no mundo, o que seria?
- O que parte seu coração acerca da vida, do trabalho ou do mundo?
- O que irrita você com relação à vida, ao trabalho ou ao mundo?
- Se você tivesse DUAS horas extras por dia, o que faria com esse tempo?
- Termine esta frase: *Não seria ótimo se...* Por exemplo:

Não seria ótimo se...

- *Eu parasse de trabalhar às sextas-feiras*
- *Meu companheiro e eu transássemos mais*
- *As meninas de todo o mundo tivessem acesso à educação*
- *Eu encontrasse a secretária executiva perfeita*
- *Eu falasse espanhol fluente*
- *Os remédios fossem mais baratos*
- *Eu tivesse uma reserva de emergência financeira suficiente para seis meses*
- *Eu passasse o verão em Florença*
- *Eu transformasse minha atividade secundária no meu trabalho em tempo integral*
- *Eu conseguisse uma hora extra por dia para escrever meu livro*
- *Todo ser humano tivesse acesso a água potável*
- *Eu amasse meu corpo e me sentisse forte na minha pele*
- *Eu não me sentisse tão desamparado e sozinho o tempo todo*

Você entendeu a ideia.

Saiba: essa sugestão de "Não seria ótimo se..." funciona como mágica. Fazemos esse exercício regularmente na minha empresa. Ele vem produzindo avanços que rendem milhões de dólares. Começou há anos, quando minha empresa era muito menor e nossos retiros de equipe aconteciam na minha sala de estar. Nós nos sentávamos em círculo no chão, juntando ideias criativas sobre onde e como fazer a empresa crescer. Uma a uma, cada pessoa terminava a frase: "Não seria ótimo se..." e jogava seu projeto louco, empolgante, do tipo "Ah, meu Deus, a gente podia mesmo fazer isso".

Frequentemente o simples fato de dizer esses sonhos em voz alta nos fazia gritar de prazer e expandir nosso cenário de possibilidades. Sabíamos que tínhamos tropeçado numa ideia quando, de repente, a sala silenciava e todos ficávamos arrepiados. Uma regra importante: Quando você está no "Não seria ótimo se...", nenhuma ideia é louca demais.

E mais, quando estiver fazendo brainstorming, seja brutalmente honesto com relação ao que quer. Não se censure nem faça cortes. Não escreva coisas que você *deveria* querer. Não escreva sonhos por culpa ou obrigação. E não tente escrever com perfeição. O ouro no brainstorming costuma chegar muito mais tarde, no processo. Suas respostas são somente para seus olhos. Se você está tendo um branco ou dificuldade para encontrar uma coisa que deseje de verdade, vá para a sessão "Defina seu sonho – perguntas frequentes" mais adiante neste capítulo, para um exercício de escavação de sonhos mais profundos.

2º PASSO: UMA CONVERSA REAL
SOBRE ESSE SONHO

Quem tem um *por que* viver suporta praticamente qualquer *como*.

Viktor E. Frankl

Olhe sua lista. Provavelmente há um ou dois itens que fazem seu coração pular de medo ou empolgação (ou as duas coisas!).

Escolha o que mais atrai você, faça um círculo em volta e responda às perguntas a seguir:

O objetivo deste passo é lhe dar um choque de realidade. Até que ponto esse sonho é importante para você agora? Se você está em dúvida entre vários sonhos, responda a todas as perguntas para o sonho número um, depois repita todas as perguntas para o sonho número dois, e assim por diante. Seja implacável nas respostas, especialmente nessa primeira seção. Suas respostas podem ir de superficiais (*Por quê? Porque quero ser rico e famoso*) até supercomoventes (*Por quê? Porque quero garantir que cada menina tenha acesso à educação que ela merece*). Ponha tudo no papel. Lembre-se: ninguém precisa ver isso, apenas você.

A. Importância: por que esse sonho é importante para você? Que diferença isso fará na sua vida assim que você der um jeito de realizá-lo? Como ele vai impactar você criativa, emocional, física e financeiramente? **Quem mais será impactado positivamente se você realizar isso?** Liste o máximo de motivos em que conseguir pensar. Depois, para cada motivo que você gerar, cave mais fundo. Pergunte-se: "E por que *isso* é importante?" Depois pergunte de novo: "E por que *isso* é importante?" "O que *isso* proporcionará, em última instância, para mim e para os outros?" Perfure várias camadas até chegar ao cerne da importância desse sonho e o que você quer sentir, experimentar ou compartilhar a partir da sua realização. *Não* pule esse passo. O objetivo alimenta a persistência. Os motivos vêm antes dos resultados. Se você não encontrar uma pilha de motivos internos, instigantes, sinceros, para que a coisa seja alcançada, ela não será.

Dado o que você descobriu acima, até que ponto é importante você começar a descobrir um jeito de alcançar isso agora?

1 = Tragicamente sem importância. 10 = Devo agir AGORA!
1 → 2 → 3 → 4 → 5 → 6 → 7 → 8 → 9 → 10

Obviamente queremos um 10. Qualquer coisa menor do que um 7 deve fazer você parar. Se estiver abaixo de 5, PARE. Volte à sua lista e encontre alguma coisa que seja fundamental que você inicie agora.

B. Dificuldade: Dê uma olhada no seu sonho e pergunte: Alguém na história do mundo já fez isso? Provavelmente sim. A vasta maioria dos nossos sonhos já foi realizada antes. Se não de modo exato, alguma coisa bem próxima. Por exemplo: viver sem dívidas, ganhar um Grammy, administrar uma empresa lucrativa, aprender a plantar bananeira, viver da sua arte, ter um casamento amoroso e duradouro, perdoar abuso/agressão/assassinato, abrir um restaurante, curar a varíola, fundar uma organização sem fins lucrativos sustentável, mudar as leis a favor da igualdade, caminhar na Lua, construir escolas em locais pobres, desenvolver tecnologias revolucionárias numa garagem – todas essas coisas foram realizadas por seres humanos ao longo da nossa história. E todas começaram com pelo menos uma pessoa descobrindo como resolver alguma questão. Se elas conseguiram, você também consegue.

Agora pergunte a si mesmo: numa escala de 1 a 10 (1 sendo "muitas pessoas já fizeram isso" e 10 sendo "ninguém em toda a história da humanidade já fez alguma coisa assim e provavelmente vai ser uma dificuldade infernal"), em que ponto seu sonho está?

$$1 \to 2 \to 3 \to 4 \to 5 \to 6 \to 7 \to 8 \to 9 \to 10$$

Se centenas, milhares ou até milhões de pessoas fizeram o que você quer fazer ou alguma coisa análoga, não reinvente a roda nem chore no canto pensando em como é difícil.

Tudo que vale a pena é difícil. Tremendamente difícil.

Abrace esse fato. Respeite-o. Você vai ter que ralar muito para alcançar seu sonho. Encontre um modo de sentir prazer, por mais perverso que pareça, em fazer coisas difíceis e significativas. Isso aumenta a força e o caráter. Além do mais, realizar um sonho "impossível" é muito viciante.

Uma nota de dificuldade mais baixa pode ajudar você a poupar tempo aprendendo com os outros. Também pode aliviar sofrimentos desnecessários. Uma nota mais alta pode ajudar você a se preparar mental e emocionalmente para uma jornada mais difícil e vigorosa. De qualquer modo, entender mais sobre o nível de dificuldade do que você escolheu (e como outras pessoas se saíram antes) permite que você se proteja dos inevitáveis campos minados de frustração que virão pela frente.

C. Tentativas passadas: Você já tentou realizar esse sonho e não conseguiu? Nesse caso, o que deu errado? Não se lamente. Tenha o máximo de objetividade possível. Considere o que quer que você descubra uma coisa positiva. Se o problema foi você, isso significa que a solução também é você. Anote exatamente o que não deu certo e o que você faria de modo diferente para resolver de antemão essas questões. Um momento de reflexão pode impedir a repetição de erros custosos que impediram os esforços do passado.

3º PASSO: ESCOLHA UM

Se você corre atrás de dois coelhos, não vai pegar nenhum.

Provérbio

É hora de escolher. É essencial que por enquanto você escolha apenas um sonho significativo. Não sete. Não três. *Um*.

Esse sonho servirá como treinamento para dominar a filosofia *tudo tem jeito*. Você deve desenvolver sua capacidade de focalizar e se concentrar. Ao fazer isso, vai cultivar um conjunto de forças mentais, disciplinas emocionais e hábitos comportamentais que vão ajudá-lo a realizar todos os seus objetivos futuros. Por favor, apague da mente a ideia de que você pode descobrir como realizar vários sonhos ao mesmo tempo. Tentar ser multitarefa nesse estágio é uma receita para a frustração e o fracasso. É como decidir correr três maratonas seguidas sem nenhum treinamento.

Sonhos significativos vêm acompanhados de desafios significativos. Se esse sonho é importante, a estrada adiante não será cheia de arco-íris e unicórnios. Você deve criar tolerância e reforçar a capacidade de passar pelas emoções que acompanham esse tipo de jornada. Emoções como pânico, frustração, desconforto, insegurança e impaciência (você sabe, as divertidas). Por isso é imperativo escolher *um* sonho primário – por enquanto. Você vai precisar de toda a sua capacidade para realizá-lo.

Mas não me entenda mal. Você deve continuar a flexionar seus músculos do *tudo tem jeito* com a maior frequência possível. A vida cotidiana fornece oportunidades sem fim para treinar. Desde consertar uma descarga de vaso sanitário até resolver um problema inesperado no trabalho ou manter a calma num engarrafamento, diga "Tudo tem jeito" e encare os problemas de frente.

4º PASSO: TORNE-O ESPECÍFICO, MENSURÁVEL E FACTÍVEL

O segredo de seguir em frente é começar. O segredo de começar é dividir tarefas complexas e esmagadoras em tarefas pequenas e administráveis, depois começar pela primeira.

Atribuído a Mark Twain

Não se sabe se Mark Twain realmente disse isso. Mesmo assim essas palavras são A Verdade. Todo sonho deve ser dividido e esclarecido para ser iniciado. Nesse estágio você deve converter seu sonho em alguma coisa específica, mensurável e factível. Por exemplo:

"Entrar em forma" vira "Conseguir fazer vinte flexões em trinta dias". Ou, se você quiser criar o hábito de malhar com frequência, tente algo assim: "Entrar em forma" vira "Malhar cinco dias por semana por trinta minutos nos próximos trinta dias, não importa o que aconteça".

"Encontrar uma nova carreira" pode se tornar "Me matricular naquela oficina de fotografia e encontrar pelo menos três fotógrafos até domingo para conversar com eles".

"Ganhar mais dinheiro" pode se tornar "Aumentar meu patrimônio líquido pagando a dívida do cartão de crédito em 18 meses".

"Salvar meu casamento" pode significar "Pesquisar pelo menos três terapeutas de casais".

"Ficar sóbrio" pode ser "Ir hoje a uma reunião dos AA".

"Ser um grande escritor" pode se tornar "Escrever trinta minutos por dia e terminar um primeiro esboço do meu livro até o Natal".

Determine qual é o seu sonho de um modo que você ou qualquer outra pessoa possa medir. Isso o força a dividir seu sonho em pedaços e torná-lo inconfundivelmente factível. O objetivo aqui não é mapear cada passo. Em vez disso, dê passos mais curtos e simples. Eles vão ajudar a cultivar um conjunto de disciplinas mentais, emocionais e comportamentais que vou abordar nos próximos capítulos.

5º PASSO: DETERMINE SEUS TRÊS PRÓXIMOS PASSOS E COMECE AGORA

A coisa mais difícil é a decisão de agir. O resto é meramente tenacidade.

Amelia Earhart

Pense em três ações simples que você pode fazer para chegar mais perto daquele objetivo final a ser alcançado. O que você poderia fazer em dez minutos ou menos, a primeira coisa sendo feita agora mesmo? Concentre-se em passos pequenos, ativos, como dar um telefonema, marcar um compromisso, mandar um e-mail, fazer flexões ou se matricular num curso. Ainda que eu seja totalmente a favor de pesquisar, este costuma ser um modo de procrastinar e ficar na sua zona de conforto. Se você precisa pesquisar alguma coisa, como pode tornar essa pesquisa mais prática? Em vez de ler um artigo, encontre alguém que já fez o que você quer fazer. Em vez de assistir a um tutorial na internet, matricule-se num curso presencial. Isso nem sempre é possível, mas treine-se para ir em direção ao desconforto. Coloque-se em situações que pareçam amedrontadoras e intimidantes – é lá que está a magia do *tudo tem jeito*!

Como você vai descobrir no próximo capítulo, é preciso ultrapassar sua tendência de dizer "Espere um segundo, ainda não estou totalmente *pronto*".

Independentemente de qualquer coisa, dê esse primeiro passo para a ação hoje. E com hoje quero dizer AGORA. Marque esta página e vá dar seu primeiro passo. Depois, acrescente os passos 2 e 3 ao seu calendário.

Eu espero.

Porque, como diz o ditado, *um dia* não é um dia da semana.

UM CONSELHO: CONCENTRE-SE APENAS NO QUE VOCÊ PODE CONTROLAR

Você pode controlar duas coisas: sua ética profissional e sua atitude com relação a qualquer coisa.

Ali Krieger

Essa ideia é simples, porém fundamental.

Sempre direcione a maior parte da sua atenção, da sua energia e do seu esforço no que você pode controlar. O que está sempre no seu controle são: suas palavras, suas ações, seu comportamento, sua atitude, sua perspectiva, seu foco, seu esforço e sua energia. Você também controla como reage aos eventos e às circunstâncias à medida que acontecem, quer goste deles ou não.

O que nunca está sob seu controle são: outras pessoas, incluindo as palavras, as ações, o comportamento, a atitude, a perspectiva, o foco, o esforço e a energia delas. Você também não pode controlar o clima, os atos divinos nem as leis naturais que governam sua existência (por exemplo, a gravidade).

Digamos que seu sonho envolva um emprego novo. Ainda que você não possa fazer alguém contratá-lo (isso está fora do seu controle), os fatores mais cruciais que determinam seu sucesso estão 100% dentro do seu controle. Alguns deles:

- Para quantas vagas você se candidata.
- Tornar seu currículo o mais competitivo possível.
- Conseguir referências e cartas de recomendação.
- Melhorar suas habilidades de entrevista.
- A profundidade das pesquisas e da preparação que você faz sobre a empresa, a equipe e o cargo.
- Como você se apresenta, incluindo pontualidade, energia, postura e habilidades de comunicação.

- Como você demonstra o valor que vai agregar à empresa.
- Bilhetes de agradecimento, comunicação imediata e acompanhamento adequado.
- Se você pede feedback para aprender e melhorar.
- Se você considera a hipótese de trabalho remoto ou de se mudar para outro local.
- A persistência de continuar crescendo até ser contratado.

Em algum momento, todos os sonhos exigem cooperação, concordância ou pelo menos interações harmoniosas com os outros. Assuma um compromisso vitalício de cultivar a inteligência social. Isso inclui disciplinas que podem ser aprendidas, como a arte da persuasão, influência, marketing e vendas – mesmo que você ache que não precisa desses conhecimentos. Porque você precisa. Todas elas são áreas de estudo amplas e profundas, com grande volume de literatura só esperando para ser devorada. Ainda que você não possa mudar nem controlar os outros, pode aprender ética e a se comunicar magistralmente de um modo que aumente suas chances de conseguir um resultado positivo.

A partir deste momento, não importa o que você realizar, concentre-se no que você pode controlar, e não no que não pode. Para pontos extras, dê uma olhada no seu sonho e escreva respostas para as seguintes perguntas:

Que partes desse processo estão no meu controle?
Que habilidades preciso desenvolver e dominar?

Suas respostas vão fornecer inspiração sem fim para os próximos passos.

DEFINA SEU SONHO – PERGUNTAS FREQUENTES

Mas e se eu tiver muitos objetivos, sonhos e projetos que quero realizar neste ano?

Isso é maravilhoso. Anote todos. Para obter mais benefícios deste livro e dominar a abordagem *tudo tem jeito* para a vida, é crucial que você se concentre num objetivo primário. Escolha o que é mais premente, inspirador e importante. Aquele que desperta sua obsessão. O que provoca mais dor, medo ou entusiasmo. Minha intenção é fazer com que você obtenha resultados para toda a vida. Para isso acontecer, você precisa desenvolver disciplina, foco e uma tendência à ação. Você precisa internalizar os hábitos, as perspectivas e os modelos mentais que levam à linha de chegada do *tudo tem jeito*. Escolha um objetivo significativo e mande ver. Depois, claro: repita, repita, repita.

Tudo bem se o meu sonho não envolver salvar os ursos-polares ou encontrar a cura para o câncer? Eu só quero ganhar rios de dinheiro para nunca mais ter que trabalhar.

A independência financeira é um objetivo fantástico. Estava na minha lista de coisas a realizar. Agradeço por ter conseguido. Dito isso, uma vida rica de verdade vem daquilo que nós damos. As pessoas que conheço e geraram riqueza verdadeira (*não* herdada) dedicam a vida a colaborar com os outros. Nenhuma pessoa rica e respeitada que conheço passa o tempo apenas bebericando margaritas na praia ou torrando dinheiro na boate. São motivadas, ativas e se desafiam constantemente a aprender mais, fazer mais, dar mais e ser mais. Cada uma gera e compartilha um bem tremendo para o mundo através de seu trabalho, suas empresas, suas amizades, expressões criativas e atividades filantrópicas. Então, claro, ganhe aquela grana. Mas saiba que você só vai ser super-rico – em todos os sentidos da palavra – quando sua vida tiver a ver com o que você pode dar, e não com o que pode ganhar.

Uma última observação nesse sentido. Nunca, jamais, esqueça que todo mundo passa por dificuldades. E quero dizer todo mundo. Minha carreira me garantiu um lugar na primeira fila diante de algumas das pessoas mais criativas e realizadas do planeta. Independentemente de riqueza, fama ou poder, todos os indivíduos, sem exceção, travam batalhas pessoais. Todos temos vulnerabilidades e inseguranças. Dinheiro é maravilhoso, mas não resolve todos os problemas. Os seres humanos precisam de projetos significativos nos quais trabalhar. Precisamos de relacionamentos fortes e amorosos. Precisamos de um motivo para nos levantarmos de manhã. Precisamos nos conectar e contribuir com os outros. Caso contrário, ficamos destrutivos. Não acredita? Leia sobre a vida tenebrosa e os suicídios de ganhadores de loterias. Depois, veja quantas pessoas morrem após se aposentarem ou ficam tão entediadas e deprimidas que voltam a trabalhar.

E se meu sonho não for grande, épico ou de longo prazo? Tudo bem se ele for bem pequeno?
O tamanho é subjetivo. Um sonho épico para uma pessoa pode parecer brincadeira de criança para outra. Todos temos diferentes capacidades e apetites para realizações na vida. Apesar da opinião popular, sonhos grandes não são necessariamente melhores.

Em primeiro lugar, sonhos grandes podem ser paralisantes e contraproducentes, em particular quando nossa confiança é abalada. Ou quando estamos esmagados sob o peso de dor física, psicológica ou emocional. As vitórias resultantes de microssonhos, como sair da cama, caminhar todos os dias ou mesmo telefonar para um amigo, podem fazer a diferença entre a vida e a morte. Não há nada de pequeno nisso.

Nós, seres humanos, prosperamos com o progresso. Somos motivados pelo ímpeto. Sempre divido os objetivos maiores em projetos alcançáveis mais imediatamente. Neste momento estou concentrada em terminar apenas este capítulo, e não todo o livro. Portanto empilhe essas pequenas vitórias. É assim que todas as coisas grandes são feitas. Começar pequeno não significa pensar pequeno.

O próximo ponto quase nunca é considerado, se é que chega a ser. Forçar-se artificialmente a se comprometer com um grande objetivo de longo prazo pode ser contraproducente. Talvez aquilo que você está destinado a fazer ou a se tornar nos próximos três, cinco ou zero anos ainda nem exista! (Para saber mais sobre minha experiência com isso, veja o capítulo 8: Progresso, não perfeição.) Assim, tentar visualizar um objetivo enorme e depois se fechar nesse caminho *pode* ser a pior coisa a fazer. Essa abordagem só vai gerar lágrimas e frustrações, fazendo com que você se sinta uma pessoa fracassada e sem visão. Em vez de se forçar a um sonho de longo prazo, mude sua perspectiva. Pense em curto prazo. Concentre-se ao máximo num sonho importante, modesto, que esteja bem à sua frente. Seja dominar uma nova técnica no Photoshop, limpar a garagem, conseguir um emprego secundário em meio expediente, escrever seu primeiro conto ou qualquer outra coisa – alcançar o que é premente na sua vida agora mesmo vai ajudar você a desenvolver o foco, a disciplina e a confiança. Com frequência, conquistar objetivos pequenos e imediatos cria ímpeto e confiança para grandes tarefas mais adiante.

Por fim, não subestime o poder de respeitar seus sonhos especiais. Você foi codificado com um gênio insubstituível, nascido de uma química impossível de ser repetida, que inclui o tamanho e o alcance dos seus sonhos. Não existe um modelo que sirva para todos. Sua jornada é diferente da de qualquer outra pessoa. Se inscrever-se num curso de observação de pássaros na faculdade de sua cidade é o sonho que arde em você, FAÇA ISSO. Aquilo que queima em seu coração e o faz se sentir uma pessoa viva é a coisa em que você deve se concentrar. Neste momento sua alma está *gritando* para ser ouvida. O papel dela é guiar o desdobramento da sua vida. Ouça-a. Siga suas inclinações peculiares, não importa o quanto pareçam obscuras ou insignificantes.

E se meu sonho for tão grande a ponto de ser paralisante? E se eu congelo quando penso na escala?
Se resolver a fome do mundo ou acabar com a desigualdade de gênero está entre os seus sonhos, eu lhe dou os parabéns. Você é um dos motivos principais para eu ter escrito este livro. Precisamos da ativação completa e da diversidade de habilidades, talentos e perspectivas para fazer com que essas grandes mudanças aconteçam. À primeira vista, os sonhos monumentais parecem impossíveis de serem alcançados. Mas, se começarmos onde estamos e com o que temos, eles se tornam mais fáceis do que você imagina. Foi assim que todas as grandes transformações históricas aconteceram. Além disso, precisamos aceitar que as enormes mudanças culturais acontecem em estágios. Podemos não atravessar a linha de chegada definitiva em nosso tempo de vida, mas isso não implica que não faremos um enorme progresso e não teremos um impacto positivo em incontáveis vidas pelo caminho. Por exemplo, a pioneira feminista Mary Wollstonecraft escreveu *Reivindicação dos direitos da mulher* em 1792. Mas só em 1920, 128 anos depois, as mulheres dos Estados Unidos tiveram direito ao voto. E só em 1965 a Lei do Direito ao Voto protegeu o direito de voto dos americanos negros.

Avance cinquenta anos até 1970. Dê uma olhada em algumas leis que ainda existiam nos Estados Unidos:

- Na maioria dos estados, as mulheres grávidas podiam ser demitidas legalmente.
- Os bancos podiam exigir a autorização do marido para liberar um empréstimo a uma mulher.
- Em 12 estados, os homens não podiam ser processados por estuprar a esposa.

Espantoso, não é? Na época em que estou escrevendo isto, já estamos adiantados no século XXI e ainda lutamos por salários iguais. Isso não significa que o trabalho de Mary não tenha sido eficaz. Ainda que Mary não tenha "conseguido" a igualdade de gênero em vida, seu trabalho foi uma peça vital e importante no quebra-cabeça. Ela ajudou a pavimentar o caminho para as gerações de mulheres que vieram depois.

Com relação a alguns dos nossos problemas coletivos mais dolorosos, descobrir soluções é uma tarefa de longo prazo. Se um objetivo equivalente ao pouso na Lua está no seu coração, comece onde você se encontra. Como Martin Luther King nos ensinou, dê o primeiro passo em fé. Você não precisa ver toda a escadaria, só suba o primeiro degrau.

Você não precisa salvar o mundo amanhã. Comece fazendo a diferença para uma pessoa hoje. Depois para outra. E outra. Tudo neste livro é aplicável a você. Pare de esperar. Comece agora.

E se nada parecer muito inspirador, empolgante ou importante? E se eu simplesmente não souber o que quero?

Se você tem anemia de sonhos (algumas pessoas têm), o seguinte exercício vai ajudá-lo a descobrir o que realmente quer. Além disso, você vai entender por que não tem conseguido. É um exercício intenso e revelador. Exige sete dias de trabalho escrito, cerca de 10 a 15 minutos por dia. Recomendo enfaticamente que você faça o exercício à mão.

Comece escrevendo "O que realmente quero é..." e continue até encher a página. Tantas vezes quantas precisar, use de novo o estímulo "O que realmente quero é..." e continue escrevendo. Não faça cortes nem se censure. Não se preocupe com a grafia ou a gramática. Assim que tiver preenchido a página, você terminou por um dia. Não releia por enquanto.

Repita isso numa nova folha de papel pelos próximos seis dias. No sétimo, leia todas as páginas que você escreveu e circule o que é mais repetido. Em seguida, numa nova folha, escreva: "TUDO TEM JEITO" em cima. Em seguida, embaixo, pegue o item mais repetido e complete as seguintes frases:

Realmente quero _____ [preencha com seu item mais repetido] porque... [preencha com o motivo pelo qual isso é importante para você]

Quando eu realizar isso vou me sentir... [descreva as emoções que você vai sentir]

O motivo pelo qual acredito não ter podido pensar nisso antes é...

Sinceramente, o que eu não estava disposto a fazer para alcançar isso é...

Agora o que estou disposto a fazer é...

Assim que tiver terminado, encerre escrevendo esta frase:

Está vendo, [coloque seu primeiro nome]? Tudo tem jeito.

Faça esse exercício com sinceridade e boa vontade no coração. Você saberá não apenas o que realmente quer, mas também como começar a realizá-lo.

Uau! Você conseguiu.

Se você completou os exercícios com toda a dedicação (ou se está no processo de fazer isso), parabéns! Você está a caminho de dominar a filosofia *tudo tem jeito*. Mas se só pensou nas respostas ou fez alguma coisa dessas apenas pela metade, PARE.

Volte.

Faça o dever de casa.

Pegue uma maldita folha de papel e comece a escrever agora.

(Além disso, você vai precisar desse único sonho nítido para o que vem em seguida: uma estratégia simples, mas eficaz para acelerar seus resultados.)

Anotações de Campo

Em vez de buscar o status quo, este casal deu um jeito de dividir seu tempo entre Inglaterra e Nova Zelândia.

Somos Paul e Kim, casados, originários da Nova Zelândia e moradores de Londres – literalmente do outro lado do mundo! Depois de sete anos na casa nova e na nossa vida AMOROSA, ficamos mais conscientes de que estávamos longe demais dos familiares – em especial dos pais idosos e com problemas de saúde, amigos, irmãos, sobrinhos e afilhados.

Achávamos que tínhamos apenas duas opções:

1. Abrir mão da vida, da carreira, do apartamento e da comunidade em Londres e voltarmos para a Nova Zelândia (nããããão!).
2. Usar os abonos de férias e as economias para visitar a Nova Zelândia todos os anos (mas de que adianta morar em Londres se você não pode usar as férias para viajar pela Europa?! E uma vez por ano realmente vale a pena quando você precisa de tempo real, de qualidade, com sua família?).

O desafio: como criar uma vida (e empregos!) com liberdade de localização de modo a passarmos mais tempo na Nova Zelândia sem sacrificar tudo que tínhamos construído em Londres?

Experimentamos a segunda opção e usamos todo o nosso abono de férias e as economias para passar um mês com a família. Foi estressante e um pouco desgastante emocionalmente.

Numa viagem de carro entre duas cidades, tivemos uma conversa longa, profunda e comovente sobre nossa vida. Não queríamos nos mudar de vez para a NZ, mas viver e trabalhar em Londres também não era viável.

Foi então que tivemos uma ideia! E se abríssemos nossa própria empresa?! Poderíamos combinar nossas habilidades, trabalhar em qualquer local e, assim, passar mais tempo juntos!

Estávamos no carro, na via expressa do sul em Auckland, quando me inscrevi na B-School pelo telefone! Fizemos experiência com duas empresas, uma para cada um de nós, antes de percebermos que vender produtos que *nós* amávamos não bastava para fazer uma empresa de sucesso. *Outras* pessoas também precisavam amá-los.

Nossa frase do ano era "Tudo tem jeito". Sempre que nos sentíamos perdidos ou derrotados, era isso que dizíamos um ao outro para sacudir a poeira e seguir em frente. Até que percebemos que dois projetos separados estavam dividindo nossa energia. Precisávamos unir forças.

Mas uma coisa é estar casados há 17 anos e outra é trabalhar bem juntos. Por isso fizemos o que estávamos evitando: uma pesquisa de mercado adequada. Ao fazer isso, percebemos que na verdade éramos muito bons nisso. Nossas habilidades combinavam perfeitamente.

E, *voilà*, nossa empresa nasceu: ajudaríamos empreendedores a descobrir o que os clientes querem. Um ano depois, temos uma pequena empresa que não precisa estar num local específico. Estamos escrevendo isto na ensolarada Nova Zelândia, onde passamos três meses com a família e os amigos enquanto trabalhamos remotamente com clientes em quatro países.

É um sonho realizado! Não somente passamos tempo de qualidade com nossa família sem abandonar a vida em Londres, mas também pudemos realizar outros sonhos – sonhos que tínhamos em mente, mas que não sabíamos como alcançar...

1. Sonho Bônus nº 1: Vamos voltar para a Inglaterra parando um mês na Califórnia. Sempre fomos fascinados pela Califórnia: o sol, as praias, o Vale do Silício e a cultura de ioga e dos sucos verdes. Agora podemos ver como é!
2. Sonho Bônus nº 2: Quando nos mudamos para Londres, um dos nossos sonhos era morar em outro país europeu e aprender outra língua, mas não tínhamos ideia de como fazer isso. Mas agora isso se tornou realidade! Depois da Califórnia, vamos passar dois meses na Espanha morando, trabalhando e aprendendo espanhol! *Olé!*

O *tudo tem jeito* virou nossa vida de cabeça para baixo do melhor jeito possível. Esperamos que mais pessoas ouçam essa expressão e se sintam encorajadas a ir atrás dos seus maiores sonhos: até aqueles dos quais desistiram, como tinha acontecido conosco!

– PAUL E KIM
EM QUALQUER LUGAR!

7

Comece antes de estar pronto

> – Está preparada? – perguntou Klaus, por fim.
> – Não – respondeu Sunny.
> – Eu também não – disse Violet –, mas se
> esperarmos até estarmos preparados, vamos
> esperar pelo resto da vida.
>
> *Lemony Snicket,* O elevador Ersatz

Eu estava parada na rua, olhando o prédio da Viacom na Times Square. Turistas e trabalhadores cheios de pressa trombavam em mim por todos os lados. As palmas das minhas mãos suavam. Eu me sentia tonta. Nauseada. Olhei a lata de lixo metálica na esquina da Broadway com a 45. *Será que devo vomitar agora ou esperar até chegar lá dentro?* Estava me sentindo uma fraude completa. Nenhuma parte de mim se sentia pronta para o que eu ia fazer.

Vou explicar.

Lembra-se de como chorei na minha primeira verdadeira aula de dança no Broadway Dance Center? E de que eu não conseguia acreditar que tinha desperdiçado tantos anos pensando na dança em vez de dançar? Você precisa saber: eu mal consegui terminar aquela aula. Mas mesmo tendo dificuldade de acompanhar a coreografia e não adorar a música ou o estilo da dança, aquela aula mudou minha vida. Liberou meu monstro interno da dança. Veja bem, eu ainda estava dormindo num colchão inflável no apartamento da minha amiga, atolada em dívidas e mal conseguindo me manter. Na época não parecia possível continuar fazendo aulas no Broadway Dance Center (20 dólares por aula podem representar uma quantia enorme), mas eu precisava arranjar um modo de prosseguir. Felizmente, eu estava matriculada na Crunch Fitness. A Crunch era uma academia conhecida por suas aulas inovadoras de fitness em grupo e tinha uma grande lista de professores de dança.

O hip-hop era (e ainda é) o meu verdadeiro amor; é o que cresci ouvindo e ainda faz com que eu me sinta viva. Afora trabalhar com coaching e como garçonete, comecei a ir a cada aula de fitness com hip-hop que encontrava na programação. Fui para todos os cantos da cidade. Nunca tinha aprendido coreografia, e mergulhei de cabeça no desafio. Apesar de ser lenta para aprender os movimentos, me mantive firme. O que me faltava em técnica e experiência eu compensava em esforço. Isso continuou durante vários meses até eu me tornar uma tremenda viciada nas aulas da Crunch. Virei membro do que chamávamos afetuosamente de "máfia da primeira fila" – as pessoas que chegam cedo às aulas, se posicionam na frente e vão com tudo. Estamos falando de muita jogada de cabelo e suor. Um dia, algo inesperado aconteceu. Depois da aula, enquanto eu ainda pingava e tentava recuperar o fôlego, a professora veio até mim e disse:

– Você é boa dançarina. Tem energia. Já pensou em dar aulas?

Olhei para trás, incrédula. "O QUÊ?!? EU??!?! DAR AULAS?!?!?" Minha mente deu uma embaralhada. Pensei: *Ela está drogada? Não tenho formação, não tenho técnica. Não tenho a menor ideia do que estou fazendo.*

Ela continuou:

– Vamos abrir testes para professores. Tente. Você tem talento.

Apesar de me sentir perplexa e cética, também fiquei intrigada. Minha autoestima havia estado no fundo do poço por tanto tempo que era encorajador ouvir alguém dizer que eu era razoavelmente boa em alguma coisa.

DE OLHO NO FUTURO FEITO DO
MODO CERTO: O TESTE DOS DEZ ANOS

Existem dois tipos de dor que você sofre na vida: a dor
da disciplina e a dor do arrependimento. A disciplina
pesa gramas e o arrependimento pesa toncladas.

Jim Rohn

Em casa, me sentei no meu colchão inflável e fiquei pensando se faria
aquele teste para ser professora. Estava dividida. Eu adorava o que estava
aprendendo e me sentia viva nas aulas, mas seria responsável dispensar
tempo e energia a essa atividade nova quando precisava desesperadamente incrementar meu negócio de coaching, ganhar mais dinheiro e, sei lá,
encontrar um local para morar? Aquele era meu quarto ano consecutivo
de fracassos na carreira. Estava brigada com a família e abusando da
estadia na casa da minha amiga. Sentia uma pressão para resolver minha
situação e ser responsável. Fiquei morrendo de medo de que a dança me
deixasse mais para trás ainda. Talvez até prejudicasse meu futuro. Foi
então que me fiz uma pergunta simples e esclarecedora:

Daqui a dez anos vou me arrepender de NÃO ter feito isso?

Em outras palavras, quando eu tiver 35 anos vou olhar para o meu eu
de 25 anos e lamentar não ter aproveitado essa chance de levar a dança e
o fitness mais a sério?
RESPOSTA:

Com toda a certeza.

Eu soube na mesma hora (e lá no fundo) que a Marie de 35 anos certamente daria um tapa na cara da Marie atual. *Com força.*

Se você não conhece essa expressão, "sofrer por antecipação" se refere à
tendência humana comum de pensar no futuro às custas, muitas vezes, de

viver integralmente no presente. Mas quando sofrer por antecipação é feito de modo estratégico (como no Teste dos Dez Anos), pode ser um catalisador poderoso para a mudança. Assim que percebi que a Marie de 35 anos lamentaria por pelo menos não ter explorado o ensino de dança, percebi que estava na hora de me jogar. Mudei meu foco para pensar no melhor modo de me preparar para o teste. Pedi conselhos ao maior número de professores de dança que encontrei. Ralei muito para bolar uma aula simples. Encontrei uma música animada. Treinei as orientações várias vezes.

Chegou o dia do teste. Eu estava exageradamente sorridente e visivelmente nervosa, mas consegui ir até o fim. Recebi uma lista imensa de pontos a aperfeiçoar, mas agora integrava oficialmente o quadro de professores como substituta. Em seguida, virei a sombra dos meus instrutores prediletos, tanto na dança como nas aulas de fitness em geral. Sempre levava um bloquinho de anotações. Quando notava um professor dizendo ou fazendo alguma coisa inspiradora, me agachava, anotava algo, depois me levantava e continuava em movimento. Meu objetivo era absorver tudo que fosse possível sobre como dar uma aula fantástica. Quanto mais mergulhava no mundo da dança e do fitness, mais confortável me sentia. Esse progresso pequeno mas significativo começou a ter impacto no meu trabalho como coaching, também. Passei a me comunicar de modo mais claro e sucinto. Minha energia e meu entusiasmo cresceram. Até que um dia, aparentemente do nada, recebi um precioso download mental dos Deuses da Carreira. O presente deles foi uma simples expressão de duas palavras. Antes de dizer qual é, aqui vai um pouco de contexto...

INSPIRAÇÃO DA ILHA DOS BRINQUEDOS DESAJUSTADOS

> O normal não é algo ao qual devemos aspirar, é algo do qual fugir.
>
> *Jodie Foster*

Adoro os especiais de Natal em animação stop-motion. Um dos meus prediletos é um clássico de 1964, *Rudolph, a rena do nariz vermelho*. Se você não conhece a história, Rudolph sofre ostracismo em sua comunidade de renas porque não se enquadra. Seu focinho grande, vermelho e luminoso o torna superesquisito. Magoado e humilhado, ele foge para a floresta onde encontra o elfo Hermey, outro jovem fugitivo. Consumido pela vergonha, Hermey fugiu da oficina do Papai Noel porque não tinha absolutamente nenhum interesse numa carreira de fabricação de brinquedos. Hermey tinha outras aspirações – aspirações tão incomuns que, quando ele falou sobre elas, foi expulso do Polo Norte debaixo de gargalhadas. Seu maior sonho: ser dentista. Rudolph e Hermey decidem ser desajustados juntos e acabam chegando à Ilha dos Brinquedos Desajustados, o lugar onde moram todos os brinquedos não amados ou não desejados no mundo. Ali encontramos um charmoso trem com rodas quadradas. Um caubói que monta num avestruz. E, o meu predileto, um boneco de caixa de surpresa que chora porque se chama Charlie.

Eu me considero uma moradora honorária da Ilha dos Brinquedos Desajustados. Como Rudolph e Hermey, sempre senti que não me encaixo bem. Em geral minhas escolhas parecem ir contra a corrente. É por isso que o que vou compartilhar – meu presente-surpresa dado pelos Deuses da Carreira – foi tão útil. Quando ouvi essa expressão pela primeira vez foi como se outra pessoa a sussurrasse para mim. Foi como uma dica secreta revelada para me cutucar no meu caminho de desajustada.

Empreendedora
Multipassional
Marie...
Você é uma empreendedora multipassional
Agora pare de reclamar que eu nunca lhe dou sinais.

Essa pequena expressão inventada foi transformadora naquele estágio da minha vida. A partir daquele momento, e sem pensar muito, quando as pessoas perguntavam o que eu fazia para viver eu começava dizendo que era uma empreendedora multipassional. Em vez de sentir vergonha porque não tinha uma resposta boa, aprovada pela sociedade, passei a sentir uma pequenina pontada de presunção. Quando eu dizia "empreendedora multipassional", as pessoas ficavam intrigadas e perguntavam o que isso significava. Então eu falava um pouco sobre todas as coisas que fazia para viver: meu trabalho como coach, o serviço de secretária pessoal de um fotógrafo, garçonete *e* que estava começando a trabalhar com dança fitness. Essa expressão me dava um novo contexto e, ao fazer isso, comecei a me enxergar sob uma nova óptica. O que, de modo pouco surpreendente, levou a novas oportunidades.

Nossa cultura se baseia em ideias ultrapassadas sobre carreiras, vocações e estilos de vida. Uma parte significativa disso é de relíquias da era industrial e da pressão para a especialização. Muito antes de você ser um adulto funcional, espera-se que escolha uma coisa (bem paga) para ser, que assuma dívidas enormes para se formar nessa coisa, que se apegue a essa escolha pelos próximos quarenta e tantos anos, rezando para ganhar o suficiente para um dia se aposentar e não falir antes de morrer. Essa ideia não é apenas extremamente ultrapassada; é perigosa numa infinidade de sentidos – um deles é que muitos de nós simplesmente não somos feitos para esse tipo de visão estreita e de tão longo prazo.

Claro, algumas pessoas dedicam a vida instintiva e animadamente a um objetivo único. São claras e entusiasmadas, às vezes até na infância. Eu *preciso* virar um _____. Escritor. Construtor. Músico. Neurocientista. Executivo de vendas. Matemático. Engenheiro. Inventor. Advogado. Ator. Etc. Nós amamos essas pessoas. Você pode ser uma delas.

Mas alguns de nós não são feitos assim. Somos criativos multipassionais. Ligamos os pontos entre disciplinas diversas e que frequentemente parecem díspares, abarcando anos e até mesmo décadas. Até que (e em geral em retrospecto) trançamos inúmeras habilidades, experiências e ideias numa tapeçaria de carreira única, de múltiplas camadas e multifacetada.

Uma coisa é certa: não existe uma rota estabelecida para descobrir o trabalho da sua vida. Cada um de nós está numa aventura totalmente individualizada. Você precisa ter a sabedoria de manter a fé junto com os sinais do seu coração e a coragem para seguir seu caminho.

Essas duas palavras simples – "empreendedora multipassional" – me ajudaram a finalmente parar de tentar me encaixar numa moldura de carreira convencional e me deram a liberdade emocional de que eu precisava para abrir minhas asas de desajustada e voar.

A MENTIRINHA MALIGNA QUE RETÉM VOCÊ

Uma dose extra de esforço pode superar um déficit de confiança.

Sonia Sotomayor

De volta ao ponto em que eu estava à beira de vomitar numa lata de lixo pública diante do prédio da Viacom. Apenas duas semanas antes, eu começara a dar minhas aulas de hip-hop na academia Crunch. Por sorte, uma produtora da MTV estava numa daquelas primeiras turmas. No fim da aula, ela foi até mim e se apresentou.

– Ei, adorei suas escolhas de música e sua energia! Sabe, estou trabalhando num programa e nós temos espaço para uma coreógrafa/produtora. Você deveria ir conhecer o meu chefe. Acho que você seria *ótima* para o cargo.

Lembre-se: eu ainda era totalmente verde no mundo da dança. Afinal de contas, tinha apenas começado a dar aulas – e ainda por cima numa academia, pelo amor de Deus, e não num estúdio de dança profissional. Apenas alguns meses haviam se passado desde aquele festival de choro na aula de jazz para iniciantes do Broadway Dance Center. Agora eu estava diante de uma oferta de entrevista para um cargo na MTV. Os pensamentos na minha cabeça eram mais ou menos assim:

> *Ah, MERDA, não! Ainda não estou NEM UM POUCO pronta para isso!! Qual é, Universo! Será que essa oportunidade não poderia aparecer um pouco mais tarde, assim que eu descobrir o que estou mesmo fazendo? Quando estiver mais experiente? Mais confiante? Mais... você sabe, PRONTA?*

Mas aqui vai a verdade que aprendi várias vezes:

Você nunca se sente pronto para fazer as coisas importantes que está destinado a fazer.

Por mais em pânico que eu estivesse, isso não justificava uma recusa peremptória. Cresci assistindo à MTV! Era uma marca épica. Além disso, eu tinha que ganhar mais dinheiro. Precisava pelo menos tentar. Por isso disse sim, marquei uma entrevista e apareci diante do prédio da Viacom – com o estômago embrulhado e suando em bicas. Depois de respirar fundo algumas vezes, entrei, passei pela segurança e pisei no elevador. Na subida até o 24º andar, coloquei a cabeça em ordem. Me comprometi a dar o melhor de mim. Era uma oportunidade única. Eu não estava ficando mais jovem e sabia que me arrependeria se o medo me detivesse.

Além do mais, essa experiência poderia me ajudar a conseguir outra coisa que eu desejava muito: um modo de acelerar exponencialmente meu aprendizado. A imersão no ambiente da MTV me obrigaria a crescer como dançarina, coreógrafa e líder dez a vinte vezes mais depressa do que tropeçando por aí e tentando descobrir as coisas sozinha. Cheguei ao 24º andar e segui pelo corredor até a sala do chefe. Sacudi as mãos, endireitei os ombros, alonguei o pescoço e bati na porta.

Resumo da história: consegui o trampo.

Sinceramente, conseguir o trabalho foi mais aterrorizante ainda, porque de repente eu precisava liderar, administrar e apoiar de forma criativa dançarinos que tinham anos de experiência a mais do que eu. Às vezes minha ingenuidade era escancaradamente óbvia. Nas conversas, havia expressões do mundo da dança jogadas que eu não conhecia. Eu vivia me sentindo uma idiota sem noção.

No entanto aquela decisão de dizer sim, muito antes de estar "pronta", foi um ponto de partida para o que se tornou uma sequência de projetos incríveis que se somaram formando um segmento extremamente satisfatório da minha carreira. Por causa dessa escolha, mais tarde eu iria estrelar vários vídeos de dança fitness, coreografar comerciais, me tornar atleta da Nike e viajar pelo mundo.

Não é exagero dizer que essa decisão de começar *antes* de estar pronta teve um impacto profundo em todo o decorrer dos meus negócios e da minha vida. As conexões que fiz, as habilidades que reforcei diante das câmeras (olá, futura *MarieTV*!) e a experiência de produção que ganhei com um único passo foram enormes. Além disso, mantive meus clientes de coaching e vários trabalhos como garçonete, o que significou que aprendi a organizar, focalizar e administrar meu tempo e minha energia como ninguém. E mais: continuei a usar essa estratégia de **começar antes de estar pronta** para acelerar o aprendizado e o crescimento. Hoje em dia corro na direção de projetos que me deixam desconfortável, e nenhuma vez o fato de começar antes de me sentir pronta deixou de produzir resultados valiosos.

Na *MarieTV* entrevisto algumas das pessoas mais criativas e realizadas do mundo, e adivinhe só: quase todas contam histórias de começar antes de se sentirem prontas. Aposto que você já passou por isso na sua vida também. Responda: algumas das suas mais valiosas experiências de crescimento vieram porque, de algum modo, você ultrapassou a disseminada mentirinha do *"ainda não estou pronto"*? Porque você foi em frente apesar do medo, da hesitação e da incerteza? Minha intuição é de que sim. Isso é por causa desta verdade eterna:

Todo progresso começa com uma decisão corajosa.

Progresso pessoal. Progresso profissional. Progresso coletivo, social – todos nascem da decisão de agir tomada por uma única pessoa. Levantar-se. Falar. Dar um passo. Em geral muito antes de haver qualquer garantia de sucesso. Outro ponto que a maioria de nós não consegue enxergar: a ação vem *antes* da coragem para agir. **A ação gera a coragem, e não o contrário.**

A ação também gera motivação. Em vez de esperar inspiração para se lançar, a ação implora que você continue em frente.

Pense no exercício físico. Você nem sempre sente vontade de malhar. Na verdade, pode intensamente *não* querer. Se prestar atenção à voz na sua cabeça, ouvirá algo do tipo: *não estou A FIM. Estou cansado. Não quero. Vou começar amanhã.* Mas uma coisa curiosa acontece no momento em que você amarra os tênis e começa a se mexer. Outra força mais poderosa assume o comando. Em poucos minutos você sente mais energia e animação. Até mesmo inspiração. Malhe alguns dias seguidos e BAM: surge um efeito dominó. Sem muito esforço, você começa a desejar comidas mais saudáveis. Beber mais água. Talvez até ansiar pelo próximo treino.

O mesmo fenômeno pode ser visto praticamente com qualquer atividade criativa. Os corpos em movimento tendem a permanecer em movimento. Fazer gera o desejo de continuar fazendo.

É por isso que a prática de "começar antes de estar pronto" é uma parte vital da filosofia *tudo tem jeito*. Quando você começa antes de estar pronto, anula a inércia e atrai o ímpeto para o seu lado. Isso se aplica a qualquer coisa que desejarmos fazer. O ímpeto é o elixir secreto, e o único modo de conseguir esse ímpeto é o seguinte:

> Você precisa desobedecer à ordem na sua cabeça
> que diz: *ainda não estou pronto*.

Sabe por quê? Porque essa voz é besteira. É um pequeno parasita preguiçoso, resmungão, repetitivo, sugador de vida. Essa voz – a que lhe diz constantemente que você *não* está pronto, o quanto você não sente vontade de fazer isso ou aquilo, como você é incapaz, incompetente e não tem talento o bastante – essa voz não é você e não é verdadeira. O único poder que ela tem é a atenção e a autoridade que você concede a ela. Permaneça alerta, porque a voz é ardilosa. Ela vai fazer todo o possível para manter você engaiolado, empacado com mentiras lógicas, racionais:

O momento não é o ideal.
Preciso esperar até que _____ aconteça.
Vou cometer erros demais se começar agora.
Não tenho o conhecimento.
Ainda não arquitetei todo o meu plano.
Não posso arriscar _____ até que eu saiba que _____ vai
dar certo.

Essa voz é igual a um cachorro que só aprendeu um truque. Ela quer contar a mesma velha história de como você é incapaz. Não se deixe seduzir. Quanto mais rápido você se treinar para desobedecê-la, mais rapidamente vai fortalecer sua capacidade de realizar qualquer coisa.

AS LETRAS MIÚDAS DE COMO COMEÇAR
ANTES DE ESTAR PRONTO

A estratégia de "começar antes de estar pronto" significa exatamente o que ela diz. Pare de pensar e comece a fazer. Faça um movimento. Qualquer movimento. Mande o e-mail. Matricule-se no curso. Pegue o telefone. Marque a reunião. Tenha a conversa.

Foi por isso que no capítulo 6 fiz tanta questão de que você tornasse seu sonho viável, mensurável e específico. Um sonho de "viajar mais" não é tão fácil de começar quanto o de "ir surfar na Costa Rica no verão". Quando o seu sonho é partido em pedaços menores, seus próximos passos se tornam dolorosamente óbvios. Os seguintes pontos vão ajudar você a dominar a arte de começar antes de estar pronto:

1. CUIDADO COM A EMBROMAÇÃO DISFARÇADA DE "PESQUISA E PLANEJAMENTO"

Começar antes de estar pronto não significa que você deva ser ignorante ou agir de qualquer jeito. Dependendo da natureza do seu sonho e do quanto você já sabe, alguma pesquisa e um planejamento inicial podem ser necessários. Por exemplo, para alcançar seu sonho de falar espanhol nos próximos 12 meses, você pode procurar cursos de imersão na língua, pesquisar sobre aula particular e baixar um aplicativo de idiomas. Tudo bem.

Mas quero avisar: muitas vezes, a pesquisa e o planejamento amplos são um modo de continuar empurrando com a barriga. Você pode passar semanas, meses e até anos "se preparando" sem fazer nenhum progresso real, tangível. A pesquisa, em especial pela internet, pode ser particularmente arriscada. Já fui sugada muitas vezes por dias de pesquisas que pareciam buracos sem fundo.

Lembre-se, você não precisa saber tudo sobre o seu sonho nem mapear cada passo antecipadamente. Pare de se esconder atrás de livros e sites. Em vez disso, desenvolva a tendência a agir. Marque reuniões. Tenha conversas ao vivo. Você vai aprender mais e progredir mais rápido. Comece antes de estar pronto. Comece antes de estar pronto. Comece. Antes. De. Estar. Pronto.

Se você precisa pesquisar, permaneça na tarefa. A internet é um campo minado de distrações que podem engolir os recursos mais preciosos que você tem: tempo e energia. Seu objetivo sempre deve ser obter mais informações para dar o próximo passo ativo, e nada mais. Além disso, não confie na força de vontade. A atração dos links, anúncios, notificações e e-mails é grande demais. Em vez disso, tenha um objetivo claro na pesquisa (a ÚNICA coisa que você está querendo aprender/descobrir/confirmar/fazer) e estabeleça uma janela de tempo para encontrá-la. Depois, ajuste um cronômetro, consiga a informação de que você precisa e aja a partir disso imediatamente.

2. ARRISQUE A PRÓPRIA PELE NO JOGO

Encontre um modo de colocar seu tempo, seu dinheiro e/ou seu ego na reta. Crie jogos que tenham consequências dolorosas no mundo real se você não continuar em movimento. A psicologia cognitiva e a teoria da decisão mostram que nós, seres humanos, temos algo chamado aversão à perda. Isso significa que preferimos evitar perdas a adquirir ganhos. Digamos que uma nota de 20 dólares caia por acidente do seu bolso e você a perca. Essa perda vai doer muito mais do que a felicidade que você sentiria se encontrasse 20 dólares no chão.

Um modo de arriscar a própria pele é assumir um compromisso financeiro. No início da minha carreira eu morria de medo de falar em público. Sabia que essa era uma habilidade importante, por isso entrei para um grupo local do Toastmasters (organização internacional sem fins lucrativos que promove a melhoria das competências de comunicação). A inscrição custava uns 50 dólares. Eu mal estava conseguindo sobreviver. Por isso, além de querer genuinamente melhorar minha capacidade de falar em público, eu não queria desperdiçar aquele dinheiro. À medida que fiquei mais envolvida no grupo, fiz amizade com outros participantes. Desenvolver aquelas conexões sociais me deu outra camada de "arriscar a própria pele". Não comparecer às reuniões significava que eu sentiria culpa, vergonha e ficaria sem graça – assim usei isso para me motivar mais ainda com o objetivo de ir em frente.

Além disso, existem ilimitadas ferramentas digitais para ajudar você a arriscar a própria pele no jogo. Faça uma busca na internet por *aplicativos de responsabilidade".* Você vai descobrir um tesouro de opções com uma grande variedade de características. O formato básico é o seguinte: você estabelece o seu objetivo (escrever quinhentas palavras por dia, cinco dias por semana, por exemplo) e determina a multa financeira que você pagará se não permanecer nos trilhos. Se você não agir, perderá esse dinheiro. Alguns aplicativos até permitem que você determine o que acontecerá com o dinheiro perdido. Você pode fazer com que esse dinheiro seja mandado para uma pessoa que você detesta ou para uma obra de anticaridade: uma causa ou organização que você não suporta. Isso significa elevar a aversão à perda a um nível mais alto.

Não importa o método que você use, arriscar a própria pele no jogo ajuda a ultrapassar a procrastinação. Não embrome. Sua vida está em jogo. Faça o que for necessário para começar – agora.

3. VALORIZE O CRESCIMENTO E O APRENDIZADO ACIMA DO CONFORTO E DA CERTEZA

Como muitos empreendedores na tentativa de se firmar, naqueles primeiros anos da minha empresa eu fazia tudo sozinha. Assumia todas as tarefas – marketing e entrega dos serviços, programação, faturamento, atualizações do site, criação de conteúdo, correspondência por e-mail, atendimento ao cliente –, tudo.

Até que cheguei a um ponto de ruptura. Era impossível atender a todas as demandas. Eu sabia que precisava contratar funcionários, mas morria de medo de dar esse passo. Tinha muito pouca receita, de modo que contratar alguém parecia fora do meu alcance. Além disso, eu nunca tinha sido chefe. Não fazia ideia de como encontrar, contratar, treinar, delegar ou administrar o trabalho de outra pessoa.

Tudo era esmagador e desconhecido, mas eu tinha uma escolha fundamental a fazer. Ficar na minha zona de conforto e continuar tentando fazer mais, nadar mais rápido, pedalar com mais força. Ou poderia crescer e aprender a contratar alguém. Poderia começar antes de estar pronta e resolver isso.

Instintivamente sabia que, se permanecesse muito mais tempo na zona de conforto, mataria o que eu estava trabalhando tanto para construir: minha própria empresa. O próximo passo estava claro. Era hora de começar a viver no que agora eu chamo de zona de crescimento. Caso contrário, não havia chance de ultrapassar o nível em que estava.

A zona de crescimento é um lugar mágico, ainda que bastante assustador. Mas era o único local onde eu poderia aprender a ser chefe, a delegar e fazer minha empresa crescer para além de mim mesma. Entrar na zona de crescimento significava que as coisas seriam incertas. Eu me sentiria desconfortável. E provavelmente levaria uns tombos. Muitos.

Mas adivinha só: eu consegui. Cometi um montão de erros. A princípio, contratei as pessoas erradas. Era péssima em delegar. Tive enormes dúvidas com relação a mim mesma, insegurança e lágrimas. Mas assim que finquei os pés nessa zona de crescimento, me recusei a desistir. Não havia como voltar atrás. Com o tempo, comecei a acertar.

Na zona de conforto, onde a maioria de nós passa tempo demais, a vida parece segura. Ainda que as coisas estejam estressantes, pelo menos você sente segurança no fato de que aquele é um local familiar. Você se acostuma com os padrões, não importa quão disfuncionais eles sejam. É a fera que você já conhece.

Mas tudo que você sonha se tornar, alcançar ou resolver está na zona de crescimento (vulgo zona de *desconforto*). Nela, uma coisa é garantida: você vai se sentir vulnerável e inseguro, mas para crescer precisa abandonar (pelo menos temporariamente) a necessidade de conforto e segurança. Precisa se treinar a valorizar o crescimento e o aprendizado acima de tudo.

É na zona de crescimento que você ganha novas habilidades e capacidades. É onde você adquire força e expertise e onde produz novos resultados. Fique na zona de crescimento por tempo suficiente e algo maravilhoso acontece: ela se transforma em sua *nova* zona de conforto.

Todas as coisas que antes pareciam tão aterrorizantes não o perturbam mais. Sua confiança aumenta, o que reforça sua convicção para abordar o próximo conjunto de desafios. Você começa a esperar e a abraçar a incerteza, a vulnerabilidade e a humildade que estão em cada experiência de aprendizado. Esse ciclo é fundamental para dominar a filosofia *tudo tem jeito*.

Quase tudo de que você precisa para realizar seu sonho exige novas habilidades, experiências e conhecimento. Você precisa fazer coisas que nunca fez antes. Começar antes de estar pronto não é fácil, mas se quiser mudar, isso é necessário.

DA IDEIA À AÇÃO

Faça o que é preciso e você terá o poder.

Ralph Waldo Emerson

1. *Lembre-se de pelo menos uma situação na sua vida em que – por escolha ou circunstâncias fora do seu controle (ganho no trabalho, perda no trabalho, mudança forçada, nascimento ou morte, divórcio, etc.) – você começou antes de estar pronto e obteve resultados valiosos.*

2. *Qual foi a ocasião em que você adiou uma ação porque acreditava que ainda não estava "pronto", mas, assim que a realizou, pensou:* **Ei, não foi tão ruim. Por que não fiz isso antes?**

3. *Responda depressa:* Em relação ao seu grande sonho, qual é o único movimento que você sabe que deve fazer para começar antes de estar pronto? Que passo vem imediatamente à sua mente e ao seu coração? Aquele passo grande e *amedrontador* que você sabe que no fundo vai dar início ao progresso? Anote e diga em voz alta.

4. *Como você pode comprometer tempo ou dinheiro ou usar a pressão social (isto é, o apoio de outras pessoas ou o sentimento de culpa, vergonha ou embaraço) para dar um grande passo na direção do seu sonho?* Arrisque a própria pele no jogo e aja agora!

> Não esqueça: o *Teste dos Dez Anos* está em
> seu Kit de Ferramentas do *tudo tem jeito*.

Faça o Teste dos Dez Anos (ou Cinco, Quinze ou Vinte Anos – o tempo deve ter a ver com o que parece mais adequado à sua situação) toda vez que estiver diante de uma decisão difícil que poderia ter um impacto significativo no seu futuro e na realização definitiva do seu sonho. Pergunte-se: *Daqui a dez anos vou me arrepender de NÃO ter feito isso?*

Muitas pessoas se limitam a usar a mente racional e lógica para encontrar a resposta. Não cometa esse erro. Como foi discutido pela primeira vez no capítulo 5, sobre medo vs. intuição, perceba o que você sente. Seu corpo contém a sabedoria e inteligência destinadas a ajudar você a realizar seus sonhos.

Perceba o que acontece lá no fundo e em suas emoções quando responder a essa pergunta.

Anotações de Campo

Aos 27 anos, ela deu uma reviravolta nos negócios da família, saindo de uma pilha de fraudes e problemas fiscais e chegando a triplicar a receita... ao mesmo tempo que lutava contra um câncer de mama.

Há pouco mais de três anos, assumi a empresa da minha família. O negócio ainda lucrava alguma coisa, mas o meu parente que o administrava antes estava fazendo com que afundasse rapidamente. E em grande estilo: com fraudes, problemas fiscais, calotes nos fornecedores e boicote aos clientes. Ele estava seis meses atrasado com as contas da empresa, sem dinheiro em caixa e com contabilidade falsa. Assumi os negócios e precisei aprender tudo muito rápido (venho do mundo do marketing e do branding, e a empresa da minha família é de manufatura e engenharia).

Passei então a usar constantemente o método *tudo tem jeito*. Não havia registros, tudo era uma confusão só e eu basicamente tinha que reinventar uma empresa já estabelecida.

Então, quatro meses depois, fui diagnosticada com câncer de mama, aos 27 anos. Isso definitivamente não estava nos planos! Agora, eu precisava descobrir como administrar uma empresa que sustentava toda a minha família e ainda por cima lutar contra a fera do câncer.

Tudo se resolveu. Pesquisei e implementei sistemas remotos e de simplificação do serviço de modo a trabalhar a partir da minha cama no hospital. Aprendi a delegar e a contratar especialistas para me ajudar. Criei uma "LISTA DE ATAQUE" (uma poderosa lista de coisas a fazer) para realizar tudo que era necessário.

Saber que tudo tem jeito me trouxe alívio numa época em que eu realmente precisava. Saber que tudo daria certo, tudo teria solução, acalmou minha família e os membros da equipe. Bastava permanecermos firmes na nossa visão. Fui em frente e tripliquei a receita da empresa. Fiz minha equipe crescer. Derrotei o câncer de mama.

– AMANDA
TEXAS

8

Progresso, não perfeição

A perfeição é inalcançável: é um mito, uma
armadilha e uma roda de hamster que vai fazer
você correr até a morte.

Elizabeth Gilbert

Olha, eu sou meio esquisita. Tenho padrões elevados e um tanto peculiares. Meu molho de macarrão precisa cozinhar durante nada menos do que 12 horas. Dou golpes de caratê nas minhas almofadas por estética (não descarte isso enquanto não tentar). Gosto de que todos os meus guardanapos de pano sejam dobrados de um modo específico, uniforme (Josh adora quando o corrijo nesse aspecto). Minha diretora criativa e eu rimos de nossa "aflição" compartilhada – em geral somos as únicas que percebemos o pixel desgarrado num projeto de design que, afora isso, é impecável. "Sério, será que mais ninguém percebeu esse lapso evidente?" Por isso entendo a ânsia primal de continuar polindo, aparando e refinando para fazer com que uma coisa fique *beeeeem* correta.

No entanto, aprendi a entender uma distinção crucial e capaz de manter a sanidade: ter padrões elevados não é o mesmo que perfeccionismo. É, as duas coisas estão relacionadas, mas a primeira é saudável e motivadora. A segunda é na melhor das hipóteses disfuncional e, na pior, mortal. No âmago, o perfeccionismo não tem a ver com padrões elevados. Tem a ver com o medo. O medo do fracasso. O medo de parecer idiota, de cometer um erro, de ser julgado, criticado e ridicularizado. É um medo de que um único fato possa ser verdadeiro:

Você simplesmente não é bom/boa o suficiente.

O que, por sinal, é sem dúvida inverídico. Claro, talvez você precise aprimorar habilidades e forças para alcançar o seu sonho. Quem não precisa? Mas a ideia de que você em essência não tem o que é necessário é mentira. A voz na sua cabeça dizendo isso é aquele mesmo falador de merdas repetitivo, cansativo, que mencionamos no capítulo anterior. A mesma voz à qual agora concordamos em desobedecer veementemente.

Saiba do seguinte: o medo de não ser suficientemente bom é universal. Todo mundo – e quero dizer todo mundo mesmo – luta contra isso. O problema é quando esse medo sofre metástase e se transforma em perfeccionismo total. Porque o perfeccionismo é paralisante. O perfeccionismo faz você sofrer e andar em círculos. Mas os perigos vão muito além de empacar. À medida que o perfeccionismo agarra sua força vital criativa, não para até acabar com você.

OS PERIGOS DO PERFECCIONISMO

O perfeccionismo é o abuso contra si mesmo em sua maior forma.

Anne Wilson Schaef

Muitas vezes deixamos de fazer alguma coisa nova porque queremos demais que ela dê certo (e que dê certo logo de início). Queremos apresentar ao mundo uma imagem de que já temos a solução. Temos pouca ou nenhuma tolerância para nos permitir o espaço e a dádiva de sermos iniciantes. O perfeccionismo não é um comportamento padrão, é um modo destrutivo de pensar em nós mesmos. Quando cometemos um erro (ou, que Deus não permita, quando fracassamos), não sentimos frustração pelo modo como fizemos a coisa, mas por *quem nós somos.*

Veja como o perfeccionismo pode ser destrutivo. Entre 2003 e 2006, pesquisadores entrevistaram amigos e familiares de pessoas que tinham cometido suicídio recentemente e descobriram algo chocante. Mais de metade dos falecidos eram descritos como "perfeccionistas" por seus entes queridos.[1] Outro estudo revelou que os perfeccionistas tendem a morrer mais cedo, ao passo que, em contraste, os otimistas conscienciosos tendem a viver mais.[2] Em mais de vinte anos de pesquisas, o Dr. Paul Hewitt e seu colega, o Dr. Gordon Flett, descobriram que o perfeccionismo se relaciona com a depressão, a ansiedade, distúrbios alimentares e outros problemas de saúde mental.[3]

O perfeccionismo é mortal. É prejudicial à saúde, à felicidade e à produtividade. Numa reviravolta triste e irônica, costuma ser o principal instrumento de bloqueio que impede a pessoa de se tornar, alcançar e se sentir o melhor que pode. Nada nele é útil.

Agora uma boa notícia: desmantelar o perfeccionismo é 100% possível. Melhor ainda, você não precisa baixar seus padrões para conseguir isso. Na verdade, sem a camada tóxica do perfeccionismo, é mais provável que você realize trabalhos de maior qualidade. Vai desfrutar do processo e se dar espaço para a experimentação. E seu potencial único que estava escondido? Vai explodir no palco principal da sua vida.

Isso não é uma negociação. Pulverizar o perfeccionismo, em todas as suas formas variadas, é obrigatório. É tão fundamental para dominar a filosofia *tudo tem jeito* quanto o oxigênio para a sua vida. Vamos começar.

MINHA OFICINA DE PAGAR MICO

Quando comecei a jornada como coach, eu tinha o sonho de um dia trabalhar com grandes grupos. Me imaginava falando num palco diante de milhares de pessoas. Tinha visto grandes oradores e professores em ação e queria desesperadamente chegar a esse nível. Era uma visão empolgante, mas minha realidade era muito diferente.

Minha empresa se encontrava em estágio embrionário. Praticamente não tinha clientes pagantes e eu ganhava a maior parte do meu dinheiro como garçonete. Morava num apartamentinho de quarenta metros quadrados e comia uma quantidade alarmante de sanduíches de creme de amendoim e geleia.

Mesmo assim era incrivelmente passional com relação aos conceitos e estratégias que aprendia no curso. Guardar toda essa sabedoria recém-

-descoberta para mim mesma parecia algo criminoso. *Por que essas coisas não são ensinadas na escola?!?! Por que mais pessoas não sabem que podem mudar a vida de verdade? Isso é poderoso demais!* Eu me sentia como Violet Beauregarde em *A Fantástica Fábrica de Chocolate* – se não pusesse logo para fora esse suco de desenvolvimento pessoal, iria explodir que nem um mirtilo inchado! Assim, aos 23 anos decidi espalhar a boa-nova fazendo minha primeira oficina pública.

Minha amiga Claire teve a gentileza de me emprestar seu porão. Chamei a oficina de "Como criar uma vida que você ama". Criei apostilas no Word, umas clip-arts muito sofisticadas, minha impressora doméstica e um grampeador. Por fim, para ter certeza extra de que as pessoas poderiam me acompanhar, arranjei um cavalete grande, um flip-chart e alguns pincéis atômicos. *BUM*. Estava pronta para decolar.

Quero que você saiba que minha primeira oficina teve um público incrivelmente bom...

Cinco pessoas.

Claire, duas vizinhas que ela literalmente arrastou da rua e meus pais (Deus os abençoe, cacete!). Eu me encolho só de pensar em mim mesma distribuindo aquelas apostilas feitas à mão, grampeadas, a todos os meus cinco participantes. Quero enterrar a cabeça embaixo das cobertas quando me lembro de estar ao lado daquele cavalete enorme fazendo aqueles adultos – todos com pelo menos o dobro da minha idade – completar os exercícios da apostila. *Que coisa triste, patética*, diz a voz crítica, de menina má, na minha cabeça.

Em retrospecto, não houve nada de patético naquilo. Fiz alguma coisa. Corri um risco. Juntei cinco pessoas. Me esforcei ao máximo. Para não mencionar que deixei para trás provavelmente o pior evento de toda a minha carreira. *A partir daqui é só ladeira acima, amiga!* Aquela oficina no porão deu à luz uma diretriz simples que uso sempre que sinto tendências perfeccionistas querendo me fazer parar. Anote isto:

Começar mal é melhor do que
ficar empacada.

Fazer aquela primeira oficina implicou duas coisas importantes. Primeiro, dei um tapa no meu perfeccionismo. Se pude fazer isso uma vez, poderia fazer de novo. Segundo, eu estava um passo mais perto do meu sonho definitivo, de um dia ensinar a milhares de pessoas. Dar a mim mesma o espaço e a dádiva de fazer algo malfeito foi o único modo de ficar ao menos remotamente boa em alguma coisa.

Todo profissional começa como amador. Não existe um grande artista, atleta, escritor, cientista, arquiteto, empreendedor, programador, músico ou ceramista que entre em campo com domínio total do jogo. Dar início a alguma coisa nova ou aprender algo novo significa que você vai ser iniciante. Precisa passar de fora para dentro. Respeite isso. Abrace isso. Permita-se fazer malfeito.

Lembre-se: o perfeccionismo é uma serpente venenosa. Ele quer morder sua jugular criativa. Um dos movimentos mais espertos e mortais dele é o seguinte: fazer você se comparar com mestres realizados.

Nunca serei tão bom quanto [a Pessoa A], então por que tentar?

NÃO entre nessa. A comparação é uma *kriptonita* criativa. Lembre-se, tomar doses de Compareschläger pode matar você.

No instante em que avalia seus primeiros esforços comparando-os com alguém que esteja ralando há anos, você cai numa armadilha perfeccionista. O remédio para isso é um mantra mágico. Leia em voz alta:

Progresso, não perfeição.

A partir deste momento, é por isso que você vai lutar. Progresso não é perfeição. Sacou? Essa é a régua que você vai usar para medir se está nos trilhos. É só com isso que você se importa. Você fez progresso? Se esforçou para aprender e crescer com relação ao que deseja? Por menor que seja, você só está atrás de progresso.

Esse é um dos princípios fundamentais que enfio no coração e na mente de mais de 54 mil alunos da nossa B-School. É tão transformador que pelo menos uma mulher tatuou esse mantra no antebraço. Em dezenas de respostas a pesquisas, "progresso, não perfeição" é citado repetidamente pelos participantes como a descoberta mais fundamental e capaz de virar o jogo. Ele transforma a vida ao direcionar você a se concentrar nas únicas coisas que importam: aprendizado e crescimento. Além disso, impede a desistência prematura e a agonia mental quando você fica imaginando se deveria desistir.

Por favor, entenda: o progresso nunca é uma linha reta. O progresso faz zigue-zague. Expande-se e depois se retrai. Você vai avançar e em seguida recuar. Subir e descer. Depois, andar de lado e recuar de novo. É inútil lutar contra o ritmo errático do progresso. Espere reveses, tropeços e grandes erros no caminho. Eles são inevitáveis e também são indicadores positivos de que você está progredindo.

Não tenha medo dos altos e baixos. Prepare modos criativos de lidar e aprender com eles. Saiba que vai parecer que você está dando um passo para a frente e quatro para trás. Acima de tudo, cultive a paciência. Essa é uma das forças mentais na filosofia *tudo tem jeito*. Tudo que você quer criar, alcançar ou experimentar provavelmente vai demorar mais do que você espera. Muito mais.

Molly, uma aluna nossa na B-School, ilustra isso. Quando pensou pela primeira vez em ter um negócio próprio, ela estava num emprego péssimo. Não tinha ideia de qual empreendimento fazer nem de como realizá-lo, mas assistiu a um vídeo que fiz com outra estudante e se sentiu profundamente inspirada. Ela escreveu: "A mulher com quem você conversou no vídeo contou que no último mês tinha faturado seus primeiros 30 mil dólares com o próprio negócio. Quando ouvi isso, foi tipo 'Cacete, eu QUERO ISSO. Vou ter isso!'"

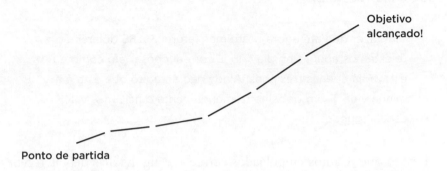

MITO DO PROGRESSO
O que a maioria das pessoas pensa sobre o progresso se parece com isso:

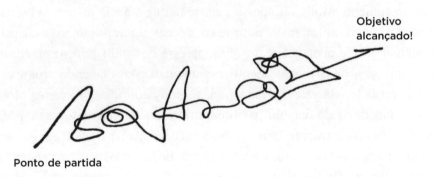

A REALIDADE DO PROGRESSO
Como é na verdade:

Ela teve uma ideia e trabalhou em sua empresa por dois anos seguidos. Mas não conseguia avançar. Estava de coração partido e se sentia uma fracassada. Não conseguia manter o negócio e estava à beira de desistir. Foi então que fez contato conosco por e-mail. Nós lhe demos algumas orientações e sugerimos que ela compartilhasse sua experiência na nossa comunidade privada. Molly foi corajosa em postar sobre sua luta (uma luta incrivelmente comum, mas quando você está passando por ela sente-se sozinho). Ela foi inundada de apoio, ideias e respostas construtivas. Deu uma nova olhada em sua empresa e no que poderia melhorar. Encorajada, concentrou de novo os esforços e a energia. Um ano depois recebemos outro e-mail de Molly:

> Vim dizer que até agora neste mês faturei 31.255 dólares (e estamos apenas no dia 17!!). É surreal pensar em como eu estava há apenas três anos. Ainda não acredito que esta é a minha vida. É um trabalho tremendamente difícil, mas vale cada segundo.

É claro que ficamos empolgados com ela, e alguns dias depois recebemos outra mensagem:

> Será que vocês podem dizer à sua equipe e a Marie que nosso número final para dezembro foi de 65.300 dólares? Incrível, ainda estamos tentando processar isso!

Não somente Molly ultrapassou a receita que a havia inspirado inicialmente três anos antes, mas a dobrou em apenas algumas semanas. Dá para imaginar o que aconteceria se Molly tivesse desistido porque acreditou que dois anos de "fracasso" significava que não estava fazendo progresso? Eis a verdade: ela estava avançando, mesmo que não parecesse. Molly teve a sabedoria de dar um passo para trás, avaliar seus esforços e pedir orientações construtivas. Usou essas ideias para ajustar o passo e seguir em frente. Vamos deixar claro: a grande vitória de Molly não teve a ver apenas com dinheiro. Teve a ver com *quem ela precisava se tornar* para realizar seu sonho antes impossível. Ao se concentrar no progresso, e não na perfeição, ela se tornou uma pessoa capaz de solucionar as coisas. Agora essa capacidade vai lhe servir pelo resto da vida.

Escutei inúmeras variações dessa história em todo tipo de negócio, arte, cinema, escrita, esportes, relacionamento, saúde – enfim, tudo – mais vezes do que posso contar. Tudo que vale a pena demora. Mais tempo do que nossas mentes impacientes acreditam que deveria levar.

Se você tiver clareza de que alcançar seu sonho (ou resolver um problema específico) ainda é importante, seja paciente. Continue na batalha.

Como Confúcio supostamente disse, não importa que você vá devagar, desde que não pare.

NÃO JULGUE SEUS INSUCESSOS DEPRESSA DEMAIS

Quando comecei a levar a sério minhas ambições na dança, frequentando o Broadway Dance Center (BDC) e a Crunch, desenvolvi algumas ideias sobre o que significava me tornar uma dançarina de sucesso. Ouvia os profissionais falando sobre fazer testes e pensava: *Ah, claro. É isso que os dançarinos de verdade fazem. Testes. Sucesso = trabalhar em vídeos de música, shows e turnês.* Se eu tinha alguma esperança de me tornar uma dançarina de verdade, achei que precisaria começar a fazer testes também.

Em pouco tempo fiquei sabendo que Missy Elliott estava à procura de dançarinos para seu novo videoclipe. Fiquei empolgadíssima. Era a minha chance! O teste era em Midtown Manhattan. Quando saí do metrô, uma fila de dançarinos dava a volta no quarteirão. Todos pareciam se conhecer, conversando amigavelmente enquanto faziam alongamento e improvisavam na calçada. Fiquei imóvel, com o estômago embrulhado.

Depois de duas horas de tortura, entrei no prédio e cheguei ao terceiro andar pela escada. Entreguei minha foto com meu curto currículo atrás e me juntei ao próximo grupo de dançarinos no salão. A coreógrafa ligou a música e fez alguns passos. Era rápida. Eu mal captei a primeira contagem de quatro enquanto os outros dançarinos pareciam absorver instantaneamente a coreografia intrincada. A próxima coisa que percebi foi que o teste havia começado e eu *não* fazia ideia do que estava acontecendo. Não conseguia acompanhar. Dizer que fiquei atarantada é um eufemismo extraordinário. Meu pior pesadelo de dança estava se realizando. Depois de alguns minutos, fiquei tão sem graça que saí correndo do estúdio, aos prantos.

Fui andando atordoada pela Oitava Avenida. *Quem você está tentando enganar, achando que pode fazer isso? Você não tem talento. Não tem formação. É velha demais. Lenta demais. Você NUNCA vai conseguir!*

Depois de alguns dias lambendo as feridas, me obriguei a voltar para a aula. Percebi que a capacidade de pegar uma coreografia rapidamente não era um superpoder inato; era uma habilidade, que eu podia melhorar (muito) aos poucos. Continuei treinando. Mas aquele fracasso no clipe da Missy Elliott, por mais embaraçoso que fosse, ainda era progresso. Me inspirou a admitir onde eu era boa no mundo da dança. O que eu curtia de verdade? Qual era o meu objetivo final e o que precisaria fazer para chegar lá?

Fazer essas perguntas – e pensar realmente no que seria o sucesso na minha vida real, em vez de em termos abstratos – virou o jogo.

Para ser uma "dançarina de sucesso", na minha definição restrita, eu precisaria ralar até conseguir turnês com artistas da música. Esses trabalhos implicariam viver e trabalhar na estrada. Mas na época eu também trabalhava como garçonete, cuidava do serviço de coaching e estava no início do meu namoro com Josh. O que eu acreditava que *deveriam* ser os objetivos e as aspirações de uma dançarina profissional comum não combinava com o meu eu multipassional.

Continuei dançando, mas me dei permissão para concentrar a energia onde me sentia mais viva. Por mais que gostasse de fazer aulas no BDC, a dança fitness na Crunch era incrivelmente divertida. Eu fazia amigos com mais facilidade porque o trabalho era enraizado na alegria e no aprendizado. Adorava dançar junto com pessoas de todas as formas, idades e origens. Era uma coisa colaborativa, e não competitiva, e eu me empolgava trabalhando horas extras para crescer.

Então aconteceu uma coisa curiosa. Quando parei de me forçar a buscar objetivos de dançarinos convencionais, comecei a receber ofertas para aparecer em DVDs de malhação e criá-los (lembra deles?) e me associar a marcas como as revistas *Shape* e *Prevention*. À medida que ganhava mais experiência e fazia mais conexões, consegui trabalhos com grandes empresas como a VH1 e a Home Shopping Network. Dei aulas em convenções globais ao mesmo tempo que aprendia, crescia, dançava e me divertia muito. Abandonei a luta pelos objetivos convencionais de dançarina e me permiti seguir meu próprio caminho.

Alguns anos depois, surgiu uma oportunidade empolgante. A Nike ia lançar uma iniciativa de dança fitness totalmente nova chamada Nike Rockstar Workout. Era uma coisa que nunca tinha sido feita antes por uma empresa de atletismo global: apresentar dançarinos como atletas. Jamie King, uma dançarina, coreógrafa e diretora criativa que já trabalhou com gente como Rihanna, Madonna e Bruno Mars, estava à frente da iniciativa. A Nike e Jamie levaram o projeto para Nova York e, para encurtar a história, eu me tornei uma das primeiras atletas de dança de elite da Nike. Passei vários anos trabalhando e treinando com a Nike por todo o globo, dançando em grandes palcos, treinando centenas de instrutores e fazendo exatamente o tipo de trabalho que eu adorava.

O interessante é o seguinte: quando falhei naquele teste para o vídeo de Missy Elliott anos antes, o Nike Elite Dance Athletes ainda nem existia. De jeito nenhum eu poderia ter sonhado em alcançar esse objetivo específico, porque ninguém tinha feito isso antes! O negócio simplesmente não tinha sido criado.

Mas o fracasso com o vídeo de Missy provocou uma mudança necessária no meu foco, o que me levou a passar os anos seguintes *involuntariamente* treinando a mistura exata de hip-hop, dança e fitness que me preparou para conseguir o cargo da Nike quando ele apareceu!

Não seja tão rápido em julgar seus supostos fracassos. Um fiasco pode ser um redirecionamento cósmico, guiando você para um propósito melhor e maior. Às vezes, como diria Missy, você deve perguntar: "Isso vale a pena? Deixe-me trabalhar nisso. Ponha isso no chão, vire de cabeça para baixo e reverta."

CARACTERÍSTICAS DE PERFEIÇÃO VS. PROGRESSO

Se eu esperasse pela perfeição, jamais escreveria uma palavra.

Margaret Atwood

Há um limite tênue entre buscar a excelência e ser sugado por um ralo de perfeccionismo. As seguintes sugestões vão ajudar você a fazer um autodiagnóstico e a se corrigir.

AS IDEIAS POR TRÁS DE PERFEIÇÃO X PROGRESSO

Verifique antes de naufragar

Perfeição	Progresso
Só tenho uma chance para fazer isso. Se fracassar/perder/for rejeitado, quer dizer que sou uma fraude e deveria desistir.	Vou fazer todas as tentativas que puder. Vou aprender com cada tentativa. Vou ficar mais forte e melhor.
É TUDO ou NADA. Se eu não conseguir tudo que quero agora, de que adianta?	Vou começar simples e pequeno agora, depois repetir e evoluir com o tempo.
O fracasso é inaceitável. Sou um fracasso. Sempre fui, sempre serei. Sempre fracasso em tudo. Isso vai me DESTRUIR. Se eu fracassar, estou acabado. Não posso continuar.	**O fracasso é inevitável.** Minha tentativa pode fracassar, mas eu não sou um fracasso. **O fracasso não é permanente nem pessoal.** O fracasso é um incidente. Não é uma característica.
Droga, por que ela é tão mais bem-sucedida do que eu? Sou mais inteligente, mais genuína. Nunca vou ser tão boa assim.	Nossa, ela é inspiradora. O entusiasmo dela me contagia. Se ela consegue fazer isso, eu também consigo.
Isso precisa acontecer imediatamente. O quanto antes. Me dê um atalho ou uma fórmula. Preciso que seja fácil. Não suporto desafios. Vou fracassar.	Estou nisso a longo prazo. Todas as coisas grandes demoram. Estou pronto para trabalhar duro. Estou empolgado com o desafio.
Me sinto desencorajado e inseguro. Isso significa que sou um FRACASSO. Estar inseguro e sem certeza é sinal de que não estou no nível adequado e deveria desistir.	Me sinto desencorajado e inseguro. Isso significa que estou PROGREDINDO! Estar inseguro e sem certeza é sinal de que estou em território novo.
Não posso enfrentar outro revés. Estou fraco demais. É difícil demais.	Reveses e obstáculos? Podem vir. Fazer coisas difíceis me fortalece.
Nada jamais é bom o bastante. Não posso mostrar isso a ninguém até que esteja perfeito.	Feito é melhor do que perfeito. Comentários vindos do mundo real me ajudam a aprender e melhorar.
ORIENTADO PELO MEDO: O que vão pensar de mim? O que todo mundo vai falar sobre mim?	ORIENTADO PELA CURIOSIDADE: O que posso aprender com isso? Como posso melhorar?

CUIDADO COM O VÃO

Durante meu trabalho com a Nike, viajei regularmente pela Europa para treinamentos e eventos. Em Londres via os lembretes constantes no metrô para ter "cuidado com o vão". Ou seja: abra os olhos e preste atenção. Não caia de cara quando estiver atravessando o espaço entre a porta do trem e a plataforma da estação.

De modo semelhante, precisamos ter cuidado com o vão na nossa jornada do *tudo tem jeito*, em especial na escolha do progresso no lugar da perfeição. Há um vão significativo entre o que *sentimos, vemos e sabemos no fundo do coração* sobre a mudança que queremos fazer e nossa capacidade de realizá-la. Em outras palavras:

> Cuidado com o vão entre sua ambição e
> sua capacidade.

Uma das melhores declarações sobre esse vão criativo vem de Ira Glass, apresentador e produtor do programa da NPR *This American Life* (os negritos para ênfase são meus):

> Ninguém diz às pessoas que estão começando – e eu realmente gostaria que alguém tivesse me dito – que todos nós que fazemos trabalho criativo (...) entramos nisso porque temos bom gosto. Mas é como se houvesse um vão, como se nos primeiros anos em que você está fazendo coisas, o que você faz não é tão bom assim, certo? Não é fantástico. De fato, não é fantástico. Está tentando ser bom, tem ambição de ser bom, mas ainda não é tão bom assim. Mas o seu gosto – o que pôs você no jogo –, **o seu gosto ainda é incrível**, e o seu gosto é tão bom que você sabe que o que está fazendo é meio decepcionante para você, entende o que eu digo?
>
> **Muita gente não ultrapassa essa fase**. Muita gente desiste nesse ponto. E o que eu gostaria de dizer a você, de todo o coração, é que **quase todo mundo que conheço e faz um trabalho**

criativo interessante passou por uma fase de anos em que tinha um gosto realmente bom e sabia que o que estava fazendo não era tão bom quanto desejava – **sabia que estava abaixo do nível, não tinha aquela coisa especial** que a gente queria.

E o que eu diria a você é que **todo mundo passa por isso.** E para ultrapassar essa fase – se vai passar por ela agora, se está saindo dela – você deve saber que **é totalmente normal.**

E **o mais importante que você pode fazer é trabalhar muito** – realizar um volume gigantesco de trabalho. Estipular um prazo de modo que a cada semana, ou a cada mês, você saiba que vai terminar uma história. Porque somente passando por um grande volume de trabalho você vai atravessar esse vão. E o trabalho que você está fazendo será tão bom quanto suas ambições. Isso demora, você vai levar um tempo – **é normal levar um tempo.** E **você só precisa abrir caminho através disso**, está bem?[4]

Há um elegante vídeo com as palavras ditas por Ira, que eu recomendo, feito pelo cineasta David Shiyang Liu. Procure na internet por *Ira Glass + David Shiyang Liu video*. Assista todos os dias até que essa verdade penetre em cada célula.

Realizar, criar uma mudança verdadeira, ganhar habilidades, capacidades e conhecimento demanda tempo e esforço. Em todas as disciplinas, com relação a todos os atos de criação – não importa quem você seja, o que deseja fazer, alcançar, experimentar ou solucionar...

> Progresso, *não* perfeição, é o único modo de
> atravessar o vão entre sua capacidade e sua ambição.

Lutei para ter cuidado com o vão em todos os aspectos da minha vida: desde ganhar força física na academia até reformar minha casa, montar uma equipe e desenvolver meu programa, a *MarieTV*, que começou com a minha antiga webcam, sem edição, iluminação ou equipe de filmagem à vista.

Portanto, por favor, coopere com o processo criativo, não o force. Cuidado com o vão.

Pouco a pouco, pedaço por pedaço, dia a dia. Concentre-se no progresso e não na perfeição e você vai atravessar esse abismo.

O PROGRESSO LHE DÁ UMA MENTALIDADE CRIATIVA

Você controla sua mente. Pode ajudá-la a crescer utilizando-se dos meios certos.

Carol Dweck

Carol Dweck escreveu um dos meus livros prediletos sobre esse tema, porque prova como a mentalidade correta muda os nossos comportamentos e, o mais importante, nossos resultados. Em seu livro *Mindset: A nova psicologia do sucesso*, Dweck, psicóloga da Universidade Stanford, descobriu o que ela chama de "mindset fixo" vs. "mindset de crescimento".

Quando você está num mindset fixo, acredita que o talento – sem a aplicação de *esforço* – cria o sucesso. Você nasceu ou não com ele, e não há nada que possa fazer para mudar isso. Num mindset fixo, você evita desafios, resiste às críticas e busca aprovação. As crenças e os comportamentos que resultam delas são destrutivos.

Num mindset de crescimento, você acredita que suas capacidades básicas – como talento e inteligência – podem ser aprimoradas por meio de esforço, perseverança e experiência. Nesse mindset, a inteligência e as capacidades com as quais você nasceu são apenas o ponto de partida. As pessoas com um mindset de crescimento adoram desafios, recebem bem críticas construtivas, consideram que os reveses são *oportunidades de aprendizado* e desenvolvem uma paixão pelo empenho e uma fome de crescimento. Sabem que melhorar é um processo. Um processo que exige a atitude certa e dedicação durante muito tempo.

Eis a melhor parte. A qualquer momento você pode escolher seu mindset. E os resultados dessa escolha podem mudar sua vida. Dweck conta a história de Jimmy, um aluno com dificuldades que ela descreveu como um dos jovens mais "rigidamente desligados e desprovidos de esforço". Depois de aprender sobre os mindsets fixo e de crescimento, ele "levantou a cabeça com lágrimas nos olhos e disse: 'Quer dizer que eu não preciso ser burro?'" A partir desse momento Jimmy se transformou. Ficava acordado até tarde para fazer o dever de casa e entregava as tarefas antes do tempo, ansioso por receber feedback para melhorar. Como Dweck escreveu, "agora ele acreditava que trabalhar duro não era uma coisa que tornava a pessoa vulnerável, e sim algo que a deixava mais inteligente".[5]

Dweck enfatiza incontáveis exemplos da vida real, mostrando como esses dois mindsets têm um impacto radical nos resultados que criamos na nossa vida – desde ser pais até a educação ou os esportes. As provas são inegáveis. Quando atua com um mindset fixo, você sofre. Quando atua com um mindset de crescimento, desenvolve amor pelo aprendizado e uma resiliência que leva à satisfação e a realizações extraordinárias.

Neste exato momento você pode escolher adotar um mindset de crescimento ou um mindset fixo. Assim como pode escolher o progresso e não a perfeição. São escolhas distintas com resultados dramaticamente diferentes. Uma leva para uma vida de dor e estagnação. A outra, a crescimento e realização contínua. Qual você vai escolher?

SEIS TÁTICAS PARA TREINAR

Use as táticas a seguir para permanecer na zona de progresso quando a atração do perfeccionismo tirar você dos trilhos:

1. DÊ PASSOS PEQUENOS E IGNORE OS GRANDES DRAMAS

O perfeccionismo adora um drama. Você vai começar a notar que, mesmo antes de dar qualquer passo na direção de um sonho, o perfeccionismo vai intervir com perguntas intermináveis e cheias de censura. *Minha ideia de negócio é ao menos um pouco boa? Como vou colocá-lo para funcionar? Como vou administrar dezenas de pessoas? E se eu fracassar? E se eu TIVER SUCESSO? Provavelmente vou arruinar minha família. Todo mundo vai ficar com inveja de mim. Vou perder amizades por causa disso. Ah, meu Deus, vou acabar divorciada e sozinha pelo resto da vida...*

Não ceda a esse festival de dramalhões. Mantenha o foco na direção certa e trabalhe. Dê passos pequenos. Faça isso diariamente. Compareça às aulas. Monte o protótipo. Escreva suas páginas. Corra seus quilômetros. Mande a pesquisa. Deposite 1 dólar. Fique sem drogas e álcool durante uma hora. Qualquer que seja o seu sonho, fique *obcecado* por fazer progressos simples e diários. É isso.

Você pode se assustar e empacar ao presumir que precisa fazer mudanças radicais na vida para progredir. Não é verdade. **A mudança verdadeira é praticamente invisível quando está acontecendo.** Não há som de trombetas. Uma orquestra não vai tocar junto à sua porta. O progresso significativo não parece empolgante. Na maioria dos dias parece trabalho. Você comparece, rala (às vezes com alegria, às vezes não) e repete.

Portanto mantenha o olhar no prêmio: dê passos pequenos diariamente e fique longe dos dramalhões.

2. PLANEJE ANTECIPADAMENTE PARA ENFRENTAR OS PROBLEMAS

Por mais organizado ou motivado que você seja, sempre surgirão coisas que vão arrancar você dos trilhos. Desde doenças até problemas tecnológicos e interrupções cotidianas, haverá um monte de obstáculos no caminho. Prever e resolvê-los antecipadamente são a chave do progresso constante. Eis como fazer isso.

Primeiro pense em microtermos. O que poderia descarrilar seu dia de trabalho? Ficar olhando mensagens de texto ou notificações por e-mail? Atender a telefonemas desnecessários? Não encher a geladeira? Depois pense maior. O que poderia tirar todo o seu projeto dos trilhos? Coisas como falhas tecnológicas, detalhes que passam despercebidos, doença ou atrasos provocados pelo clima. Em nossa empresa notamos um padrão de atrasos relacionados a projeto e desenvolvimento. Começamos a prever e resolver esses problemas antecipadamente levantando as piores hipóteses em qualquer projeto novo e discutindo maneiras de enfrentá-las. Não é um sistema à prova de erros, mas ajuda. Pergunte-se: "Que problemas potenciais podem surgir? O que posso deixar planejado de antemão (mesmo se for minha própria rigidez emocional) para mitigar o impacto negativo de problemas potenciais? O que preciso fazer agora para continuar progredindo?

3. ESPERE (E RECEBA DE BOM GRADO) A DÚVIDA

Quando a novidade de ir atrás do seu grande sonho tiver passado, as chances são de que você seja engolido por um maremoto de dúvidas. *POR QUE eu disse sim?! Isso está totalmente errado. Não posso fazer. É difícil demais. Não tenho condição. Talvez eu devesse simplesmente desistir. Talvez eu devesse mudar tudo e começar do zero. Odeio isso. Odeio tudo. Eu me odeio!*

Quer você esteja entrando em forma, criando um produto, escrevendo um roteiro de cinema, iniciando um negócio ou uma carreira, curando um relacionamento ou se candidatando a algum cargo público – espere que a dúvida lhe dê um soco na barriga.

Nunca é demais enfatizar como isso é comum. Em geral acontece mais de uma vez, especialmente nos projetos grandes. Todo mundo experimenta esse ataque da dúvida quando vai além da própria zona de conforto. Isso é uma marca do progresso, e não um sinal para parar.

Como já foi mencionado várias vezes (porque as pessoas com frequência esquecem!), os reveses acontecem. Não são "sinais do universo" dizendo que você deveria desistir. (É óbvio que, se você descobrir que genuinamente *não* quer mais correr atrás desse sonho ou objetivo, sim. Pare. Passe para outra coisa.)

Mas se está sentindo desânimo, respire fundo. Lembre-se de que a dúvida é normal. Não importa o quanto você obteve sucesso ou experiência, a dúvida nunca vai embora. Em vez de dizer: *De que adianta?*, pergunte: *Qual é o próximo passo?*

4. PERGUNTE: "QUAL É O PRÓXIMO PASSO?"

Depois de um revés, faça a si mesmo esta pergunta: "Qual é o próximo passo?" Ouça a resposta. Pode ser algo simples como "tome um copo d'água". Ou "vá dormir um pouco". Ou "você precisa de batata frita. Tipo, muita batata frita". Às vezes o próximo passo certo é fazer uma pausa para conseguir uma perspectiva nova. Vá correr. Malhar. Dançar. Meditar. Ligar para um amigo de confiança que seja experiente e solidário.

Ou talvez, quando perguntar "Qual é próximo passo?", você ouça uma resposta do tipo "Aquele comentário doeu, mas há verdade nele. Use isso para melhorar mais ainda". Ou talvez você ouça: "Pare de ficar se julgando e vê se termina logo esse parágrafo." Ou talvez "É, precisamos adiar o prazo de novo. Mas não vamos desistir. Vamos focar e continuar".

Quando você pergunta "Qual é o próximo passo?", está direcionando o cérebro e o coração para procurar uma resposta produtiva.

5. USE O PODER DA DESISTÊNCIA POSITIVA

A velha ideia de que quem desiste nunca vence e que os vencedores nunca desistem não é verdadeiro. Agarrar-se a alguma coisa *só* porque você tem medo de parecer uma pessoa fracassada é algo terrível. Há ocasiões em que você deve ter a coragem de cancelar projetos, objetivos ou relacionamentos que não se alinham mais com quem você é ou com aquilo que você valoriza.

Quero apresentar o poder da desistência positiva. Desistência positiva é quando você percebe que foi o mais longe que podia. Aplicou seus maiores esforços e agora se tornou claro – no seu coração e na sua alma – que o passo mais sábio e mais produtivo a ser tomado é amenizar as perdas e seguir em frente.

Nos primeiros anos de meu trabalho como coach, investi meses e uma quantidade significativa de dinheiro para criar uma comunidade particular de sócios pela internet. Esse projeto me consumiu por inteiro e me deixou com dificuldades financeiras. Quando finalmente o lancei, fiquei empolgada demais. Centenas de pessoas se inscreveram e pagaram pelo acesso.

Assim que novos sócios começaram a se conectar, a coisa toda desmoronou. Estou falando de uma falha tecnológica que congelou tudo. Na época eu não tinha equipe de apoio. Fiquei mais do que sem graça. Mas, por mais chateada que estivesse, me recompus o suficiente para recuar, avaliar a situação e tomar uma atitude decisiva.

Puxei a tomada. É claro que cuidei dos meus clientes. Expliquei exatamente o que havia acontecido, transferi-os para uma plataforma estável, hospedada num portal, e entreguei mais do que tinha prometido. Mas não ia investir mais dinheiro, tempo e energia naquele site só para provar que era capaz de dar um jeito.

Às vezes, no processo de realização de um projeto, você percebe que aquilo não era de fato o que você queria. Fica evidente: *não* é isso que você quer continuar fazendo. Mesmo que seu projeto não despenque e pegue fogo, você pode optar por abandoná-lo porque não quer mais. Aprendeu e experimentou tudo que podia e está pronto para o próximo capítulo. Pense nisso como um bufê. Você não para de comer porque uma coisa não caiu bem. Você para de comer quando se satisfaz.

Depois de uns seis anos trabalhando com dança e fitness, decidi dedicar 100% do meu foco no negócio pela internet. Por isso me afastei da carreira na dança. Não porque houvesse algo errado com ela ou porque eu tivesse fracassado, mas porque estava pronta para evoluir. Vários anos depois, optei por parar de fazer uma convenção anual – que gerava uma receita de mais de 1 milhão de dólares –, não porque houvesse alguma coisa errada com a convenção, mas porque eu me sentia completa e queria trabalhar em outros projetos.

Seja um relacionamento, uma carreira ou um projeto, só porque uma coisa termina não quer dizer que fracassou. **Desistir não é o mesmo que passar para outra coisa.** Não use a ideia de "progresso, não perfeição" para se castigar e continuar perseguindo um sonho que não lhe serve mais. Se, depois de um certo tempo, você sentir que é hora de dar meia-volta, faça isso. Ainda que não exista uma fórmula pronta para tomar esse tipo de decisão, você já aprendeu sobre duas ferramentas que podem ajudá-lo.

> *Ferramenta nº 1.* **O Teste dos Dez Anos.** Falamos sobre isso pela primeira vez no capítulo 7, e é bem útil aqui. Imagine-se daqui a dez anos e se pergunte: "Se eu acabar com isso agora... vou me arrepender?"
>
> Quando meu site caro deu pau, eu soube que dali a dez anos mal me lembraria dele. Não havia tanto apego emocional. Sim, foi frustrante e eu perdi dinheiro, mas não era um objetivo vital. Era só um projeto que me ensinou muitas lições importantes.
>
> *Ferramenta nº 2.* Complete o desafio escrito de sete dias, **"O que realmente quero"**, abordado no capítulo 6, a partir da página 135. Ele faz milagres em ajudar a obter clareza.

Além disso, revise seu desafio "Da ideia à ação" do capítulo 6, na página 120. Especificamente, o segundo passo, "Uma conversa real sobre esse sonho", no qual você listou todos os motivos pelos quais a busca desse sonho é importante. Faça uma verificação sincera. Aqueles motivos ainda são válidos e verdadeiros? Se forem, siga em frente. Se não, talvez você esteja pronto para mudar. É preciso coragem para ir atrás de um sonho, mas quando esse sonho não serve mais, pode ser necessária mais coragem ainda para desistir dele.

6. ACIMA DE TUDO, CULTIVE A PACIÊNCIA

"Mas, Marie, venho trabalhando em _____ [meu negócio, escrita, atuação, música, esculturas, receitas, roteiros de cinema, pesquisa, etc.] há pelo menos _____ [três semanas, três meses, três anos, etc.] e não estou chegando a lugar nenhum. O que há de errado comigo?! Quanto tempo isso vai demorar?"

Resposta: Vai demorar o tempo que demorar.

Elizabeth Gilbert, autora do enorme sucesso da cultura pop *Comer, rezar, amar*, além de mais sete livros até agora, me disse que nos primeiros dez anos não ganhou um tostão com seu trabalho de escritora. Depois, nos dez anos seguintes (*depois* de já ter três livros publicados), ainda precisava de vários empregos para se sustentar. Passaram-se *vinte anos* até ela ganhar a vida com sua vocação. Durante nossa entrevista na *MarieTV*, Liz falou de uma perspectiva reveladora sobre "fazer o que for necessário" para se sustentar como artista. Aos 15 anos, ela fez uma promessa sagrada à sua criatividade e ao trabalho de escrita. Disse: "Nunca vou pedir que você me sustente financeiramente, sempre vou sustentar você." Ela prometeu fazer qualquer trabalho necessário para financiar o básico da sua vida (comida, aluguel, etc.) de modo que sua criatividade jamais precisasse carregar o fardo de pagar a conta de luz.

Steven Pressfield, autor de 17 livros, escreveu durante 17 *anos* antes de ganhar o primeiro centavo como escritor: um adiantamento de 3.500 dólares para um roteiro que nunca foi produzido. Ele escreveu durante 27 anos até que seu primeiro romance, *The Legend of Bagger Vance* [A lenda de Bagger Vance], fosse publicado. Durante todos esses anos, trabalhou em 21 empregos em 11 estados americanos.

Como você sabe, tive uma pequena constelação de empregos secundários durante sete anos antes de adquirir confiança – emocional ou financeira – para contar apenas com minha empresa para obter um rendimento em tempo integral. Durante todos esses anos, aproveitei cada oportunidade para ganhar dinheiro e pagar minhas contas. Limpei banheiros. Trabalhei como garçonete de bares e restaurantes. Meu sonho de administrar minha própria empresa, fazendo *exatamente* o tipo de trabalho que faço agora, era tão importante que eu estava disposta a fazer o que fosse necessário, pelo tempo necessário, para conseguir isso.

Cultive a paciência. Não acredite no mito de que se você fosse um "verdadeiro" _____ [artista plástico, ator, ativista, cientista, empreendedor, etc.] ganharia a vida apenas com seu trabalho. Talvez isso aconteça algum dia. Mas nem sempre é verdade, não importa o quanto você trabalhe. Existem incontáveis pessoas criativas que são legítimas e admiradas e suplementam os rendimentos com uma variedade de meios não relacionados: aulas, trabalhos sazonais, prestação de serviços ou rendimento de aluguéis.

E o mais importante: não existe vergonha em fazer o necessário para ter um teto para morar. Jamais fique sem graça por fazer trabalho honesto. Dizer que vivemos numa cultura de gratificação instantânea é um eufemismo grosseiro. Não me entenda mal: eu gosto da tecnologia. Mas para algumas pessoas ela praticamente destruiu a capacidade de cultivar a paciência. Com um smartphone você pode assistir a quase todas as formas de entretenimento. Pode acessar uma coleção espantosa e sempre crescente de música, arte, literatura e cursos a qualquer momento.

Mas a facilidade e a velocidade dos brinquedos tecnológicos não norteiam a vida real. Para construir habilidades, ganhar a confiança dos outros, desenvolver um trabalho, forjar relacionamentos, dominar um assunto ou resolver problemas complicados, é necessário um esforço constante e implacável. Não existem atalhos. Se você não tiver disposição para ralar durante um grande período de tempo (estou falando de anos, e não meses), seja honesto consigo mesmo: esse sonho de fato não é tão importante para você. Tudo bem. Abandone-o. Cave mais fundo. Encontre alguma coisa à qual você tenha disposição de se ligar e pela qual trabalhar, independentemente do tempo que demore.

DA IDEIA À AÇÃO

O pouco a pouco se transforma em muito.

Anônimo

1. *Qual é a única coisa que impede você de explorar seu sonho ou problema por não estar disposto a ser menos do que perfeito?* Ou, se preferir, use esta sugestão:

   Se eu não precisasse ser perfeito, faria/tentaria/começaria _____ para chegar mais perto de realizar meu sonho.

2. *Quem você poderia se tornar e o que poderia realizar caso se concentrasse no progresso e não na perfeição?* O que você poderia aprender? Que forças e habilidades poderia desenvolver?

3. *Planeje (e solucione) os problemas antecipadamente.* Faça uma lista de desafios, distrações e obstáculos típicos que poderiam impedir sua capacidade de progredir. Desde redes sociais, interrupções causadas pela internet, grupos de WhatsApp, espirais de dúvida, prazos perdidos e telefonemas para a família, até não ter comida em casa.

   Por exemplo, se os grupos do WhatsApp interrompem você o dia inteiro, uma solução é colocar seu telefone em modo avião ou desligá-lo completamente durante seu tempo de concentração.

Quer o problema seja interno ou externo, preveja-os por escrito e planeje soluções antecipadamente.

4. ***Transforme a dúvida inevitável em conversa produtiva consigo mesmo.*** Sempre que notar seu monólogo interior levando você a um abismo de dúvida, use o seguinte truque: acrescente a palavra "ainda" no final dos pensamentos que levam ao mindset fixo negativo, do tipo beco sem saída. Para um estímulo extra, faça uma lista de todas as coisas negativas que você diz a si mesmo e que o impedem de ir em frente. Por exemplo:

> Não sei lidar com dinheiro.
> Não sei absolutamente nada sobre escrever ficção.
> Não sei quem eu sou sem ela.
> Ninguém nunca fez isso desse jeito.
> Não sei nada sobre administrar um negócio.
> Não tenho nenhuma ideia boa.

Em vez disso, diga o seguinte:

> Não sei lidar com dinheiro *ainda*.
> Não sei absolutamente nada sobre escrever ficção *ainda*.
> Não sei quem eu sou sem ela *ainda*.
> Ninguém nunca fez isso desse jeito *ainda*.
> Não sei nada sobre administrar um negócio *ainda*.
> Não tenho nenhuma ideia boa *ainda*.

Pode dizer isso em pensamento ou escrever. De qualquer modo, essa palavra simples, "ainda", vai ajudar você a permanecer no mindset de crescimento, do aprendizado e do progresso.

5. ***Pegue um papel e escreva o seguinte:***

CINCO COISAS PEQUENAS QUE POSSO FAZER HOJE PARA LEVAR ESSE PROJETO ADIANTE

1.
2.
3.
4.
5.

Escreva pelo menos cinco coisas positivas que você poderia fazer hoje para progredir. Não precisam ser monumentais. Só escreva o que lhe vier à mente. Se passar de cinco, maravilhoso. Então, embaixo da lista, escreva o seguinte:

UMA COISA PEQUENA QUE POSSO FAZER AGORA MESMO

Escolha um item da sua lista, escreva em letras grandes e faça um círculo em volta (porque fazer círculos é divertido). Diga em voz alta. Depois, FAÇA! Saia do marasmo. Fazer alguma coisa é o segredo para fazer alguma coisa.

Muito bem. Lembre-se:

A vida não exige perfeição. A vida não exige que você seja intrépido, confiante ou seguro o tempo inteiro. A vida simplesmente exige que você continue presente.

Anotações de Campo

Abuso de drogas, dívidas, pensamentos suicidas, colapso nervoso – o tudo tem jeito ajudou Ula a mudar seus hábitos derrotistas, livrar-se das dívidas e ficar saudável de novo.

Eu estava péssima – emocional, física, mental e profissionalmente. Meu querido pai tinha morrido por causa de um tumor cerebral, eu me casei e me divorciei, me mudei para outro país e precisei começar tudo de novo. Entrei num caso amoroso passional e tóxico que terminou mal. Tomei algumas decisões erradas nos negócios e acabei com enormes dívidas financeiras. Tudo isso levou a um colapso gigantesco. Eu estava com 35 anos.

Não tinha nada: nem companheiro, nem amigos, nem família, emprego ou motivação para continuar. Estava me sentindo a maior fracassada que já existiu. Me odiava. Me obriguei a arranjar um emprego fácil para pagar as dívidas e as contas do mês, mas odiava o trabalho e me odiava por fazê-lo. Era faxineira e acreditava que era incapaz de fazer qualquer outra coisa. Não conseguia encarar as pessoas. Depois de horas limpando apartamentos, voltava para uma quitinete que precisava desesperadamente de reformas. Odiava aquele lugar. Me odiava. Odiava a vida. Estava pensando em como acabar com ela. Bebia litros de vinho e fumava toneladas de cigarros. Toda noite era a mesma coisa. Eu bebia, fumava e chorava até dormir.

Um dia ouvi falar da *MarieTV*. Durante minha rotina de vinho e cigarros depois do trabalho, assisti ao episódio "What to Do When You Feel Useless and Alone" [O que fazer quando se sentir inútil e sozinho]. Marie estava respondendo à pergunta de uma adolescente. Chorei de alívio durante todo o episódio. Sentia que eu era aquela garota e que Marie estava falando diretamente comigo.

Não deixei imediatamente meus hábitos autodestrutivos. Ainda me odiava e sentia vergonha de quem eu era, do que eu fazia e de onde tinha ido parar. Mas, junto com o vinho e os cigarros, eu tinha a *MarieTV*. Toda noite assistia a alguns episódios. E a cada dia, a cada episódio, alguma coisa mudava dentro do meu coração.

Um dia, acordei e decidi acreditar no que ela diz: "Tudo tem jeito." Eu ainda não acreditava em mim mesma, mas decidi acreditar em Marie. Ela era o exemplo mais puro e honesto de uma pessoa que vive o que diz. Depois do trabalho naquele dia, não comprei vinho nem cigarro. Em vez disso, calcei o tênis e fui correr no parque. Não foi fácil, mas me pareceu um tremendo progresso.

Acelere até hoje e eu estou de volta. Assisto a todos os episódios da *MarieTV* (alguns mais de uma vez) e leio todas as newsletters. Confio em mim e cuido de mim. Voltei a me conectar com os familiares e amigos, tenho um relacionamento lindo e faço parte da incrível comunidade da B-School. Não tenho dívidas e estou trabalhando com fotografia: minha paixão e meu negócio.

Não tenho medo do fracasso nem de errar, aprendo com meus equívocos e continuo seguindo em frente. Dou passos pequenos, um de cada vez. Agora aprender é a parte predileta da minha vida. Quando sinto dúvidas, penso em Marie e a ouço dizendo: "Continue em frente – TUDO TEM JEITO!" Confio nela imensamente. Ela é o melhor modelo de comportamento que existe. Ela me apoia e eu nunca estou sozinha.

Agora entendo que os erros e fracassos fazem parte da vida. Que somos aprendizes a vida inteira. Eu estava num círculo de dúvidas e ódio de mim mesma, com medo demais de fracassar. Quando assistia à *MarieTV*, todas as vezes sentia REALMENTE, REALMENTE que o episódio era feito só para mim. Ele me tocava profundamente. Comecei a confiar. Pouco a pouco passei a mudar meu comportamento. Exercícios, dieta saudável, meditação. Segui em frente e continuei aprendendo – um passo de cada vez. Funciona! Adoro a vida e me sinto agradecida por estar aqui.

– ULA
AMSTERDÃ

9

Recuse-se a ser recusado

É difícil vencer uma pessoa que nunca desiste.

Babe Ruth

Anos atrás, eu estava numa situação realmente difícil. Minha empresa ia muito bem, mas meu relacionamento com Josh, meu companheiro, estava em perigo. Tanto que precisamos fazer terapia de casal. A maioria das pessoas não faz terapia de casal a não ser que seja uma coisa séria. E, no nosso caso, era. Um dos nossos maiores problemas era o tempo que eu passava trabalhando.

A verdade é a seguinte: eu adoro o que faço – faz parte do meu DNA. É uma coisa criativa, empolgante e satisfatória, e é um motivo enorme pelo qual acredito que estou na Terra. Essa era uma questão difícil para mim, mas havia provas indiscutíveis que eu não podia negar. Naquela época, Josh e eu namorávamos havia sete anos e nunca tínhamos tirado férias juntos. Sim, nós viajávamos, mas era sempre a trabalho: palestras, conferências e oficinas. Eu me sentava no consultório da terapeuta sentindo raiva, medo e revolta. Pelo meu ponto de vista, uma das coisas que eu amava – minha carreira – estava ameaçando o relacionamento com o homem que eu amava.

Numa tarde, tive uma ideia a meu ver brilhante. E se nós tirássemos férias no aniversário dele? Férias de verdade, sem trabalho, de casal?! Olhei nossas agendas. Juntando as duas programações, havia apenas uma pequena janela temporal de quatro dias em que essas férias de aniversário poderiam acontecer. Em que elas *precisavam* acontecer. Entrei na internet e pesquisei possibilidades. Marquei uma viagem rápida mas empolgante para Barcelona. É um lugar aonde Josh falava em ir havia anos (sete, para ser exata) e ainda não tinha visitado. E finalmente estávamos numa condição financeira em que poderíamos fazer com que isso acontecesse.

O dia das férias chegou. Como sempre, eu tinha uma agenda cheia de telefonemas do coaching que não podiam ser adiados e iam até o momento em que precisaríamos partir. Segundo meus cálculos, chegaríamos ao aeroporto a tempo. No segundo em que terminei o trabalho, pulamos num táxi e partimos para o JFK. Como sempre acontece quando a gente está em cima da hora, pegamos um trânsito horrível. Comecei a suar, mas mesmo com o atraso achei que ainda estava tudo bem. Saltamos com os passaportes na mão, arrastando as malas até o balcão para o check-in.

– Oi, viemos fazer o check-in do voo das 17h45 para Barcelona, por favor...

A mulher atrás do balcão pegou nossos passaportes e digitou em seu teclado. Franziu a testa, olhou para o relógio, chamou um colega para mostrar a tela a ele, depois olhou de novo para o relógio e disse:

– Sinto muito, Sra. Forleo, mas vocês não vão poder pegar o voo das 17h45.

– Como assim?! O avião ainda não decolou. São só 16h50.

– Sinto muito, mas vocês *acabaram* de perder a hora para despachar a bagagem. Infelizmente não posso colocá-los no voo de amanhã porque já está lotado, mas posso colocá-los no que sai daqui a dois dias.

– DOIS DIAS? É quase todo o tempo da nossa viagem! – *Não, não, não, não, não, não, não.* – Por favor, nós precisamos pegar *este* avião. Tem que haver alguma coisa que você possa fazer.

– Sinto muito, para os voos internacionais é preciso despachar as malas com pelo menos uma hora de antecedência. E o seu portão mudou, então o avião vai partir de outro terminal. **Lamento, mas vocês não vão conseguir.**

O tempo congelou. Meu coração se encolheu. Meus olhos se encheram de lágrimas.

Aquelas palavras, "vocês não vão conseguir", tinham a ver com muito mais do que o voo. Vi a decepção no rosto de Josh. Não somente pela viagem. Por nós. Fiquei parada um momento, incrédula. Então alguma coisa estalou dentro de mim. A parte mais profunda e mais sábia de mim se lembrou de quem realmente sou.

Tudo tem jeito

Tudo tem jeito

Tudo tem jeito!

Eu me virei para Josh e disse:

– Pegue os cartões de embarque. Sei que a gente pode resolver isso.

Logo à minha direita havia uma escada que levava até a área do free shop. Desci correndo a escada e a primeira coisa que vi foi uma loja de malas. Entrei e falei à vendedora:

– Depressa, preciso da maior mala de mão que vocês tiverem, e preciso AGORA.

Em três minutos eu estava correndo de volta escada acima com uma bolsa de lona nova em folha.

Josh estava com os cartões de embarque. Começamos a tirar tudo da mala grande e enfiar o máximo possível de coisas na mala nova no meio do terminal. Nosso frenesi estava provocando certa agitação. Compreensivelmente, dois funcionários do aeroporto vieram perguntar o que estávamos fazendo.

– Nós REALMENTE precisamos pegar esse voo. Perdemos a hora de despachar a bagagem, então nossa única chance é levarmos a bagagem de mão.

– Bom, vocês não podem deixar uma mala vazia no meio de um aeroporto. Isso poderia provocar um grande problema de segurança – disse um deles, em tom casual.

Josh, que é um dos melhores solucionadores de problemas que conheço, me disse:

– Continue arrumando a bolsa, vou cuidar disso.

E cuidou.

Nesse meio-tempo, guardei tudo que consegui na bolsa de lona – que ficou estufada como uma salsicha. Começamos a correr para o AirTrain porque, lembre-se, agora nosso voo ia partir de outro terminal. Entramos no AirTrain mais ou menos às 17h20. Estávamos a três paradas do lugar aonde precisávamos chegar. Agora eu estava morrendo de nervosismo. Tentei permanecer positiva, mas tinha que admitir que a situação não era boa. Chegamos ao terminal mais ou menos às 17h30, o que significava que tínhamos 15 minutos, mas ainda faltava passar pela segurança e encontrar o portão certo.

As portas do AirTrain se abriram e meu coração se encolheu de novo. Ele nos deixou num estacionamento esquisito que precisávamos atravessar para *entrar* no terminal. Claro, andando à nossa frente, a passo de lesma, havia um bando de jogadores de futebol de 7 anos e seus pais. Olhei para Josh e disse:

– Se esses Smurfs jogadores de futebol chegarem à fila da segurança antes de nós, estamos fritos.

Assim Josh e eu pegamos nossa salsicha estufada demais (que pesava pelo menos vinte quilos e não tinha rodinhas) e começamos a correr em volta do bando de jogadores de futebol de 7 anos e chegamos à frente da fila da segurança.

Já eram 17h35 – faltavam dez minutos para a decolagem. Tiramos os sapatos e colocamos tudo na correia transportadora o mais rápido que pudemos. Já íamos passar pelo detector de metais quando um segurança idoso e doce parou à nossa frente, levantou as mãos e disse:

– Epa, epa, epa… esperem um segundo aí. – Em seguida encarou Josh com um olhar cheio de suspeita e confusão e disse: – Você não é aquele *cara*?!? É. É, malandro. Você é aquele cara da TV. Eu vi você em *Law & Order*. Ei, Joey. Joey! Vem cá um segundo. É *aquele cara* da TV. Você precisa conhecer.

Minha cabeça estava a ponto de explodir. Josh respondeu com gentileza:

– Sim, sou eu. Muito obrigado. Não quero ser grosseiro, mas temos menos de dez minutos para entrar no avião.

Já eram quase 17h40 quando passamos pela segurança. Ainda não tínhamos chegado ao nosso portão. Verificamos as passagens e, claro, *claro* que nosso portão era o mais distante, e o terminal parecia ter quase um quilômetro de comprimento. Falei para Josh:

– Pegue a mochila e corra. Não deixe o avião decolar sem nós. Eu vou logo atrás, o mais rápido que puder.

Josh pegou a mochila e partiu pelo corredor enorme. Juntei todas as forças, peguei nossa bagagem salsicha de vinte quilos com as duas mãos e comecei a correr. Em segundos estava suando feito uma porca. Depois, comecei a chorar. O ranho escorria pelo nariz e eu não conseguia enxugar o rosto porque não podia largar a bagagem salsicha. Minhas pernas pegavam fogo e meu coração parecia a ponto de explodir. Comecei a rezar a Deus e ao menino Jesus e Maria:

– Por favor, meu Deus... me dê forças! Faça minhas pernas continuarem correndo. Por favor, me faça continuar correeeeendo!!

Virei uma esquina e, ao longe, vi uma figura minúscula pulando e balançando os braços. Era Josh! Chorei mais ainda porque não sabia se ele estava dizendo para eu parar ou continuar. Por isso continuei, continuei e continuei. Por fim, quando estava a uns dez metros do portão, Josh e o comissário de bordo correram até mim e pegaram a bagagem salsicha. O comissário me reconfortou, dizendo:

– Tudo bem, tudo bem, senhora. A senhora conseguiu. Respire fundo.

Entramos no avião atordoados, suados e desgrenhados. Enfiamos a bolsa salsicha no bagageiro e desmoronamos nos assentos.

Segurei a mão de Josh, olhei para ele e disse:

– Meu bem, vamos conseguir. Acho mesmo que vamos conseguir.

Respiramos fundo e apertamos os cintos de segurança. Então o comandante falou pelo alto-falante:

– Boa tarde, senhoras e senhores, bem-vindos a bordo do voo 1125. Infelizmente, por causa de ventos de alta altitude muito fortes, o controle de tráfego aéreo está nos mantendo aqui, no portão. Parece que vamos demorar pelo menos uma hora para decolar. Portanto, fiquem sentados, relaxem e partiremos assim que for possível.

Depois de uma conexão perdida, um carro alugado e sete horas dirigindo pela Espanha, acabamos chegando a Barcelona.

Obviamente, esta é uma história pessoal sobre fazer tudo que eu podia para salvar meu relacionamento. Mas o que quero dizer com isso é o seguinte: às vezes, resolver as coisas exige que você se recuse a ser recusado. Só porque outra pessoa – um pai, um professor, um crítico, um amigo, uma pessoa amada, um funcionário da companhia aérea, um colega de trabalho, um chefe, uma cultura ou uma sociedade – diz: "Não, você não pode", "Não, isso não é possível" ou "Não, não é assim que fazemos aqui", não quer dizer que você deva concordar com a versão da realidade apresentada por eles.

Nem sempre você vai vencer, mas você nunca vai saber o que é realmente possível se não tentar. Habitue-se a questionar as regras. Quem pode prever que forças, capacidades ou perspectivas você vai desenvolver quando se recusar a ser recusado? Essa é uma prática que deve ser repetida de novo, de novo e de novo, tanto em situações pequenas quanto monumentais. Fazer uma mudança duradoura em qualquer aspecto da vida ou da cultura é um jogo de longo prazo.

Milhões de cientistas enfrentam anos, muitas vezes décadas de experiências "fracassadas" no caminho para descobertas inovadoras. Os estudantes cometem incontáveis erros de grafia, erros de cálculo em matemática e outros equívocos à medida que se esforçam para crescer e aprender. Artistas e atletas passam anos lutando contra a rejeição e a derrota na busca de proeminência. Nos Estados Unidos, ativistas LGBTQ+ sofreram inúmeras perdas dolorosas antes que a Suprema Corte enfim determinasse que o casamento entre pessoas do mesmo sexo é um direito constitucional. Especialmente quando se trata de questões de igualdade social, ainda temos uma estrada muito longa pela frente.

Vamos do pessoal para o global: se resolver um problema é muito importante para você, não desista depressa demais. Como Margaret Thatcher teria dito: "Você pode ter que travar uma batalha mais de uma vez para vencê-la."

COMO ACABAR COM UMA GUERRA: "NÓS NOS RECUSAMOS A IR EMBORA"

A realidade é algo a se passar por cima.

Liza Minnelli

Uma jovem chamada Leymah Gbowee nasceu em 1972 em Monróvia, na Libéria. Na época, essa era uma das cidades mais vibrantes e sofisticadas da África Ocidental. Mas, logo depois de Leymah terminar o ensino médio, teve início uma guerra civil violentíssima. Ela e sua família foram obrigadas a fugir para um campo de refugiados em Gana, onde sua vida se transformou em uma rotina de caos, medo e sofrimento inimaginável. Leymah voltou para Monróvia em 1991, quando a guerra terminou, mas alguns anos depois teve um filho e se viu presa num pesadelo de violência doméstica.

A guerra havia cobrado um preço gigantesco de todas as famílias liberianas, mas especialmente das mulheres jovens e das crianças. Soldados rebeldes e do governo usavam o estupro e o assassinato como armas. Leymah estudou para se tornar conselheira de trauma trabalhando com ex-soldados crianças, o primeiro de muitos passos que ela usou para transformar a agonia em ação. Ela jurou reconstruir a vida e encontrar um modo de criar um futuro melhor para si mesma, sua família e sua comunidade.

Em 1999 – quase uma década depois do início da primeira guerra civil –, uma segunda começou. A vida ficou insuportável. De novo. Seu parceiro abusivo estava fora de cena, mas Leymah ainda enfrentava horrores impensáveis. Caminhões cheios de homens armados. Crianças sequestradas à luz do dia e forçadas a lutar. Seus vizinhos carregavam os feridos em carrinhos de mão até as clínicas improvisadas. Ao som de combatentes se aproximando, Leymah e sua família corriam para dentro de casa, aterrorizados. Em seu notável livro *Guerreiras da paz*, ela recorda: "Os rapazes, usando bandana e calças largas, apenas passavam pelo aglomerado de casas, empunhando suas armas e nos olhando de cima a baixo maliciosamente: '*Um dia desses vamos voltar pra comer vocês.*'"

Leymah começou um estudo profundo no campo da criação da paz, concentrando-se nas filosofias de Jesus, Martin Luther King e Gandhi. A determinação e a raiva substituíram a desesperança. Em 2003, ela ajudou a organizar e comandar a Ação Liberiana em Massa pela Paz, quando milhares de mulheres cristãs e muçulmanas se reuniram para marchar pela causa. Elas usavam camisetas brancas e fitas brancas nos cabelos, ficavam sentadas em protestos públicos em um campo aberto da cidade. A mensagem era simples e clara: **Queremos paz.**

Elas tinham visto o pior da humanidade e trabalharam incansavelmente, usando qualquer estratégia ou tática em que pudessem pensar, inclusive greve de sexo, para tentar atrair o apoio e internacional e divulgar o movimento pelo mundo. Dia após dia, semana após semana, as mulheres se reuniam no campo e ficavam sentadas em protesto. Leymah escreve sobre o tempo passado no campo em Monróvia (os negritos são meus):

> Do nascer ao pôr do sol, no calor. Uma coisa é fazer suas tarefas num dia muito quente, outra coisa é ficar sentada, imóvel, cozinhando no sol. Era uma espécie de tortura. Fiquei mais preta do que nunca e muitas mulheres tiveram erupções cutâneas terríveis. Mas também havia algo irresistível na dor: nosso corpo estava sendo espancado, **mas estávamos fazendo aquilo por um motivo.** (...) Do nascer ao pôr do sol, debaixo de chuva. A Libéria é um dos países mais úmidos do mundo, e a água atinge a gente com a força do jato lançado por uma mangueira de incêndio. Ficávamos sentadas, sofrendo, enquanto a inundação penetrava no chão arenoso do campo. (...) Ficávamos todo dia naquele campo. *Todo santo dia.* **Nos recusávamos a ir embora.** Nos recusávamos a deixar que nosso sofrimento permanecesse invisível. **Se a princípio as pessoas não nos levaram a sério, foi nossa persistência que as exauriu.**

Por fim, Leymah e suas manifestantes pela paz conseguiram um encontro com o presidente da Libéria, Charles Taylor. Ainda que, a princípio, a reunião parecesse um sinal de progresso, nada mudou. A violência piorou. Um dia, depois de mais uma rodada de bombardeios e assassinatos violentos, alguma coisa se partiu em Leymah. Ela sentiu uma fúria crescer dentro de si, algo diferente de tudo que já sentira. Ao canalizar essa energia explosiva em ação, reuniu outras centenas de mulheres cristãs e muçulmanas para viajar até Gana. Elas cercaram o hotel onde a última rodada de negociações de paz estava empacada. Depois de esperarem até a hora do almoço, quase duzentas mulheres invadiram o prédio e formaram uma barricada humana, impedindo os homens de sair até chegarem a um acordo de paz.

A segurança tentou prender Leymah, mas ela tinha outra carta na manga. Ameaçou tirar a roupa. Segundo crenças tradicionais, esse gesto lançaria uma maldição sobre os homens. E deu certo. Em semanas a guerra na Libéria terminou. O presidente Taylor foi para o exílio e a coragem de Leymah pavimentou o caminho para a primeira mulher chefe de estado na África, Ellen Johnson Sirleaf. Em 2011, Leymah recebeu o Prêmio Nobel da Paz por ter ajudado a encerrar a guerra civil na Libéria.

Dentre incontáveis lições de força, tenacidade, coragem, compromisso, resiliência, criatividade e determinação imensuráveis, a história de Leymah ilustra o poder espantoso que vem da disposição de fazer o que for necessário. Dar um jeito, apesar de qualquer coisa. Recusar-se a ser recusado. Vemos os milagres que podem acontecer quando uma pessoa se dispõe a arriscar tudo e não parar diante de nada. Essas mulheres heroicas acabaram com uma guerra.

Para o caso de você ter passado direto por cima da última frase, deixe-me repetir: essas mulheres heroicas *acabaram com uma guerra*. Fizeram isso sem artilharia. Sem nenhum poder político "oficial". Sem violência. Se isso não prova que tudo realmente tem jeito, não sei o que provaria. Leymah disse: "Eu acredito, *sei* que se você tiver uma fé inabalável em si mesma, nas suas irmãs e na possibilidade de mudança, poderá fazer praticamente qualquer coisa."

RECUSE A DERROTA

Se você não arrisca nada, arrisca mais ainda.

Erica Jong

Em nossa empresa temos uma prática chamada "tabela de tensões". É um exercício simples: fazer uma lista por escrito de tensões recorrentes. O objetivo é examinar essa lista e projetar sistemas e soluções para eliminar ou transformar as fontes de tensão do melhor modo possível. (Temos um episódio na *MarieTV* sobre isso: procure na internet *Marie Forleo + Stress Log*.) Numa ocasião, nossa equipe administrativa fez uma lista coletiva de tensões e percebeu que um ponto significativo de tensão na empresa era conseguir locações para filmar a *MarieTV*. Toda vez que queríamos filmar mais episódios, precisávamos encontrar e alugar um estúdio, levar e construir nossos cenários e depois desmontar tudo e guardar o equipamento de produção até a próxima filmagem. Como uma empresa virtual, isso estava se tornando um sorvedouro considerável de tempo e recursos. Concluímos que ter nosso próprio estúdio não somente aliviaria essa tensão, mas criaria mais oportunidades para fazer um trabalho melhor.

Como eu já morava em Nova York, sabia que essa solução provavelmente seria difícil e cara. Eu não tinha experiência em alugar imóveis comerciais nem conhecia ninguém que tivesse. Mas tudo tem jeito, por isso mergulhamos fundo. Encontramos um corretor e iniciamos a procura por espaços. Minhas preocupações foram confirmadas logo de cara: não havia muitas opções dentro do nosso orçamento. Os espaços que vi eram ruins e caros demais. Continuei a busca, visitando dezenas de espaços inviáveis semana após semana. Estávamos começando a perder a esperança.

Até que um dia recebi um e-mail sobre um novo espaço. As fotos pareciam boas – boas de verdade – e daria para ir a pé do meu apartamento. E o melhor de tudo: ficava pertinho do meu bar de caraoquê predileto (um enorme ponto favorável para mim). Quando cheguei ao prédio com o corretor, algo no meu corpo gritou: *Issssso!! É este o lugar onde você deveria estar.* O supervisor do prédio, um sujeito afável chamado Patrick, nos acompanhou na visita. Eu conseguia visualizar nossa equipe filmando naquele lugar e ficava mais empolgada a cada minuto. No meio do meu entusiasmo, Patrick me alertou dizendo que várias outras empresas também estavam interessadas em alugar aquele espaço.

Assim que saímos, eu disse ao meu corretor que fizesse uma boa oferta. Eu podia sentir que *esse* era o nosso lugar. Era uma manhã de sexta-feira. Dias e dias se passaram. Nada. Veja bem, o mercado imobiliário de Manhattan é bem agitado. Não ter nenhuma notícia durante vários dias não é um sinal positivo. Por fim, no meio da semana seguinte, recebi notícias do corretor. O dono rejeitou minha oferta e escolheu uma empresa de tecnologia com a qual já estava negociando o contrato. O negócio estava fechado. Eu tinha perdido. Precisava seguir em frente.

Mas não podia. Alguma coisa dentro de mim não conseguia deixar para lá. Fiquei curiosa. Perguntei ao corretor por que eu tinha sido rejeitada. Por que perdi para a startup de tecnologia? O que poderia ter sido melhorado em nossa oferta? Sem graça, ele confessou que minha oferta era boa, mas que o dono do prédio não entendia muito bem o que minha empresa fazia. Pelo jeito, ele também não acreditou que eu tinha um negócio "estável" (veja bem, eu ainda não tinha revelado minha situação financeira, que era sólida feito uma rocha). Fiquei sabendo que os caras da tecnologia tinham lhe passado mais "confiança". Quando ouvi isso, Marie de Jersey (meu alter ego) disse: *Não. Isso não vai acabar assim.*" Portanto decidi escrever uma carta ao proprietário contando detalhadamente a história de 13 anos da minha empresa, nossa missão, a quem nós servimos, os resultados que ajudamos as pessoas a criar e um plano minucioso de como pretendíamos usar o espaço. Coloquei cada grama do meu coração, da minha inteligência e energia persuasiva naquela carta. Voltei ao prédio para entregá-la em mãos.

Quando cheguei, Patrick estava do lado de fora. Ele me recebeu com um sorriso caloroso, mas surpreso.

– Não sei se você se lembra de mim, mas vim com meu corretor ver o espaço disponível na sexta-feira passada. Realmente quero o espaço, mas ouvi dizer que o dono já está negociando com uma startup de tecnologia. Escrevi esta carta e preciso que ela chegue a ele antes de fecharem o acordo. Você pode me ajudar?

– Ah, ele não está aqui no momento. – Sem dúvida eu tinha apanhado Patrick desprevenido e meu jeito direto o estava deixando um tanto desconfortável.

– Por favor, Patrick. Sei que você deve ter o número dele. Você pode ligar para ele depressa? Agora? Não vai demorar mais do que dois minutos. É realmente importante entregar esta carta a ele o mais rápido possível. Você é a minha *única* chance.

Ele pegou o celular com relutância e ligou para o proprietário. Fiquei esperando enquanto Patrick tentava desajeitadamente explicar que uma mulher precisava entregar uma carta muito importante para ele, o mais rápido possível. A julgar pelas respostas evasivas que Patrick deu, ficou evidente que o dono não estava nada feliz com aquele telefonema fora de hora.

Mesmo assim, Patrick pegou minha carta e concordou em entregá-la. Agradeci por sua ajuda e fui embora. Mais quatro dias se passaram. Continuei sem resposta. Agora já era fim de semana. Resignei-me ao fato de que tinha perdido a batalha. Apesar de desapontada, fiquei de certa forma satisfeita com minha dedicação. Havia feito um esforço extra e tudo que podia. Tinha fé que deveria haver um espaço ainda melhor em algum lugar e decidi fazer todo o possível para encontrá-lo. Na manhã de segunda-feira acordei com este e-mail vindo do meu corretor:

> Oi, Marie,
>
> Acabei de ser contatado pelo agente do proprietário. O proprietário leu sua carta e gostaria de conhecê-la. Não sei de nenhuma interrupção nas negociações atuais, mas essa é uma ótima notícia para nós e provavelmente significa que existe uma abertura... VAMOS CAPITALIZAR ESSA OPORTUNIDADE!

BAM!

Marquei imediatamente um encontro. Por acaso a tal empresa de tecnologia não era tão "estável" quanto eles acharam. Fui com tudo, de coração aberto, com entusiasmo, finanças à prova de bala e uma promessa de respeitar e cuidar do espaço. Resumo da história: nós conseguimos.

Essa experiência foi uma grande virada para a nossa equipe. Não somente resolvemos um exaustivo ponto de tensão, como nosso estúdio se transformou num lugar de alegria, criação e trabalho transformador. Nós o usamos para filmar centenas de episódios da *MarieTV*, podcasts, transmissões ao vivo, seminários pela internet e programas de treinamento. Ele nos permitiu pensar maior e produzir de um modo que antes não era possível. Além disso, Patrick se tornou um dos nossos colegas mais queridos.

Apesar de saber que é importante persistir diante da resistência (caramba, estou ensinando isso a você agora mesmo!), esse ainda é um hábito que preciso trabalhar em mim mesma. Até hoje preciso dar um tapa na vozinha em minha cabeça que diz coisas como "Você não pode fazer *isso* – é demais, Marie". E "Você está sendo muito ———————— [preencha a lacuna]":

> direta
> exigente
> agressiva

enérgica

insistente

controladora

exagerada

barulhenta

grossa

atrevida

maluca

emotiva

etc.

Felizmente a parte mais sábia de mim (*hunf,* Marie de Jersey) costuma se manifestar e prevalecer. Sua reação predileta é: "Pff! Esqueça essa merda *toda.* Vá atrás do que você quer."

Mesmo acreditando que todo mundo deveria questionar as regras e desafiar o status quo, isso é crucial para as mulheres. Nós lutamos contra uma cultura que há milênios tenta nos envergonhar, silenciar e controlar. Muitas de nós fomos condicionadas desde o nascimento a reprimir desejos, eliminar pontos fortes, esconder nosso poder, negar as emoções e ser "boazinhas".

Mas você não foi criada para ser contida. Você está aqui para criar, curar e promover mudanças. Jamais se desculpe por isso. Você não pode fazer diferença sem provocar ondas.

OBRIGADA A VOCÊ POR NÃO ACREDITAR EM MIM

Em todos os cargos que já ocupei houve pessimistas que não acreditam que sou qualificada ou que não acreditam que posso fazer o trabalho. E sinto uma responsabilidade especial de provar que eles estão errados.

Sonia Sotomayor

> Como artista, você precisa que os pessimistas e os incrédulos ponham combustível no seu fogo criativo.
>
> *Ice-T*

Você já ouviu alguém dizer alguma coisa horrível sobre seu objetivo, seu projeto ou sua ideia? Quando as palavras o atingiram como um soco no estômago e deixaram você pensando: *Como alguém pode ser tão ruim?* Eu já. Muitas vezes. Isso continua a acontecer até hoje.

Quando você está abrindo caminhos novos e efetuando mudanças, espere um fluxo constante de críticas, julgamentos e até ridicularização. Isso pode vir da sua própria mente, dos seus entes queridos, amigos, mentores, colegas, estranhos totais e sacanas na internet. É importante perceber que (a) isso é normal, (b) você é mais do que capaz de enfrentar isso e (c) às vezes uma opinião negativa é o melhor combustível para incendiar a gente.

Vou contar um encontro interessante que tive numa grande convenção de negócios. Faltavam alguns meses para o lançamento do meu programa principal, a B-School. Eu estava com brilho nos olhos e empolgada por conhecer pessoas e ideias novas. Meu crachá da convenção estava pendurado no pescoço. Eu segurava com força meu fichário de plástico. Estava comprometida em encontrar parceiros promocionais e em fazer todo o possível para divulgar meu novo curso.

No primeiro dia do evento, eu estava no hotel subindo a escada rolante para o salão principal quando um cara – que também participava da convenção – se apresentou e perguntou sobre o meu negócio. Fiquei empolgada em contar. Falei do meu novo programa e da minha missão, de dar aos profissionais criativos e aos proprietários de pequenas empresas as habilidades necessárias para divulgar e vender o seu produto pela internet com integridade. Falei que a educação empresarial podia ser agradável, focada e até divertida, ao mesmo tempo que continuava gerando resultados enormes.

Ele riu e disse:

– Sério? Isso é um negócio de verdade? Você ganha dinheiro fazendo isso? Qual é! Isso é um hobby, não é? Diga a verdade. Você tem um namorado ou um marido rico que paga suas contas.

Durante alguns longos segundos fiquei sem palavras. Esse babaca estava falando sério? Será que eu estava presa numa máquina do tempo saída de um pesadelo? Porque, pelo que eu sabia, estávamos em 2009, e não 1909. Meu sangue ferveu. Precisei me conter para não agarrá-lo pelo colarinho e jogá-lo para fora daquela porcaria de escada rolante.

Apesar de ter doído na hora, a verdade é que me sinto agradecida por aquela interação. Agradeço a ele por não acreditar em mim ou na minha ideia. Por quê? Porque as palavras dele me motivaram a tornar a B-School um sucesso maior ainda. Sua ignorância escancarada reafirmou como era importante a minha missão de ajudar os empresários (sobretudo as mulheres) a controlar seu destino financeiro. Redobrei meus esforços naquela convenção. Já estava comprometida, mas, depois daquela conversa, nada iria me impedir.

Quando as pessoas cagarem no seu sonho, vire um alquimista que transforma a negatividade em ouro. Bosta de vaca vira um bom fertilizante. Combustível do foda-se, se preferir. Sim, tenho consciência de que querer provar que as pessoas estão erradas é uma fonte saudável de motivação a longo prazo. Mas no momento nós trabalhamos com o que temos. Recusar-se a ser recusado significa defender-se e proteger seus sonhos.

Vamos esclarecer: isso não significa ser tão sensível a ponto de não examinar o estímulo crítico para aprender, crescer e melhorar. Há uma diferença entre ficar na defensiva e ter determinação. Isso tem a ver com maturidade, discernimento e, de modo mais crucial, avaliar a fonte dessa crítica.

NEM TODA CRÍTICA É CRIADA DO MESMO MODO

> Os *haters* são admiradores confusos que não conseguem entender por que todo mundo gosta de você.
>
> *Paulo Coelho*

Enquanto houver criatividade, haverá críticas a ela.

Depois de compartilhar meu trabalho em público durante duas décadas, estou intimamente familiarizada com o ódio e a negatividade que as pessoas jogam na nossa direção. Além disso, recebi milhões de perguntas de leitores sobre como enfrentar o medo das críticas. Alguma dessas coisas lhe soa familiar?

Tenho tanto medo de críticas e julgamentos que isso me impede de expressar minhas ideias. Tenho dificuldade de separar meu trabalho de quem eu sou.

Tenho medo de que as pessoas descubram que sou uma fraude e que realmente não sei o que estou fazendo.

Sei que todo mundo tem direito a ter uma opinião, mas como você não deixa isso afetá-la de modo negativo ou doloroso?

Marie, como VOCÊ lida com as críticas? Você vive se expondo!

É como o ditado: "Para evitar críticas, não diga nada, não faça nada, não seja nada." Mas nem isso basta. Porque as pessoas que não fazem nada também são criticadas; são julgadas asperamente, consideradas preguiçosas e inúteis. Perceba que a crítica e o julgamento são uma parte natural da vida. Não resista a esse fato. Abrace-o.

Fato: você já está sendo julgado
neste exato momento.

É verdade. Os estranhos julgam você. Pessoas que mal o conhecem julgam você. Pessoas que o amam genuinamente julgam você. Julgam sua aparência. Julgam o que você opta por fazer ou não fazer da vida. Julgam o que você come ou deixa de comer. As pessoas julgam as roupas que você veste, a música que você escuta, suas escolhas políticas, suas crenças pessoais, como você gasta o dinheiro, como cria os filhos, que carro tem, onde mora, qual é a sua religião e quem você ama.

Se for honesto, você também se julga. Diz coisas ruins para si mesmo regularmente (você é lento demais, velho demais, novo demais, gordo demais, inseguro demais, tímido demais, _____ demais). Você também julga e critica os outros, mesmo quando não pretende fazer isso. Os seres humanos são máquinas de julgar. Nossos julgamentos são em geral preconceituosos e largamente imprecisos. E daí? O truque é ter senso de humor com relação a isso. Não personalize, não demore pensando nisso nem ceda a isso.

Fato: tudo que você ama é desprezado
por alguma outra pessoa.

Passei anos sem terminar coisa alguma. Porque, claro, quando você termina alguma coisa, pode ser julgada.

Erica Jong

Adivinhe só: para cada coisa que você acha extraordinária neste mundo – cada filme, livro, alimento, comediante, programa de TV –, existe alguém que a odeia. É por isso que a maioria das críticas não é construtiva nem vale a pena ser ouvida. É só a opinião de outra pessoa. Você sabe o que dizem sobre isso, não sabe? Opinião é que nem cu: todo mundo tem um e a maioria fede.

Digamos que você adore chocolate, mas tem um amigo que odeia. Isso significa que chocolate é uma porcaria? Não. Quer dizer que uma pessoa não gosta de chocolate. Os fabricantes de chocolate não perdem o sono por causa disso. Não fazem campanha para converter os *haters*. Eles concentram toda a atenção em quem ama chocolate.

Seth Godin observou que 12% das mais de 21 mil resenhas de *Harry Potter e a Pedra Filosofal* deram uma ou duas estrelas na Amazon.[1] Isso significa que pelo menos 2.500 pessoas acreditam que esse fenômeno global é uma bosta. Você acha que J. K. Rowling chora em seu travesseiro por causa das críticas ruins? Duvido. Ela está ocupada demais inspirando pessoas e ganhando bilhões com sua arte.

Todo mundo tem direito à opinião. Mas as opiniões são subjetivas. Só porque alguém não gosta do que você faz não significa que ninguém gostará. A opinião de uma pessoa não é A Verdade. É a verdade *dela*. Não é sensato perder tempo e energia emocional com a crítica de pessoas que você não conhece, respeita ou despertem seu interesse.

Meu trabalho certamente não é para todo mundo. É só para fodões criativos como você.

Fato: quanto mais você se preocupa
com o que os outros pensam, mais
eles dominam você.

Gostar de mim não é trabalho seu, é meu.

Byron Katie

Por que o modo como você se sente deveria depender das ideias que estão na cabeça de outra pessoa?

Jamais dê a alguém o poder de controlar suas emoções. Nem a seus pais, nem ao seu cônjuge. Nem aos seus irmãos, amigos, colegas de trabalho ou mesmo aos seus filhos. Jamais aos seus governantes. *Muito menos* a desconhecidos na internet. Perceba que as pessoas podem falar o que quiserem, mas você não precisa absorver nem dar a isso o poder de arruinar o seu dia. Como Eleanor Roosevelt já dizia: "Ninguém pode fazer você se sentir inferior sem o seu consentimento."

O seu tempo neste planeta é precioso. VOCÊ é precioso. Pense nisso do seguinte modo: você permitiria que alguém entrasse na sua casa, se agachasse na sua sala e soltasse um barro quente e fumegante no seu tapete, depois fosse embora e o deixasse para você limpar? Espero que não. Quando você ouve críticas ruins e sem embasamento, rejeite-as. Recuse. Diga: "Não. Você não pode me derrubar. Não vou lhe dar esse poder. Não permito que ninguém cague na minha sala."

Fato: use o que ajuda, deixe o resto para lá.

Quando se trata de comentários críticos, não seja *tão* frágil a ponto de deixar escapar informações que possam ajudá-lo a aprender e progredir. Seja forte para extrair o valor das críticas, se houver algum. Estas perguntas ajudam:

"O que pode ser verdadeiro nisto?"
"Existe alguma parte que eu possa usar para crescer e melhorar?"

As pessoas que nos apoiam e gostam de nós costumam dar conselhos em particular, *depois* de você pedir a opinião delas. Mesmo assim fazem isso de um modo que apoie o seu crescimento, e não o prejudique. As pessoas mais próximas de mim fazem isso. Agradeço porque elas estão atentas a mim. E eu trabalho duro para fazer o mesmo por elas.

TRÊS TÁTICAS PARA TREINAR

1. SEMPRE AVALIE A FONTE

Nunca recebi uma crítica dolorosa e maligna por parte de alguém que admiro e respeito. A maioria das pessoas bem-sucedidas não tem tempo para criticar duramente os outros porque estão ocupadas demais promovendo mudanças e vivendo a própria vida.

Os críticos mais violentos costumam ser covardes inseguros e não realizados. São pessoas que ficam à margem da vida, sem arriscar nem criar nada. Como diz o romancista Chuck Palahniuk: "É fácil atacar e destruir um ato de criação. É muito mais difícil realizar um." Lembre-se de dar um passo para trás e considerar qual é a fonte da crítica. A pessoa que está criticando você tem um trabalho que você respeita? É uma pessoa que você admira genuinamente? Caso contrário, pense com cuidado antes de aceitar a opinião dela.

2. FIQUE TRISTE, NÃO COM RAIVA

Imagine como a vida de uma pessoa deve ser dolorosa e sofrida para que ela tenha tempo de ser *desse* jeito. Quando as pessoas detonam as outras, estão revelando o seguinte sobre si mesmas:

- Elas têm muito pouca empatia, compaixão e inteligência emocional.
- Elas têm tempo demais, o que significa que estão realizando pouco.
- Elas estão loucas por atenção.
- A vida delas é cheia de sofrimento e dor.

Sinta tristeza por elas, não raiva. E definitivamente não use os ataques delas para moldar suas criações.

3. DÊ BOAS GARGALHADAS

Aqui vai um exemplo de pessoas tendo uma discussão muito animada e detalhada sobre o que elas acham que é um dos aspectos mais relevantes do meu trabalho:

> Alguém sabe o quanto do cabelo da Marie é falso? Eu diria que aquela juba que ela joga nos ombros é 70% aplique.

marielaporte: Bingo!
Eu já acho que são uns 80%. Sempre achei aquele monte de cabelo falso uma coisa que distrai demais. E fiquei surpresa ao vê-la ser elogiada pelo cabelo fantástico quando é óbvio que é quase tudo aplique. O cabelo natural dela são só as camadas em volta do rosto – nunca vi mais comprido do que passando ligeiramente dos ombros.

O cabelo natural dela não é denso. Ela disfarça isso prendendo os apliques o mais próximo possível do couro cabeludo, para fazer o cabelo parecer mais cheio (isso é óbvio até nas fotos sem os apliques).

Notícia de última hora, *haters*: é tudo meu cabelo natural.

É um saco as pessoas gastarem tempo e energia detonando umas às outras, especialmente com relação à aparência, mas decidi fazer piadas no meu programa com relação a meu cabelo ser "real". Apesar de, claro, ter recebido críticas mais violentas, é muito mais divertido lançar uma luz sobre a mesquinharia dos *trolls* na internet e anular a maldade deles com gargalhadas.*

REGRA DE OURO: Nunca responda quando estiver com raiva, emotivo ou bêbado.

Uma noite, na época do nascimento das redes sociais (estou falando lá dos idos de 2008), fui convidada para um bate-papo empresarial no Twitter, marcado para as 21 horas. Mais cedo, fui a um evento de networking em que tomei uma taça maravilhosa de vinho cabernet. Assim que voltei para casa, era hora de entrar no Twitter. Lembro-me de ter me sentado à mesa, no escuro, e pensado em como era estranho começar a trabalhar de novo às nove da noite. Os primeiros sete minutos correram muito bem. Eu estava compartilhando conteúdo útil, disparando respostas enérgicas, fazendo piadas e me divertindo muito. Até um *troll* entrar na discussão.

A Marie diurna, sem vinho, sabe que deve ignorar os *trolls*. Em geral, ela tem perspectiva, compaixão e autocontrole. Mas bastou uma taça de cabernet para deixar essas qualidades de lado. Marie de Jersey assumiu o controle e respondeu do seu modo tipicamente cru e sem papas na língua. Minhas provocações e réplicas, ainda que me parecessem engraçadas na hora, foram más. Não eram um reflexo do meu eu mais elevado, nem de longe. Na manhã seguinte olhei de novo a troca de mensagens e me arrependi na hora. Fiz uma promessa de **nunca mais reagir** quando estiver com raiva ou muito emotiva. E definitivamente *jamais* encostar num teclado se tiver tomado ao menos um golinho de vinho. Isso foi há mais de uma década e desde então não quebrei minha promessa. Na nossa cultura moderna você está escrevendo sua história a cada tuíte, comentário e postagem.

---

* Obviamente, a maldade pela internet é diferente de ameaças sérias que podem causar mal-estar, violência ou até morte. Se alguém ameaçar você, ligue para a polícia.

O SEGREDO DEFINITIVO POR TRÁS DO RECUSAR-SE A SER RECUSADO

Num mundo em que há tanta coisa a ser feita, eu
tinha uma convicção forte de que devia haver algo
para eu fazer.

Dorothea Dix

Quando Leymah decidiu acabar com uma guerra, não foi porque desejava elogios pessoais. Ela não visualizava "Ganhar o Prêmio Nobel da Paz" em seu quadro de objetivos. Perseverou contra dificuldades inimagináveis com a intenção de proporcionar uma vida melhor para sua família, sua comunidade e para as próximas gerações. Quando consegui o espaço para o nosso estúdio não foi porque achei que isso nos faria parecer maneiros, e sim porque não suportava ver a tensão na minha equipe. Além disso, tínhamos toneladas de ideias criativas para servir melhor à nossa audiência, e eu sabia que um espaço dedicado iria nos ajudar a cumprir essa missão. Lembra como fiquei energizada depois de encontrar o Sr. Babaca na escada rolante? Aquilo não tinha a ver somente comigo. Eu sentia a responsabilidade de mandar muito bem em nome das mulheres que foram subestimadas *em todos os lugares*. Até no aeroporto JFK o motivo subjacente que me motivou não eram as férias – era a minha dedicação a Josh, ao nosso amor e ao nosso relacionamento.

Quer incrementar sua capacidade de perseverar, não importando os reveses ou obstáculos que surjam no caminho? Certifique-se de que seu sonho esteja atrelado a outra coisa além de si mesmo. Lutar para ser o melhor possível é uma coisa, mas, quando você faz o máximo em prol dos outros, torna-se praticamente imparável. Um propósito maior e mais expansivo, para além do ganho pessoal, é o que dá sentido à vida. O propósito alimenta a persistência. Os motivos importam.

Se os seus sonhos são apenas de ganho pessoal – fama, dinheiro ou poder –, você vai acabar ficando sem energia. Ainda que consiga alcançar seu objetivo, a vitória vai lhe parecer rasa. Você vai pensar: *É só isso? É só isso que realmente existe?*

O valor da vida não é determinado pelo que alcançamos para nós mesmos, mas pelo que compartilhamos, oferecemos e contribuímos para os outros. Quando os seus sonhos estiverem conectados a um sentimento de contribuição para além de si mesmo – alguém da família, os colegas de trabalho, uma comunidade ou uma causa em que você acredite profundamente –, você vai destrancar depósitos de força, energia e coragem que nunca soube que possuía. E o mais importante: você também vai experimentar uma sensação maior de sentido e realização.

Vamos deixar claro: ter sonhos para nós mesmos é incrível. Todos começamos assim. Mas não pare por aí. Conecte seu sonho a um bem maior. Isso vai alimentar sua alma e fornecer a força emocional de que você precisa para se recusar a ser recusado.

DA IDEIA À AÇÃO

Podemos fazer tudo que quisermos se formos perseverantes.

Helen Keller

Não desista de tentar fazer o que você realmente quer fazer. Se há amor e inspiração, não creio que você possa errar.

Ella Fitzgerald

1. **Cite pelo menos um exemplo de quando você se recusou a ser recusado e, ao fazer isso, encontrou um modo de superar uma limitação.** Nenhum exemplo é pequeno ou insignificante demais. Liste o maior número em que conseguir pensar e o que você aprendeu ao se recusar a ser recusado.

2. **Você já foi recusado no caminho do seu grande sonho?** O que você fez? Revisite essa recusa e pense em sete maneiras de contorná-la e seguir em frente!

3. **Que resultados positivos poderiam acontecer se você desafiasse a autoridade, questionasse as regras ou recusasse a derrota apenas 10% a mais do que faz atualmente?**

4. **Imagine as críticas que você tem medo de receber.** Cite três maneiras construtivas e saudáveis de como você poderia lidar com elas. Como seu eu mais elevado reagiria? (Se é que reagiria.) Sinta-se livre para adotar minha regra de jamais responder quando estiver com raiva (ou depois

de beber vinho). Um plano feito com lucidez previne dor e arrependimento.

5. *Anote dez coisas que você faria se não tivesse nenhum medo de julgamento ou críticas.* Depois, escolha uma e faça.

6. *Como você pode conectar seu sonho ou objetivo com algo além de si mesmo?* Existe um familiar, uma comunidade ou uma causa à qual você pode dedicá-lo? Os motivos potencializam os resultados.

Anotações de Campo

Depois de ser rejeitada por 14 instituições de tratamento, o tudo tem jeito a ajudou a encontrar um lugar excepcional para o seu irmão, que sofre de Alzheimer precoce.

Meu querido irmão Craig tem Alzheimer precoce e ficava agitado e às vezes violento no local onde morava e era atendido. Eu precisava encontrar uma nova instituição de tratamento com serviços adequados para ele.

Viajei da minha casa no México até Ohio, esperando passar apenas uma semana. Fiquei um mês.

Visitei mais de trinta instituições, fui recusada por 14, internei-o num hospital para estabilizar as medicações, o tempo todo coordenando as comunicações entre os assistentes sociais e os médicos.

A ideia e o mantra "Tudo tem jeito" me ajudaram a persistir, pesquisar, explorar e manter o sentimento de impotência imobilizadora longe do meu mundo. Fazia contato com todo mundo pessoalmente, não por telefone ou e-mail. Toda vez que ouvia um "Não", pedia sugestões à pessoa. Pedia ideias e referências a todo mundo e agradecia a todos pessoalmente, além de mandar e-mails de gratidão. Mantinha as emoções sob controle para que meu cérebro pudesse funcionar. Devo boa parte dessa capacidade ao fato de ficar repetindo "Tudo tem jeito" para mim mesma.

A melhor instituição da área disse que tinha uma lista de espera de seis meses para pacientes transferidos. Fiquei desapontada, mas decidi que meu irmão seria admitido. Usei todos os motivos em que pude pensar para manter contato com o encarregado pelas admissões. Passei por lá para garantir que ele havia recebido minha papelada. Voltei alguns dias depois para perguntar qual era o nosso número na lista de espera.

Depois de meu irmão ter precisado de um ajuste na medicação, voltei a passar por lá para avisar ao encarregado das admissões, e de novo perguntei sobre a lista de espera. Eles disseram que um leito tinha acabado de vagar e que meu irmão poderia se candidatar.

No dia seguinte, quando estava saindo do hospital, recebi o telefonema tão esperado. Sim! Meu querido irmão tinha conseguido um leito na melhor instituição de atendimento a pacientes de Alzheimer da região! Agora ele está recebendo o melhor atendimento disponível numa instituição de renome. Estou em paz sabendo que isso é verdade.

– JANET
PUERTO VALLARTA, MÉXICO

10

O mundo precisa do seu dom

Existe uma vitalidade, uma força de vida, uma
energia que é traduzida em ação através de você. E
porque só existe um de você em todos os tempos,
essa expressão é única. E, se você a bloquear, ela
jamais existirá por qualquer outro meio, e será
perdida. O mundo não vai tê-la. Não cabe a você
determinar o quanto ela é boa nem como se
compara a outras expressões. Cabe a você mantê-la
sua, clara e diretamente. Manter o canal aberto.

Martha Graham

No início do nosso relacionamento, Josh saía da cidade para trabalhar. Quando voltava para casa, encontrava no nosso lixo latas vazias de massa pronta e embalagens de macarrão instantâneo. Ele me oferecia suplementos de vitamina e sugeria começarmos a tomar sucos.

Tudo bem, meu hippie. Estou trabalhando em quatro empregos. Não tenho dinheiro. Não tenho tempo de aprender a comer sua comida de passarinho. Ele tinha uma gentileza persistente e eu, uma teimosia persistente. *Não quero. É caro demais. Esquisito demais. Já disse que não. Me passa a lasanha, por favor.*

Alguns anos depois, fiquei amiga de Kris Carr, uma sobrevivente do câncer e ícone do bem-estar que alardeava os benefícios dos sucos verdes, dos superalimentos e da dieta baseada em plantas.

– Josh, minha nossa, conheci uma mulher *incrível*. É uma tremenda fodona e escreveu um monte de best-sellers sobre comida saudável. Olha só essas receitas de cremes, sucos verdes e saladas. A gente precisa comprar um *juicer*. E é, ela disse que a gente deveria tomar esses suplementos. Sabe, a gente realmente deveria ter começado isso há anos.

Josh ficou perplexo por um momento. Com razão.

– Marie, você só pode estar brincando. Eu digo exatamente a mesma coisa há anos. Por que você não ouviu quando era eu que falava?!

E esse é o ponto.

Um dos maiores obstáculos para realizar seu sonho é o seguinte: você presume, incorretamente, que "tudo já foi feito". Não acredita que tenha nada original, valioso ou que valha a pena oferecer. Não se sente especial nem talentoso o suficiente para se fazer notar.

É hora de esclarecer algumas coisas aqui.

Não importa quantas vezes você ache que uma ideia ou criação já foi compartilhada no mundo. Às vezes é necessário que *uma* pessoa expresse isso em sua voz única, na hora certa, no lugar certo, para fazer a diferença.

VOCÊ é essa pessoa para alguém.

Olha, não importa quantas pessoas passaram antes de você. Não importa quantas versões da mesma coisa você acha que já existem ou foram feitas por gente mais talentosa, qualificada ou famosa. Esqueça isso. Com mais de 7,7 BILHÕES de pessoas no planeta (e o número continua crescendo!), existem seres humanos mais do que suficientes com uma diversidade de necessidades, perspectivas, problemas, preferências, desejos e gostos. Sempre há espaço para mais. Sempre há espaço para você.

VOCÊ ESTÁ AQUI POR UM MOTIVO

Todo indivíduo importa. Todo indivíduo tem um
papel a exercer. Todo indivíduo faz diferença.

Jane Goodall

Deus, a Origem, os Smurfs – não importa em qual forma de inteligência superior você acredite – não fizeram uma pessoa a mais só por fazer. Nenhuma outra pessoa tem ou jamais terá a mistura única de talentos, forças, perspectivas e dons que você tem. Lembre-se: você é um megaevento único no universo. **Não ouse desperdiçar isso.**

Nascemos com um poder inato de promover mudanças, tanto na nossa vida quanto na dos outros. Esse poder não existe fora de você e não é uma coisa que alguém possa comprar ou pegar emprestado. Você já o tem aí dentro, *neste exato momento*.

Acredito que esse poder interno o trouxe a este livro. O motivo pelo qual você está lendo-o, agora, é porque quer trazer alguma *coisa* para a vida.

Dito isto, eis o que é vital entender: quando você tem uma ideia, uma possibilidade, a menor pepita de sonho para você mesmo ou para os outros, e não faz todo o possível para trazê-la à vida...

VOCÊ ESTÁ ROUBANDO DE QUEM MAIS
PRECISA DE VOCÊ.

Isso mesmo, eu disse...

R o u b a n d o.

Existem incontáveis pessoas por aí que precisam dos dons que você, e somente você, está aqui para dar. Se você não levantar a bunda da cadeira e não fizer as coisas que seu coração vive mandando você fazer, o mundo terá perdido algo realmente insubstituível...

VOCÊ.

O mundo terá perdido sua voz única. Sua energia única. Suas ideias, histórias e perspectivas únicas. Ao se conter e apostar pouco, você está roubando de um número incontável de pessoas a bondade, a alegria, a cura e o crescimento que *somente* suas contribuições únicas podem oferecer.

Talvez você esteja roubando de clientes ou fãs do futuro que esperam exatamente o tipo de _____ [livro, música, história, filme, romance, show de stand-up, discurso, organização sem fins lucrativos, plataforma educacional, receita de massa, camiseta, aplicativo, etc.] com o qual você anda sonhando.

Talvez esteja se roubando dos seus filhos, entes queridos ou colegas porque eles não estão recebendo quem você é de verdade: a pessoa mais totalmente viva, emocionalmente disponível, confiante, forte e amorosa que pode existir. Talvez esteja roubando de gerações futuras porque não está disposto a curar uma ferida ou romper um ciclo que precisa ser rompido para que outras pessoas tenham uma vida melhor.

Quando qualquer um de nós nega, suprime ou minimiza nossos dons, eles azedam e viram um veneno tóxico. Esse veneno nos come vivos de dentro para fora. Ficamos doentes, letárgicos, amargos, cínicos, raivosos, viciados, impacientes e exageradamente críticos – e isso só para começo de conversa. Jamais esqueça: Hitler era um artista frustrado.

> Se você põe para fora o que está dentro, o que você
> põe para fora vai salvá-lo. Se você não põe para fora
> o que está dentro, o que você não põe para fora vai
> destruí-lo.
>
> *Evangelho de Tomé*

Considere todas as coisas que lhe agregaram valor, alegria ou crescimento durante toda a sua vida. Cada canção que fez sua cabeça balançar. Cada filme que fez você rir, chorar ou expandir seu ponto de vista. Cada atleta ou artista que o inspirou a ir além. Cada invenção que tornou sua vida mais fácil. Cada restaurante que serviu um prato que fez você suspirar de prazer. Cada livro que abriu seus olhos para um mundo diferente.

Cada professor, mentor, vizinho ou amigo cujas palavras, ações ou liderança guiaram você. Qualquer tecnologia (eletricidade, wi-fi, máquinas fotográficas, etc.) que de algum modo melhorou sua vida.

Imagine se todas essas pessoas lindas não tivessem seguido o chamado da própria alma – se jamais tivessem "dado um jeito" de realizar seus sonhos e criado, contribuído e compartilhado. Eu digo o seguinte no fim de cada episódio da *MarieTV*, e vou dizer agora a você:

O mundo precisa desse dom especial que só você tem.

Você sabe dessa verdade desde criança. Sentiu que havia alguma coisa especial dentro de você, algo especial e extraordinário que você, e só você, veio aqui para criar e expressar. Confie nesse sentimento. É a sua força vital. O seu gênio. O seu destino gritando para ser realizado.

Descobrir, desenvolver e compartilhar os seus dons. Esse é o motivo pelo qual você está aqui na Terra. Acredito que é o motivo pelo qual qualquer um de nós está aqui! Criar e contribuir uns para com os outros.

Que fique claro: os seus dons não precisam ser grandiosos em escala ou ter alcance épico. Todas as contribuições são necessárias e valiosas. Neste momento o seu dom podem ser as refeições nutritivas que você prepara para amigos e familiares. A compaixão e a compreensão que você traz para conversas difíceis. Seus dons podem envolver esculturas em madeira, pinturas, encanamento, ativismo, combate a incêndios, história em quadrinhos, produção de peças, pesquisa, reabilitação de animais, projetos de espaços urbanos ecológicos, design de joias ou treino do time de futebol infantil da sua filha.

Seus dons podem ser expressos por meio de trabalho voluntário ou da atenção, do respeito e do carinho que demonstra a cada pessoa que encontra – desde o caixa do seu banco até um estranho na rua. Seu dom pode ser o modo como o seu jardim inspira esperança e felicidade à vizinhança. Você provavelmente tem muitos dons, e eles vão se desenvolver e evoluir no decorrer da vida, assim como você.

"Mas, Marie, sério: não tenho nada especial para oferecer. TUDO já foi feito."

Imagine sua lanchonete ou loja de roupas predileta (qualquer fonte de alegria ou valor – pode ser até uma empresa de brinquedos sexuais, sei lá). Agora imagine a criadora tendo o mesmo pensamento limitador que você está tendo. Imagine-a levantando as mãos antes mesmo de começar. – *"Por que me importar?!? Todo mundo já foi mais rápido do que eu. O mundo já tem cafeína/camisetas/vibradores suficientes!"*

Seria uma bosta, não é? Penso nisso em relação à comida italiana. Um dos meus lugares prediletos é um pequeno restaurante familiar chamado Pepe Rosso. Eles têm uma das melhores berinjelas à parmegiana do sul de Manhattan. Imagine se seus fundadores, ao pensar em abrir um restaurante, levantassem as mãos e dissessem: *"Sabe de uma coisa? Já existem uns mil restaurantes italianos em Nova York. E outra coisa: já existe berinjela à parmegiana DEMAIS no mundo. Deixa pra lá!!!"* (A ideia de jamais comer de novo a berinjela à parmegiana do Pepe Rosso está me provocando palpitações.)

Continue o raciocínio em relação a qualquer área de arte, ciência, esportes ou cultura. Nem todos os músicos do mundo impediram Beyoncé, Lady Gaga, Stevie Nicks ou Kendrick Lamar de compartilhar suas vozes com o mundo. A popularidade de Phil Donahue não impediu Oprah. A comédia engenhosa de Margaret Cho não impediu Ali Wong de expressar a dela. Imagine só o quanto teríamos perdido se algum desses seres brilhantes desistisse ao pensar que sua colaboração não era necessária porque aquilo já havia sido feito antes. Como disse o apresentador Fred Rogers: "Se você soubesse como é importante para a vida das pessoas que encontra, como pode ser importante para pessoas com as quais talvez nem sonhe..."

É, existem milhões de livros, músicas, peças, empresas, fabricantes de molho picante e clubes de tricô. Mas se você ainda não fez a sua versão, então não – nem *tudo* já foi feito. Porque ainda falta algo a ser expresso pelo milagre único que é você.

SUPERE O FATOR FRAUDE

O que J.Lo, Jodie Foster e Maya Angelou têm em comum? Não é o fato de que todas são ícones culturais premiados, é que todas se sentiram impostoras. Totalmente falsas e fraudulentas.

> Apesar de ter vendido setenta milhões de discos, lá estava eu pensando: *Não sou boa nisso.*
>
> *Jennifer Lopez*

> Quando ganhei o Oscar, achei que fosse um engano. Achei que todo mundo iria descobrir isso e que iriam pegá-lo de volta. "Desculpe, deveríamos entregá-lo a outra pessoa. Era para a Meryl Streep."
>
> *Jodie Foster*

> Escrevi 11 livros, mas todas as vezes pensei: *Epa, agora eles vão descobrir. Enganei todo mundo e eles vão descobrir.*
>
> *Maya Angelou*

Se você já se sentiu uma fraude – como se qualquer realização fosse uma casualidade ou um erro e que algum dia as pessoas iriam descobrir –, sem dúvida está em boa companhia. Segundo pesquisas, a síndrome do impostor afeta incríveis 70% de nós.[1]

Ainda que sentir-se uma fraude seja algo universal entre os seres humanos, isso costuma afetar mais as mulheres. Por quê? Porque, como mulheres e membros de outras minorias, é fácil olhar em volta e sentir que nosso lugar não é ali. Socialmente fomos condicionadas a nos autodepreciar e desconsiderar nossas capacidades, provocando a baixa autoestima e a autossabotagem que afeta todas as esferas da nossa vida. Quando internalizamos essa mensagem – de que não temos mérito –, sofremos grandes consequências. Não apenas do ponto de vista emocional e criativo, mas também do ponto de vista financeiro. Estou me referindo a carreiras menores e contas bancárias menores.

Por isso é fundamental não apenas reconhecer esse fenômeno, mas também dar passos ativos para garantir que o "sentimento de fraude" não impeça você de compartilhar seus dons e alcançar os patamares de que é capaz. Aqui vão algumas estratégias para deter a síndrome do impostor antes que ela detenha você:

1. COMPARTILHE A VERGONHA

A maioria dos grandes realizadores luta contra sentimentos como o de se achar uma fraude, mas jamais conversa sobre isso. É como um segredinho sujo que todo mundo tem medo de admitir. Vou lhe confessar uma coisa: às vezes ainda me sinto assim, e já trabalho com isso há quase duas décadas. A escritora Brené Brown diz: "Como pesquisadora da vergonha, sei que o melhor a fazer no meio de um ataque de vergonha é totalmente contraintuitivo: treinar a coragem e pedir ajuda!"[2]

Brené está certíssima. Sabe por quê? Porque a vergonha sempre encolhe quando você a compartilha em voz alta. Ela simplesmente não pode existir quando é exposta. Para levar essa ideia mais longe ainda, recomendo que você insira uma ou duas pessoas de confiança na lista de discagem rápida do telefone, para quando esse festival de fraude começar. Elas são seu novo Esquadrão da Fraude: pessoas com quem você pode se conectar e a quem pode dizer: "Ei, estou me sentindo uma bosta neste momento. Pode me lembrar por que não sou?"

Naturalmente você deve retribuir o favor. Faz bem ser a pessoa que anima os outros e os lembra de seu valor intrínseco, em especial quando eles mesmos não conseguem ver. Nosso mundo tem um número mais do que suficiente de críticos. Seja alguém que encoraja.

2. FAÇA UM ARQUIVO DE AUTOPROMOÇÃO

Um arquivo de autopromoção é um lugar onde você armazena elogios, agradecimentos e qualquer comentário de pessoas que disseram que você lhes causou um impacto positivo. Talvez tenha sido uma mensagem de texto de um amigo, um bilhete de um colega ou uma mensagem de voz de um cliente. Nenhuma palavra gentil ou demonstração de apreciação é pequena demais para o seu arquivo de autopromoção. Você também pode acrescentar as suas realizações. Junte tudo num único lugar e olhe sempre que precisar. Lembre-se: para onde a atenção vai, a energia flui. Um arquivo de autopromoção pode combater os efeitos negativos da síndrome do impostor e reposicionar você na realidade de que, sim, você é, de fato, "o melhor".

3. APONTE SUA LUZ PARA FORA, NÃO PARA DENTRO

Pense na sua atenção – na sua energia mental, emocional e espiritual – como uma lanterna que só pode apontar numa direção. Em dado momento sua lanterna pode estar virada para você e para o quanto você se sente uma fraude OU para os outros: para o que eles precisam, o que querem e como você pode ajudá-los.

Quando sua lanterna está voltada para fora, você dá zero atenção aos seus sentimentos de ser uma fraude. Sem atenção, esses sentimentos não conseguem sobreviver.

Apontar sua luz para os outros não precisa consumir tempo nem ser muito complicado. Qualquer ato de gentileza do seu coração pode servir. Talvez você mande um bilhete de agradecimento ao seu chefe detalhando alguma coisa específica que fez diferença para você. Ou ofereça apoio a um vizinho necessitado. Você poderia até visitar um lar de idosos nas redondezas, descobrir quem não recebeu nenhuma visita ultimamente e ir fazer companhia à pessoa. Olhe em volta. Não há escassez de pessoas famintas por um momento de conexão. Sempre há alguém que precisa de um pouco de ajuda. Um pouco de atenção. Um pouco de conforto. Um pouco de amor.

Na próxima vez em que se pegar sentindo-se uma fraude, contenha-se antes de desmoronar. As chances são de que você esteja apontando sua lanterna na própria direção, em vez de orientá-la para onde ela pode causar maior impacto: o cuidado para com os outros.

Para mais dicas sobre como combater o sentimento de fraude, procure *MarieTV + Imposter Syndrome* na internet para assistir ao episódio em inglês sobre esse tópico. Se ainda não se convenceu de que tem o direito de compartilhar seus dons especiais, a próxima parte deve ajudar.

UM CONSELHO DOS MORTOS CAPAZ DE MUDAR SUA VIDA

O que quer que você queira fazer, faça agora. Só existe um número definido de amanhãs.

Atribuído a Michael London

Bronnie Ware é uma ex-enfermeira que passou anos trabalhando no cuidado paliativo de centenas de pacientes durante as suas últimas semanas de vida. O nível de frustração de alguns pacientes a inspirou a escrever um livro chamado *Antes de partir: Os 5 principais arrependimentos que as pessoas têm antes de morrer*. Há um arrependimento específico no qual eu gostaria que focalizássemos: o maior arrependimento e o mais comum de todos.*

> "Eu gostaria de ter tido coragem de viver uma vida fiel a mim mesmo, e não a vida que os outros esperavam de mim."

Uau. Acerta a gente na boca do estômago, não é?

O que Bonnie descobriu é que, na ocasião da morte, a maioria das pessoas não buscou nem *metade* dos seus sonhos. METADE! O ponto aqui não é lamentar os erros dos outros, e sim evitar cometer os seus.

Diga a verdade: com que frequência você engole em seco em vez de dizer ou fazer o que deseja de verdade? O que você se negou o prazer de explorar ou expressar porque não queria ser julgado ou criticado? O que você ainda está fazendo, mesmo achando insuportável, porque morre de medo de tentar realizar seus sonhos secretos? O quanto da sua vida você dedica para obter a aprovação dos pais, do cônjuge, dos familiares, filhos, amigos ou (pior ainda) de desconhecidos na internet?

---

* Os outros arrependimentos, pela ordem, são: "Eu gostaria de não ter trabalhado tanto", "Eu gostaria de ter tido coragem de expressar meus sentimentos", "Eu gostaria de ter mantido contato com meus amigos" e "Eu gostaria de ter me permitido ser mais feliz".

O fato de estar lendo estas palavras neste momento indica que você tem uma grande vantagem: você ainda está aqui, o que significa que ainda tem tempo de mudar. Por favor, pelo amor de todas as coisas sagradas, busque seu sonho agora, de modo a nunca se arrepender de não ter tentado. Caso contrário, você pode acabar falando quatro das piores palavras que qualquer ser humano pode dizer:

"Ah, se eu tivesse..."

Essas quatro palavras malditas.
Eu gostaria de ter... (feito, amado, falado, etc.)
Veja bem...

Quer você perceba ou não, estamos todos no mesmo trem cósmico, indo para o mesmo destino. A morte. Nenhum de nós sabe quando vai chegar nossa estação. Não temos ideia de quando o trem vai diminuir a velocidade e o maquinista vai bater em nosso ombro e dizer: *"Esta é a sua parada, mocinha. É hora de ir."*

Só sabemos que a cada momento que passa estamos chegando mais perto. Dia a dia. Hora a hora. Minuto a minuto. Por isso agora é a hora de ir atrás daquele seu sonho, não importa quão louco, pouco razoável ou aparentemente "impossível" ele seja. É hora de dar um jeito em tudo. Tudo que você pensa, diz e faz a partir deste momento é uma declaração de seu comprometimento com esse sonho.

O poder está dentro de você. Você já tem tudo de que precisa para atender ao chamado da sua alma. Então, por favor, mexa-se. Continue. Não roube seus dons de nós.

O mundo realmente precisa de você. Precisa de sua expressão mais ousada, corajosa, honesta e amorosa, e precisa agora. Se ainda não notou, saiba que a raça humana está ávida por mudança. Você pode sentir isso no ar. Nas escolas, nos lares, nas empresas, nas arenas esportivas e em cada faceta da sociedade, as pessoas estão esperando que alguém se levante e mostre o caminho. Que alguém lidere com o coração e a visão mais elevada daquilo que somos capazes de fazer.

Acredito que *você* é esse alguém. Acredito que *você* pode despertar uma nova possibilidade no seu círculo de influência, na sua família, na sua comunidade e no mundo em geral. Acredito que *você* tem o que é necessário para dar um jeito em qualquer coisa.

Ao fazer isso, você vai ser uma inspiração para toda vida que tocar.

Essa é a oportunidade. Para você, para mim e para toda a raça humana.

O que precisamos agora, mais do que qualquer coisa, é de pessoas como você, que acreditam e sabem que tudo tem jeito. Desde o meio ambiente até nosso sistema de alimentação, educação e saúde, a desigualdade e a injustiça em todos os níveis – existem muitas coisas importantes que podemos dar um jeito de realizar.

Durante toda a história, existem pessoas que dizem "Isso realmente precisa ser assim?" ou "Como podemos fazer as coisas de modo diferente?". Mesmo diante de estruturas sociais enraizadas durante séculos, os sonhos de um indivíduo podem provocar mudança em toda a sociedade.

Quando abordamos desse modo nossos problemas pessoais e nossos desafios coletivos – afirmando que tudo realmente tem jeito –, as coisas começam a mudar. Passamos de um sentimento de derrota, esmagamento e impotência para um de coragem, capacidade e esperança plena.

Precisamos ensinar isso a nós mesmos, uns aos outros, aos nossos filhos e aos filhos dos nossos filhos. Porque haverá momentos na vida em que vai surgir uma oportunidade de você fazer alguma coisa, dizer alguma coisa ou mudar alguma coisa.

Prometa a si mesmo que deste momento em diante não vai desperdiçar mais um minuto de mais um dia dizendo "Não sei como fazer isso" ou "Não sei se tenho o necessário para me tornar isso".

Porque nós sabemos, no fundo do coração, que, sim, você tem. Você é abençoado e é infinitamente capaz. Não existe circunstância, destino ou situação que possa impedir o poder imparável da sua alma humana.

Espero que a gente se esbarre um dia neste trem cósmico. Se eu ainda estiver viajando, vou esperar você no vagão-restaurante enquanto tomo um Aperol Spritz, ansiosa para saber como foi.

DA IDEIA À AÇÃO

A longo prazo, moldamos nossa vida e nos moldamos. O processo não termina até morrermos. E as escolhas que fazemos são, em última instância, responsabilidade nossa.

Eleanor Roosevelt

1. **O que impede você de ir em busca do seu maior sonho ou aspiração?** Pergunte-se se o que o preocupa agora ainda vai preocupá-lo em vinte, quarenta ou sessenta anos. Essa preocupação ainda vai importar?

2. **Imagine que a morte é iminente. Termine a frase seguinte pelo menos vinte vezes (mais, se necessário).** Não pense demais. Só continue escrevendo.

   Eu gostaria de ter... (feito, amado, falado, etc.)
   Eu gostaria de ter...
   Eu gostaria de ter...

3. **Se você acreditasse de coração que tudo realmente tem jeito, o que faria agora?** O que você criaria, curaria, transformaria ou transcenderia? Quem você iria se tornar?

4. **Por favor, complete este último desafio à mão. Pegue um caderno. Desative todas as notificações eletrônicas.** Encontre um lugar onde você não seja incomodado. Acenda uma vela, se isso ajudá-lo a entrar num clima contemplativo. Ajuste um alarme para 15 minutos. Você vai fazer escrita

automática, que é um treino de convidar a intuição a se comunicar com você por meio da página.

Seu eu futuro (*o você de mais de 100 anos*) vai escrever uma carta para o você atual.

Antes de começar, repita três vezes a seguinte declaração: "Agora estou recebendo da fonte mais elevada o que é melhor para mim." Escreva uma carta do seu eu futuro para o seu eu presente, começando com:

Querido [Seu Nome],
Eu adoraria que você soubesse que...

Permita que sua mão se mova. Lembre-se: você está convidando o seu eu de 100 anos a compartilhar sabedoria com o você atual. Mesmo que sejam só rabiscos, continue com a caneta no papel. Faça o máximo para não julgar, cortar ou mesmo pensar conscientemente. Escreva o que vier e não preste atenção à gramática, à grafia ou à pontuação. Continue escrevendo. Se empacar, comece numa nova linha e experimente fazer as seguintes provocações:

Eu adoraria que você abandonasse...
Eu adoraria que você começasse...
Eu adoraria que você lembrasse...

Isso é somente para os seus olhos. Continue escrevendo até que o alarme toque após 15 minutos. Esse exercício do eu futuro ajuda a acessar as verdades mais profundas que você conhece intuitivamente, mas talvez não esteja vivendo ou treinando com consistência... ainda. Ponha o que escreveu de lado durante pelo menos uma hora antes de ler.

Muito bem. Antes que nosso tempo juntos termine, uma última coisa...

EPÍLOGO

O verdadeiro segredo do sucesso duradouro

Sozinhos, pouco podemos fazer.
Juntos, podemos fazer muito.

Helen Keller[1]

H á alguns anos, contratei uma equipe de filmagem para gravar nossa grande convenção de três dias em Nova York. Estávamos planejando o evento havia quase um ano. Vieram palestrantes de todo o país e compareceram centenas de estudantes de todo o mundo. Logo depois da convenção, nossa equipe foi direto para o aeroporto. Ia à Europa entrevistar meia dúzia de graduados da B-School para uma série de estudos de caso. A logística e o dinheiro necessários para gravar uma convenção de três dias, seguida por uma semana de filmagens internacionais, fariam seu queixo cair.

Depois da viagem recebi um telefonema. Nosso equipamento tinha sido roubado. Todas as câmeras, lentes, tripés e todos os segundos de filmagem – toda a convenção e uma dúzia de entrevistas em várias cidades europeias. Loucura.

Tive ânsia de vômito.

Não somente a perda daquelas filmagens era algo criativamente devastador (era impossível repetir a convenção), mas tínhamos uma campanha promocional importantíssima planejada com aquelas entrevistas – uma promoção da qual nossa empresa precisava para sobreviver. Faltavam apenas algumas semanas para a campanha. Por conta do grande número de parceiros externos que tínhamos para apoiá-la, não havia como adiar a data de lançamento.

Mas o estranho foi que a sensação de estômago embrulhado durou apenas alguns instantes. Por quê? **Porque toda a minha equipe vive e respira a filosofia *tudo tem jeito*.** Ela está entranhada na cultura da empresa.

Durante o mesmo telefonema, nosso chefe de roteiristas apresentou um plano de refilmagem, até mesmo com uma programação de viagem refeita e a aprovação dos entrevistados.

Respirei fundo e falei: "Certo. Podemos fazer isso. Tem jeito!" Em alguns dias a equipe estava com equipamento novo, malas prontas e viajou de volta para a Europa. É, foi intenso. É, nós ralamos muito e trabalhamos 24 horas por dia. Mas nos concentramos, nos apoiamos uns nos outros e fizemos o serviço a tempo. E adivinhe só: as novas entrevistas ficaram muito melhores que as primeiras!

Qualquer um que lidere uma organização, coordene um departamento ou administre uma casa sabe disto: coisas dão errado o tempo todo. Colapsos ocorrem. Equipamentos quebram. Acidentes acontecem. Pessoas adoecem. Essas situações são oportunidades perfeitas para reforçar nossos músculos do *tudo tem jeito*.

Mas se você quiser potencializar ao máximo sua capacidade de superar obstáculos, reduzir a tensão e criar resultados notáveis...

Vá além de si mesmo. Pense no fator "nós",
e não no "eu".

Acreditar que tudo tem jeito e se comportar pensando assim vai mudar radicalmente a sua vida. Mas, quando as pessoas ao seu redor – amigos, familiares e colegas – *também* acreditam que tudo tem jeito e se comportam à altura disso, você vai se tornar apto a experiências e realizações que vão além dos seus sonhos mais loucos.

Em primeiro lugar, é muito mais divertido resolver problemas e superar desafios juntos. Segundo, uma comunidade com a qual você possa contar multiplica instantaneamente os recursos mentais, emocionais, espirituais e criativos disponíveis. Terceiro, você tem mais probabilidade de perseverar diante de reveses quando conta com o apoio dos outros. Além disso, a mistura colaborativa de ideias, forças e perspectivas diversas costuma levar a resultados melhores e mais ricos enraizados num senso de propósito mais profundo.

Esta citação do palestrante Martin Rutte ilustra com perfeição o paradoxo que todos devemos abraçar:

Você precisa fazer isso por si mesmo, e não
pode fazer sozinho.

Sim, a única pessoa que você pode controlar na vida é você mesmo, e deve assumir plena responsabilidade pela condição da sua vida. Sempre e em todos os sentidos.

E...

Nós, humanos, precisamos uns dos outros. Isso está entranhado na nossa biologia. Ninguém é uma ilha. Leia biografias e investigue os detalhes sutis na história de sucesso de qualquer pessoa – você vai descobrir que muitas outras serviram de apoio na ascensão dela.

Ainda que as ferramentas e os princípios apresentados neste livro se apliquem a você como indivíduo, eles não param aí. Se quiser elevar ao máximo as chances de realizar seus sonhos, crie um ambiente positivo ao seu redor. Priorize fortalecer suas interações sociais. Invista nos outros cuidando deles e ajudando-os a realizar seus sonhos também.

Isso não é apenas frescura de autoajuda. Décadas de pesquisas confirmam o impacto das interações sociais positivas em nossa saúde e felicidade e no nosso desempenho. Pessoas com conexões sociais fortes têm menores níveis de ansiedade e depressão e maior autoestima; são mais empáticas, confiam mais e cooperam mais umas com as outras. E, em resposta, as outras pessoas ficam mais abertas para confiar e cooperar com elas.[2] O oposto também é verdade. Um estudo notável mostrou que a *falta* de interações sociais é mais prejudicial à saúde do que o fumo, a obesidade e a hipertensão.[3] De fato, a solidão é tão mortal quanto fumar 15 cigarros por dia.[4]

A boa notícia é a seguinte: a força das suas interações sociais é algo que você pode controlar. Como todo o resto, ela tem jeito.

CRIE SEU CAMPO DE FORÇA
DO *TUDO TEM JEITO*

Se você quiser se erguer, erga outra pessoa.

Booker T. Washington

Se você tivesse parado de beber recentemente, iria ao happy hour todo dia depois do trabalho? Se estivesse se recuperando do vício em jogo, iria passar as férias em Las Vegas? Se tivesse acabado de descobrir que é intolerante a lactose, se candidataria para um emprego numa queijaria? Sem chance.

Por quê? Porque o seu ambiente tem uma influência enorme sobre o modo como você pensa, sente e se comporta. Com o passar do tempo, seu ambiente pode fazer ou destruir o seu sucesso. Por isso é *tão* importante assumir a dianteira e moldar seu ambiente com intenção e carinho – e isso inclui as pessoas com quem você anda.

O objetivo é criar um campo de força do *tudo tem jeito*, um ecossistema em expansão ocupado apenas por pessoas que apoiam você e são gentis. Um lugar onde todo mundo se sente amado e respeitado pelo que é. Aqui vão três passos para começar:

1. INVISTA EM AMIGOS QUE ACREDITAM QUE TUDO TEM JEITO

Uma vez o Dr. Mark Hyman me disse: "A força dos amigos é mais importante do que a força de vontade." É difícil mudar o seu comportamento ou seu modo de pensar se os amigos ou entes queridos não dão apoio. Por isso você deve ser proativo. Compartilhe o que aprendeu aqui com seus amigos mais íntimos. Dê a eles um exemplar deste livro. Converse sobre suas ideias no café, nas festas ou durante uma refeição. Torne a filosofia *tudo tem jeito* uma parte de seu vocabulário compartilhado. Ajude-os a "começar antes de estar pronto" e se lembre de focalizar no progresso, não na perfeição.

Se você é uma pessoa mais ligada em estrutura e responsabilidade, isto pode servir de inspiração. Um estudo feito pela Associação para o Desenvolvimento de Talentos descobriu que você tem 65% de chance de realizar um objetivo quando se compromete com alguém. Acrescente um compromisso e você vai aumentar suas chances de sucesso em até 95%. Sim, 95%!

Mesmo sem uma prestação de contas intensa, ter amigos por perto é valiosíssimo. Quando me vejo no meio de alguma situação merda, ligo para amigos e colegas. Tenha a ver com trabalho, relacionamento ou saúde, não sinto vergonha de procurar alguém e dizer: "Sei que isso tem jeito, mas estou com dificuldade de enxergar para onde ir. Podemos conversar?"

Faço isso porque invisto nas minhas amizades. Nada é mais importante para mim do que meus relacionamentos. Faço o máximo para ser uma fonte proativa de amor, encorajamento e apoio aos sonhos deles, e você pode agir assim também.

2. SEJA UMA FORÇA PARA O BEM NO TRABALHO

Veja como é na nossa empresa. Uma dificuldade acontece. Algumas mensagens de texto são trocadas. Assim que percebemos que temos um problema significativo nas mãos, alguém anuncia: "Deu merda! Vamos nos falar para resolver!" E fazemos isso. Todas. As. Vezes.

Como adultos, passamos no trabalho a maior parte do tempo em que estamos acordados. Não importa qual seja sua atuação (como iniciante, freelancer, coordenador, gerente ou CEO), comprometa-se em ser um líder que acredita e se comporta achando que tudo tem jeito. Apareça em qualquer ambiente com seus músculos do *tudo tem jeito* flexionados e prontos. Diga essas palavras sempre que se deparar com um problema, depois apoie com ação.

Quando sua equipe encontra um obstáculo, seja o primeiro a dizer: "Ei, isso é difícil, mas tudo tem jeito. Somos capazes e, se trabalharmos juntos, *vamos* resolver isso." Essa presença clara, calma e confiante terá um efeito positivo. Além disso, vai ajudar a tirar o foco da tensão, da culpa e da irritação (condições tóxicas e improdutivas, especialmente durante uma crise) e guiar você a uma solução.

Como nos lembra a ativista Marianne Williamson: "Uma ideia fica mais forte quando é compartilhada." Se você comanda uma empresa, organização ou um departamento, dê este livro de presente a todo mundo da sua equipe. Se você é professor ou orientador, torne o *tudo tem jeito* uma lição básica. Assuma a iniciativa de incutir a filosofia *tudo tem jeito* na cultura da sua empresa. Nós, da Equipe Forleo, usamos as ideias e ferramentas deste livro todos os dias. Sinto orgulho de dizer que as pessoas vivem falando que encontraram seu "trabalho dos sonhos" na nossa empresa. Elas até passam tempo juntas *fora* do horário de expediente. Sempre ouço falar de membros da equipe se encontrando durante as férias. Nenhuma empresa é perfeita, mas a nossa é incrivelmente produtiva, atenciosa e apoiadora. Acredito que seja sobretudo porque a filosofia *tudo tem jeito* é o nosso alicerce.

3. PARTICIPE DA MF: RECEBA INCENTIVOS SEM FIM DESTA QUE VOS FALA PARA QUE TUDO TENHA JEITO

A mídia e as mensagens que você consome fazem parte de seu ecossistema mental e emocional. O que você lê e escuta molda seus sentimentos, sua perspectiva e seu comportamento. Se gostou deste livro, eu adoraria continuar apoiando sua jornada.

Há quase duas décadas, compartilhamos toda terça-feira conteúdo grátis e de qualidade em inglês com todos aqueles que participam da MF (os inscritos nas nossas newsletters). Com frequência mandamos um novo episódio da *MarieTV* ou do *The Marie Forleo Podcast*. Às vezes é um bilhete de amor curto e pessoal que faz sua caixa de entrada sorrir. Independentemente de qualquer coisa, você tem minha palavra: nosso conteúdo é animador, divertido e pode ser transformado em ação. Tudo que compartilhamos vai ajudar você a dominar a filosofia *tudo tem jeito* e a usar os seus dons para mudar o mundo. Sinto orgulho em dizer que recebemos *milhares* de mensagens de assinantes dizendo que nossos e-mails são os únicos que eles leem e que esperam com expectativa a cada semana.

Acesse MarieForleo.com/EIF e insira seus dados.
Você vai receber acesso instantâneo a material bônus
e treinamentos em inglês que não entraram neste livro.

Seja com amigos, colegas ou pessoas amadas, lembre-se desta regra de ouro dos relacionamentos. Dê aos outros tudo que você deseja para si.

Se você quer mais apoio, apoie os outros.
Se quer mais apreciação, aprecie os outros.
Se quer mais amor e aceitação, ame e aceite os outros.
Se quer mais reconhecimento, reconheça os outros.
Se quer mais celebração, celebre os outros.
Se quer mais compreensão, compreenda os outros.

Sempre que você identificar um sentimento de perda ou de que "precisa" de alguma coisa, esse será o momento exato para oferecer isso a outra pessoa. Por favor, saiba que você não pode fazer isso como manipulação. Não pode dar com a expectativa de receber algo de volta, porque aí não é mais uma doação, e sim uma exigência. Em vez disso, perceba que o que você dá livremente você recebe instantaneamente. Tudo que você dá a outra pessoa, você também experimenta.

Em última instância, o valor da vida não é determinado pelo que alcançamos para nós mesmos; é determinado pelo que compartilhamos, oferecemos e contribuímos. Faça tudo que puder para se posicionar num ambiente que se concentre na contribuição e não na reclamação. Dar, não receber. Serviço, não soberba.

Enquanto o tempo que passamos juntos vai chegando ao fim, um último favor: **Prometa a mim que você vai continuar**. Você é uma alma preciosa com muita coisa a criar e contribuir para este mundo.

É, eu sei. Você já está fazendo malabarismo com coisas demais. Apesar de ter algumas bênçãos incrivelmente lindas (todos nós temos), também está enfrentando alguns desafios. Os tempos difíceis não surgem do nada. Eles aparecem bem quando você está em condições de crescer e ser mais a pessoa que você é de fato. Você é mais forte e mais capaz do que imagina.

Escreva para mim e me mantenha informada sobre seu crescimento. Eu adoraria saber como você está usando o que descobriu neste livro para mudar sua vida ou a dos outros.

Até lá seja bom consigo mesmo. Você é seu bem mais precioso nesta vida. Lembre-se de rir e se divertir também.

Permaneça no jogo e corra atrás dos seus sonhos. Porque o mundo realmente precisa desse dom especial que *só* você tem.

Com todo o meu amor,
Marie
Venice Beach, Califórnia, março de 2019

Jamais duvide de que um pequeno grupo de cidadãos cheios de ideias e comprometidos possa mudar o mundo; na verdade é o único modo de fazer isso.

Margaret Mead

APÊNDICE:
MAIS ANOTAÇÕES DE CAMPO

Somos o herói de nossa própria história.

Mary McCarthy

Quando seu auxílio financeiro foi cortado em 80%, ela se recusou a ser recusada – e ganhou mais de 16 mil dólares em bolsas de estudo.

Decidi voltar a estudar e obter um diploma de nutricionista. Candidatei-me ao auxílio financeiro e recebi uma subvenção que cobriu meu primeiro ano. Larguei o emprego em administração, comecei a trabalhar como garçonete e iniciei a jornada.

No ano seguinte meu auxílio foi cortado em 80% porque eu ganhava *um pouquinho* demais como garçonete. Claro, de jeito nenhum eu poderia pagar a faculdade e não podia assumir mais nenhum turno de serviço porque já estava lutando para fazer malabarismo com o trabalho e o curso. Estava me sentindo derrotada, como se meu sonho desaparecesse. Foi quando vi uma pequena palestra no Oprah's SuperSoul Sessions, onde uma mulher incrível (você, Marie!) me disse: "Tudo tem jeito." Desde então minha vida não é a mesma.

Essa citação me fez pensar. *Não posso desistir agora, isso é ridículo! Isso tem jeito.* Comecei a pesquisar modos de pagar pela faculdade e cheguei à conclusão de que o caminho seriam as bolsas de estudo. A maioria das bolsas na minha área estava chegando ao fim do prazo de inscrição. Eu tinha duas semanas para escrever e entregar cinco redações "excepcionais, capazes de render uma bolsa". Tudo isso enquanto continuava na faculdade e trabalhando em horário integral. Já mencionei que tenho TDAH?

Consegui fazendo exatamente o que Marie prescreve (depois de pirar um pouquinho... ou muito). Desmantelei o monstro em partes pequenas. Peguei cada redação, criei um esboço e inseri as datas de finalização no meu plano. Ataquei uma de cada vez, pedaço por pedaço, e terminei três dias antes do prazo. Até tive tempo de pedir a três pessoas que revisassem meu trabalho. Dividir o projeto e encaixá-lo no meu planejamento permitiu (1) enxergar visualmente que era viável e (2) me acalmar e focar, permitindo que minha criatividade fluísse, em vez de ficar num estado de dúvida perpétua com relação a mim mesma.

Como resultado, recebi as seguintes quantias em bolsas: 12 mil dólares, 2 mil dólares, 1.500 dólares e 800 dólares!

Tudo tem jeito é o meu alicerce. É meu cobertor quando as coisas parecem avassaladoras. Digo a frase em voz alta. Acredito nela. Não tenho mais medo porque repetidamente ela mostrou que é A Verdade... TUDO TEM JEITO. Obrigada, Marie. Você mudou minha vida e tocou meu coração. Agradeço a você mais do que as palavras jamais poderiam expressar.

– CARRIE, TEXAS

Depois de adiar seus sonhos artísticos por 16 anos, este engenheiro largou o emprego e deu um jeito de ganhar a vida com sua arte.

Eu queria desesperadamente abandonar minha carreira corporativa e virar artista plástico em tempo integral. Crio arte desde a infância, mas, em vez de cursar arte, estudei engenharia e passei 16 anos trabalhando em manufatura e TI. Fazia arte nesse meio-tempo, mas ansiava por mais. Minha esposa e toda a minha família me apoiaram quando finalmente decidi largar o emprego. Não tinha ideia de como iria nos sustentar, mas falei a mim mesmo: "Tudo tem jeito!"

Aceitei uma oportunidade de dar aulas em meio expediente numa faculdade de administração, ganhando apenas o bastante para me sustentar e pagar o aluguel do ateliê. Comecei a ensinar a fazer ídolos de Ganesha e a dar aulas em outras oficinas de arte. Queria lecionar nos Estados Unidos, mas isso não era prático nem viável porque moro na Índia.

Então um amigo me apresentou ao ensino pela internet. Decidi imediatamente criar um curso on-line sobre como fazer um ídolo de Ganesha. Foi difícil e precisei descobrir muitas coisas sobre gravação de vídeo, iluminação, edição, áudio e marketing, mas estou feliz por ter feito isso. A aula foi um sucesso! Meu curso foi divulgado na mídia local e ainda é o único curso sobre esse tema em qualquer lugar na internet. Fui fisgado. Agora tenho 25 cursos pela internet em sete países. Tudo tem jeito!

– MANDAR, ÍNDIA

"Quando o amor é a motivação, tudo tem jeito."

Meu avô faleceu inesperadamente. Ele morava na Inglaterra. Eu moro em Kalamazoo, Michigan. Tinha um filho de 2 anos e uma bebê de 2 meses. O enterro foi marcado para uma quinta-feira às 11 horas da manhã num pequeno povoado perto de Manchester. Cada fibra do meu ser dizia que eu precisava estar lá, mas, como estava amamentando, eu PRECISAVA levar meu bebê...

O mantra "Tudo tem jeito" fez com que eu:

- Refizesse o planejamento de toda a minha família.
- Encontrasse uma creche para meu menininho de 2 anos no último minuto.
- Arranjasse dinheiro para comprar uma passagem de avião de última hora.
- Arrumasse as malas e preparasse tudo em sessões às duas da madrugada.

E então... as coisas ficaram difíceis de verdade. O *tudo tem jeito* me fez superar:

- Um voo atrasado e uma conexão perdida.
- Uma noite inesperada tendo que dormir em Detroit durante uma tempestade de neve com minha bebê de 2 meses.
- Ouvir "Sinto muito, o mais cedo que podemos deixá-la em Manchester é na NOITE de quinta-feira". (Ah, CÉUS, não.)

O *tudo tem jeito* foi o que me deu coragem para permanecer forte. Falar. Trocar de companhia aérea. Encontrar um novo caminho. Pousar no aeroporto de Manchester às sete da manhã de quinta-feira. Chegar ao pequeno povoado a tempo, com uma hora de antecedência. Nunca tive tanto orgulho de mim mesma. E da minha família. Eis como eu consegui:

- Respirando fundo.
- Literalmente dizendo aos funcionários da Delta: "Tudo tem jeito!"
- Dando um monte de telefonemas.
- Jamais aceitando um não como resposta.
- Estando aberta para viajar até lugares inesperados com o objetivo de chegar ao destino final.

Consegui comparecer ao enterro do meu avô. Pude dar meu último adeus a um homem que significava tudo para mim. Pude segurar minha menininha no colo enquanto nós o enterrávamos no mesmo cemitério onde estão gerações dos meus ancestrais. Mostrei a mim mesma, aos meus filhos e à minha família que, quando o amor é a motivação, tudo tem jeito.

– KATE, MICHIGAN

Esta professora em tempo integral usa o tudo tem jeito *tanto nas tarefas mais insignificantes quanto em seus maiores e mais assustadores obstáculos.*

Marie e o mantra (da mãe dela) "Tudo tem jeito" me transformaram e continuam me transformando de modo tremendamente poderoso. É difícil pensar em apenas um problema que esse mantra me ajudou a resolver porque ele me vem todos os dias, quase sempre borbulhando repetidas vezes.

Seja com o pânico que surge logo depois de eu ter percebido que perdi a carteira ou a angústia que sinto quando chega a hora de pagar o aluguel, tudo tem jeito. Os trens não estão correndo na hora certa num fim de semana e agora estou atrasada, isso tem jeito. Equilibrar o cargo de professora em tempo integral numa escola para estudantes de baixa renda e alto desempenho, iniciar um negócio de retiros de ioga, escrever um livro e arranjar tempo para interações humanas e autodesenvolvimento, isso tudo tem jeito.

Esse mantra me ajuda a enfrentar as tarefas mais insignificantes e os maiores e mais assustadores obstáculos. Tem sido tão fundamental na minha vida que eu o transformei na minha senha. Digitar "tem jeito" várias vezes por dia me causa um sentimento de tranquilidade e coragem para levar uma vida rica e plena.

Assim que lembro a mim mesma que tudo tem jeito, fico mais calma e com a mente suficientemente livre para agir. Em geral o primeiro passo implica fazer uma lista ou buscar ajuda. O resultado é que sempre dou jeito. Meu aluguel está pago, aprendi os horários dos trens numa cidade nova, aprendi a colocar um formulário de pagamento no meu site, etc. Ainda passo por muitos momentos que precisam de solução, mas o mantra de Marie me proporciona a tranquilidade e a permissão para ir adiante.

– KATYA, NOVA YORK

O tudo tem jeito *ajudou esta mãe de dois filhos que trabalhava fora a sobreviver ao serviço militar do marido.*

Meu marido ia ficar seis meses longe de casa, no serviço militar, e eu precisava descobrir como segurar as pontas com dois filhos e um emprego de horário integral sem perder a sanidade. Queria enfrentar um dos desafios mais difíceis da minha vida e, ao final, sair mais forte e saudável.

O mantra "Tudo tem jeito" me deu confiança para acreditar que – apesar da solidão, do peso e das dificuldades – eu poderia superar esses seis meses de separação. Ele me ajudou a escolher a luta e não a fuga, e mais a força do que a sobrevivência. Quando sentia medo do escuro toda noite, eu dava um jeito. Quando precisava pagar as contas, ser mãe, cuidar da casa e equilibrar o trabalho e a vida, eu me virava. Quando um raio acertou a única árvore do meu quintal e ela caiu em cima do nosso carro, eu resolvi (depois de chorar um pouco).

Quando soube que o meu marido ia embora, pareceu uma impossibilidade enorme manter uma existência normal sem ele. A simples ideia me dava ansiedade! Por isso pensei num modo de conseguir ajuda. Pedi à nossa babá estudante universitária que ficasse no quarto de hóspedes e morasse conosco sem pagar aluguel em troca de ajudar com as crianças e me fazer companhia. Sua presença tornou nossa vida muito mais suportável e até divertida! (Olá, Becca!)

Enfrentei as tarefas cotidianas um dia de cada vez e aprendi a ser tremendamente generosa comigo mesma. Às vezes é muito mais importante conseguir cuidar de nós mesmos do que descobrir o modo de lavar as roupas e os pratos numa noite de trabalho! Também descobri como pedir ajuda aos vizinhos e amigos em vez de me enfiar numa bolha de derrota (estou olhando para você, carro esmagado pela árvore).

Talvez uma das coisas mais impactantes que descobri foi como cuidar de mim mesma para poder cuidar de todo o resto. Arranjei um personal trainer e obtive ajuda com a alimentação. Comprei uma bicicleta e me concentrei em fazer as coisas que eu amava de modo a me sentir renovada e energizada em vez de exaurida.

O resultado foi que sobrevivi aos seis meses de separação com a sanidade intacta. Reforcei minhas amizades e fiz algumas novas. Tudo tem jeito, e fico feliz demais por alguém ter me dito isso.

– KAYLA, MISSOURI

"O mantra de Marie é o mantra deles, além do meu, e sei que eles vão passá-lo aos filhos no futuro."

Um dia o pneu do meu carro estava quase totalmente vazio e eu não tinha ideia do que fazer. Lembrei-me do mantra de Marie e procurei no Google o modelo do meu carro e a pressão do ar nos pneus no posto de gasolina e dei um jeito no pneu vazio em dois minutos. Isso serviu como prova e confiança de que tudo TEM jeito.

Desde então consegui um emprego bem remunerado e administro minha própria empresa nas horas vagas. Tenho uma variedade de ferramentas elétricas e uma caixa de ferramentas para dar uma geral na minha casa nova, de quatro quartos, perto do mar, na Irlanda. Passei o mantra de Marie, por meio de palavras e ações, aos meus quatro filhos. Três deles já voaram do ninho e estão estudando direito, contabilidade e psicologia – todos morando e trabalhando independentes de mim, sem um único empréstimo. O mantra de Marie é o mantra deles, além do meu, e sei que eles vão passá-lo aos filhos no futuro.

– ELLEN, IRLANDA

Ela usou o tudo tem jeito *para ter coragem de escapar de um relacionamento perigoso e começar uma vida nova.*

Eu estava num relacionamento que nem deveria ter começado. Todos os sinais de alerta estavam ali, mas eu os ignorei. Uma noite, depois de meses de brigas horríveis, a coisa chegou a um ponto assustador. Precisei empacotar tudo que tinha – uma casa inteira cheia de móveis, meu escritório e dois cachorrinhos doces – e deixar tudo num depósito até o fim do dia seguinte.

Nessa época eu já conhecia a expressão "Tudo tem jeito", por isso ficava repetindo-a o tempo todo. Repeti ao telefone para amigos que morriam de medo por mim. Repeti para o pessoal da mudança que apareceu em menos de duas horas para transportar tudo. Para uma vizinha que tirou tempo para me ajudar a empacotar meus pertences mais preciosos. Durante todo o dia eu ficava repetindo: "Tudo tem jeito."

Foram nove meses de pesadelo que culminaram nesse momento, mas tudo acabou no final mais feliz de todos porque controlei meu processo mental com essa expressão. Ela me ajudou a seguir em frente porque eu não tinha tempo de parar e enlouquecer de vez.

Dividi tudo, passo a passo. Primeiro liguei para a polícia, para garantir que estava em segurança. Depois, procurei na internet uma empresa de mudanças que pudesse me atender imediatamente (eu não fazia ideia, mas elas existem, graças a Deus). Depois, aluguei um depósito. Em seguida, pedi que meu primo, advogado, esboçasse uma carta. Nesse meio-tempo, encaixotei meus pertences, o pessoal da mudança apareceu e tudo estava no depósito às seis horas da tarde. Ainda me arrepio quando penso nisso. E ainda sinto muito orgulho de como tudo correu bem e de como eu era – e sou – forte.

Ainda uso o *tudo tem jeito*. Mudei-me de volta para o Texas, conheci o homem dos meus sonhos e me casei. Agora moramos numa casa linda na Califórnia e estou trabalhando num projeto em que acredito de verdade.

– JULIA, CALIFÓRNIA

"No aniversário do falecimento da minha mãe, o 'Tudo tem jeito' trouxe a luz de volta ao meu coração."

Depois do falecimento da minha mãe, perdi todo o meu senso de direção. Meu pai havia falecido quando eu tinha 19 anos e agora eu era totalmente órfã. Minha mãe era minha melhor amiga e sua morte me deixou com a sensação de que tinha perdido meu farol e estava tropeçando no escuro. Parecia que nada teria jeito de novo.

No aniversário do falecimento da minha mãe, o "Tudo tem jeito" chegou à minha caixa de entrada e Marie trouxe a luz de volta ao meu coração. Não era uma solução específica para um problema específico, era uma completa transformação de espírito. Meu coração se expandiu. Meus olhos se abriram para o mundo outra vez e senti minha alma revivendo à medida que a sabedoria penetrava nos meus ossos.

Foi isso que segui todo dia, mesmo quando sentia que estava desmoronando e não podia encarar mais um dia. Optei por estar presente... para o meu companheiro, para os meus filhos e, acima de tudo, para mim mesma. "Tudo tem jeito" continua sendo meu mantra cotidiano. É a mensagem básica (junto com optar sempre pela gentileza e pelo respeito) que uso como modelo para os meus filhos, e que agora os ouço repetir para os amigos.

Marie e eu não nos conhecemos pessoalmente. No entanto, nos meus momentos mais sombrios, ela me abriu para a pessoa que sou. Sua mensagem é o farol. Não tem a ver com fazer uma coisa de forma diferente, é um modo completo de viver e estar no mundo... todo dia. Na escuridão, nas sombras e até sob o sol mais brilhante. Durante as alegrias e os sofrimentos, tudo tem jeito. Sempre.

– PATRYCJA, QUEBEC

O tudo tem jeito a ajudou a revisitar com uma nova perspectiva um livro esquecido muito tempo atrás.

Há muito tempo comecei a escrever um romance. Eu era uma jovem mãe passando pelos desafios que surgem nessa época. Além de criar três filhos pequenos, tínhamos que cuidar de um familiar sofrendo de Alzheimer. Depois de uma caminhada num cemitério onde vi a lápide de alguém com o nome igual ao meu, escrevi um conto que acabou se transformando no esboço de um romance no estilo realismo mágico.

Nos anos seguintes fiz um doutorado, o que exigiu deixar todo o resto na fila de espera. Logo depois de começar na B-School, decidi revisitar o romance. Apesar de ainda me sentir apaixonada pelo tema, ele simplesmente não estava funcionando em sua versão original. Fiquei desanimada porque tinha me comprometido a terminá-lo assim que ganhasse meu diploma de graduação.

Voltei para o teclado, mas depois de dias olhando palavras antigas e páginas em branco, assisti por acaso à palestra de Marie na Oprah. Incrivelmente ela impulsionou uma torrente de ideias.

Percebi que o que vinha me bloqueando era o fato de hoje ser uma pessoa diferente da que eu era quando tinha escrito o conto. Assim que me abri para o processo sem urgência ou resultados preconcebidos, encontrei as respostas. Criei um novo personagem e tudo começou a se encaixar – especialmente meus dedos no teclado! Tudo é um dom e tudo tem jeito! E sou muito agradecida por essas ideias.

– LILLIAN, NOVA YORK

Ela fez lobby junto ao governo para ajudar seus avós a manter a única fonte de renda.

O governo do nosso estado anunciou que ia cancelar todas as licenças para limusines, simplesmente jogando-as no lixo. Meus avós, com mais de 90 anos, tinham cinco licenças, e o aluguel delas é sua única fonte de renda – uma renda modesta, mas era tudo de que eles precisavam. Isso significava que iam perder tudo.

Na época houve histórias devastadoras de donos e operadores de licenças de táxis e limusines cometendo suicídio. Isso deixou meu avô arrasado. Ele era um provedor orgulhoso que trabalhava duro pela família. Tinha orgulho de ter subido na vida sozinho e de possuir bens que poderia deixar para os nove filhos.

Agora estava frágil demais para cuidar dos investimentos, por isso, quando o governo fez esse anúncio, cabia a mim intervir. Eu não sabia nada sobre esse ramo de negócios e menos ainda sobre política (nem mesmo quem era o representante do meu estado!).

"Tudo tem jeito", falei para mim mesma. Eu sabia que podia dar um jeito naquilo.

Dei um passo de cada vez. Pela primeira vez na vida fui a uma reunião de operadores de limusines e expus minhas preocupações. Depois, organizei uma reunião com pessoas que tinham os mesmos receios. Em seguida, fundei uma associação do setor. E organizei protestos e campanhas nas redes sociais para incitar o governo a pelo menos conversar comigo (eles tinham me isolado de tudo).

Descobri que, ao resolver uma coisa, cria-se um efeito cascata. Agora fico superempolgada com os desafios que enfrento porque geralmente é um degrau para algo maior. No fim, apareci na mídia, apresentei propostas a comitês parlamentares e falei com inúmeros políticos. Fiz tudo que pude para influenciar a mudança.

O governo acabou declinando da decisão – e meus avós ainda têm essa renda. Encontrei um jeito, e mais que isso!

Agora, minha associação é a principal e, além do mais, faço parte do Grupo de Referência Governamental para a Atividade. Meu desejo de ajudar meu avô contribuiu para muitos outros no ramo das limusines em Queensland. Fiz amizades maravilhosas e aprendi muito. Um alto funcionário do governo até me disse que eu deveria começar a ensinar às pessoas como fazer lobby!

Sei que tudo tem jeito, nasci sabendo disso. Mas nunca tinha as palavras para tal, até que Marie as articulou tão bem. Agora, sempre que encontro desafios posso ouvi-la dizendo "Tudo tem jeito", e concordo: "É, ela está certa, agora vamos em frente."

– JACQUI, AUSTRÁLIA

AGRADECIMENTOS

As maiores e mais satisfatórias realizações da minha vida não foram alcançadas somente por mim. Tudo de bom e lindo que já criei, inclusive este livro, está conectado a um número incontável de outras pessoas. Resultam da colaboração inestimável e do encorajamento de seres humanos brilhantes que tenho a honra de conhecer.

Ao meu amado Josh. Seu amor inexorável, sua sabedoria e seu espírito divertidíssimo e aventureiro são tesouros. Obrigada por sempre acreditar em mim. Obrigada por ver meu potencial, especialmente quando eu mesma não consigo ver. Adoro dividir a vida com você. Amo você mais do que imagina.

À Equipe Forleo – o grupo mais mágico e fodão do mundo –, em especial a Tana, Geada, Louise, Marien (esposa de livro!), Justin (Jams), Chelsea, Caroline, Sally, Kelsey, Audrey, Stevie, Erica, Meg, Mandy, Hailey, Heather H., Laura, Heather F., Meika, Jen, Ariek, Julia, Rachel, Sarah, Gregory, Elsa, Eric Michael, Josh B., Jason e a todos os gloriosos membros de nossa família sábia, louca, criativa, generosa e sempre crescente. Reverencio vocês. Adoro vocês. A Equipe Forleo é minha parceira para o que der e vier.

Aos familiares, amigos e colegas que continuam a me apoiar sempre: Ronny e Lexi, Zane, Ida, Jen e Zach, Juan e Bill, Kris Carr – minha melhor amiga no universo –, Regena Thomashauer, Laura Belgray, Gabby Bernstein, Kate Northrup, Amy Porterfield, Sheila Kelley, Danielle LaPorte, Billy Beck III, Ophira Edut, Danielle Vieth, Grasie Mercedes, Damien Fahey, Seth Godin, Liz Gilbert, Sarah Jones, Dani Shapiro, Tony Robbins,

Glennon Doyle, Brené Brown, Cheryl Strayed, Steve Pressfield, Simon Sinek, Tim Ferriss, Shawn Achor, Chris Guillebeau, Brendon Burchard, Kristin Loberg, Ryan Holiday – as conversas estimulantes, as mensagens de texto, as refeições, os e-mails, conselhos, amor e apoio –, seu trabalho, sua liderança e sua amizade me alimentam.

À minha agente, Bonnie Solow. Agradeço demais sua orientação e integridade.

A Adrian Zackheim, por me receber e receber esta ideia instantaneamente. Adoro você. A toda a equipe da Portfolio, em especial Leah Trowborst, Chirs Sergio, Will Weiser, Megan Gerrity, Matthew Boezi, Lillian Ball – obrigada por seus esforços incansáveis, seu coração e carinho para dar à luz este bebê.

A Oprah Winfrey, pela honra extraordinária e pela alegria de ser convidada para o seu programa e o seu palco. Desde que eu era pequenina você tem sido um farol de possibilidades na minha vida. Você continua sendo um dos meus seres humanos prediletos de todos os tempos.

À nossa grande e linda comunidade global de fãs da *MarieTV* e do *The Marie Forleo Podcast*, aos alunos, mentores e sócios da B-School, membros do Copy Cure, nossos brilhantes convidados da *MarieTV* e aos incontáveis outros com quem me conectei durante os anos – nada disto seria possível sem vocês.

A você, querido leitor. Agradeço demais pela generosidade de seu tempo, sua atenção e seu coração.

Que você busque sempre seus sonhos mais grandiosos e suas maiores esperanças...

... e nunca, *jamais*, desista.

Você se lembra daquela garota que desistiu?
Ninguém lembra.

Autor desconhecido

NOTAS

CAPÍTULO 1: A LARANJA DA TROPICANA

1. STUART, Tristram. *Waste: Uncovering the Global Food Scandal.* Nova York: W. W. Norton, 2009.

2. "Ten Great Reasons to Give to Charity". The Life You Can Save. Disponível em: <www.thelifeyoucansave.org/learn-more/why-donate#collapseFAQs>.

CAPÍTULO 3: A MAGIA DE ACREDITAR

1. BROWN, Walter A. "Expectation, the Placebo Effect and the Response to Treatment", em *Rhode Island Medical Journal*, 19 de maio de 2015. Disponível em: <rimed.org/rimedicaljournal/2015/05/2015-05-19-cont-brown.pdf>.

2. WEGER, Ulrich W. & LOGHNAN, Stephen. "Mobilizing Unused Resources: Using the Placebo Concept to Enhance Cognitive Performance", em *The Quarterly Journal of Experimental Psychology*. Disponível em: <www.tandfonline.com/doi/figure/10.1080/17470218.2012.751117>.

3. "Marva Collins 1995 Part 1". *60 Minutes*, em YouTube. Disponível em: <www.youtube.com/watch?v=h8b1Behi9FM>.

4. TOOMEY, Alyssa. "Oprah Winfrey Talks Barbara Walters Legacy", em *E! News*, 16 de maio de 2014. Disponível em: <www.eonline.com/news/542751/oprah-winfrey-talks-barbara-walters-legacy-former-view-host-gets-teary-eyed-while-talking-about-her-final-show>.

5. "Marriage and Divorce", em American Psychological Association. Disponível em: <www.apa.org/topics/divorce>.

6. "32 Shocking Divorce Statistics", em McKinley Irvin Family Law. Disponível em: <www.mckinleyirvin.com/family-law-blog/2012/october/32-shocking-divorce-statistics>.

CAPÍTULO 4: DÊ ADEUS ÀS DESCULPAS

1. MATHER, Victor. "Bethany Hamilton, a Shark-Attack Survivor, Reaches an Unlikely Crest", em *The New York Times*, 31 de maio de 2016. Disponível em: <www.nytimes.com/2016/06/01/sports/bethany-hamilton-world-surf-league.html; "Learn About Bethany", em BethanyHamilton.com. Disponível em: <bethanyhamilton.com/biography>; "Bethany Hamilton Biography", em *Biography*. Disponível em: <www.biography.com/people/bethany-hamilton>.

2. TRENT, Tererai. *The Awakened Woman: Remembering & Reigniting Our Sacred Dreams*. Nova York: Enliven/Atria, 2017; "Have an Impossible Dream? This Woman Proves You Can Achieve It", em *MarieTV*. Disponível em: <www.marieforleo.com/2019/03/tererai-trent-achieve-your-dreams>.

3. KRISTOF, Nicholas. "Triumph of a Dreamer", em *The New York Times*, 14 de novembro de 2009. Disponível em: <www.nytimes.com/2009/11/15/opinion/15kristof.html>; Idem & WUDUNN, Sheryl. *Metade do céu: Transformando a opressão em oportunidades para as mulheres de todo o mundo*. São Paulo: Novo Século, 2011; "A Remarkable Story", em Tereraitrent.org. Disponível em: <tereraitrent.org/about>.

4. O autor desse trecho é incerto. Ainda que seja frequentemente atribuída ao pastor Chuck Swindoll, essa citação aparece em Nell W. Mohney's, *Don't Put A Period Where God Put a Comma*. Também é atribuída a Cosmas em

From Trials to Triumphs, do embaixador Udo Moses Williams e Eno Udo Williams. Seja qual for o autor, o sentimento é preciso.

5. "Have an Impossible Dream?", em *MarieTV*.

6. BILTON, Nick. "Steve Jobs Was a Low-Tech Parent", em *The New York Times*, 10 de setembro de 2014. Disponível em: <www.nytimes.com/2014/09/11/fashion/steve-jobs-apple-was-a-low-tech-parent.html>.

7. ANDREWS, S., ELLIS, D. A., SHAW, H., PIWEK, L. & PIETSCHING, J. "Beyond Self-Report: Tools to Compare Estimated and Real-World Smartphone Use", em PLoS ONE 10: 10, 28 de outubro de 2015. Disponível em: <doi.org/10.1371/journal.pone.0139004>.

8. "Cost of Attendance", em NYU Langone Health. Disponível em: <med.nyu.edu/education/md-degree/md-affordability-financial-aid/cost-attendance>.

9. IMAM, Medha. "$2.9 billion unused federal grant in last academic year".

CAPÍTULO 5: COMO ENFRENTAR O MEDO DE QUALQUER COISA

1. EATON, Alicia. *Fix Your Life with NLP*. Nova York: Simon & Schuster, 2013.

CAPÍTULO 6: DEFINA O SEU SONHO

1. BHASKAR, Sandhya. "There Is No Difference: Laverne Cox Talks Gender Identity in Memorial Hall", em *The Panther*, 4 de março de 2019. Disponível em: <www.thepantheronline.com/news/no-difference-laverne-cox-talks-gender-identity-memorial-hall>.

2. STALEY, Erin. *Laverne Cox*. Nova York: The Rosen Publishing Group, 2017.

3. JENNINGS, Jazz. "Laverne Cox", em *Time*, 15 de abril de 2015. Disponível em: <time.com/3822970/laverne-cox-2015-time-100>.

4. MCVICAR, Brian. "'Orange Is the New Black' Actress Discusses 'Gender Police,' Struggles Faced by Transgender People", em *MLive*, 19 de março de 2014. Disponível em: <www.mlive.com/news/grand-rapids/2014/03/orange_is_the_new_black_actres_1.html>.

5. MULKERRINS, Jane. "Laverne Cox: On Growing Up Trans, Orange Is the New Black and Caitlyn Jenner", em *The Telegraph*, 10 de junho de 2016. Disponível em: <www.telegraph.co.uk/on-demand/2016/06/10/laverne-cox-on-growing-up-trans-orange-is-the-new-black-and-cait>.

6. "Laverne Cox at Creating Change 2014", em National LGBTQ Task Force, 5 de fevereiro de 2014. Vídeo no YouTube, 30:46. Disponível em: <www.youtube.com/watch?v=6cytc0p4Jwg>.

7. MULKERRINS, Jane. "Laverne Cox: On Growing Up Trans, Orange Is the New Black and Caitlyn Jenner".

8. REID, Regan. "10 Teachable Moments from Laverne Cox's Incredibly Inspiring Talk at WorldPride", em *IndieWire*, 26 de junho de 2014. Disponível em: <www.indiewire.com/2014/06/10-teachable-moments-from-laverne-coxs-incredibly-inspiring-talk-at-worldpride-213999>.

9. LINDSAY, Benjamin. "Laverne Cox on Breaking Barriers in Hollywood & Advocating for the Marginalized", em *Backstage*, 8 de março de 2017. Disponível em: <www.backstage.com/magazine/article/laverne-cox-breaking-barriers-hollywood-advocating-marginalized-5039>.

CAPÍTULO 8: PROGRESSO, NÃO PERFEIÇÃO

1. Alaska Injury Prevention Center; Critical Illness and Trauma Foundation, Inc.; American Association of Suicidology. "Alaska Suicide Follow-back Study Final Report, 1º de setembro de 2003-31 de agosto de 2006". Disponível em: <dhss.alaska.gov/SuicidePrevention/Documents/pdfs_sspc/sspcfollowback2-07.pdf>.

2. FRY, Prem S. & DEBATS, Dominique L. "Perfectionism and the Five-Factor Personality Traits as Predictors of Mortality in Older

Adults", em *Journal of Health Psychology* 14, n. 4, 2009, pp. 513-24, doi:10.1177/1359105309103571.

3. Idem. "Perfectionism and the Five-Factor Personality Traits"; FLETT, Gordon L. & HEWITT, Paul L. "Perfectionism and Maladjustment: An Overview of Theoretical, Definitional, and Treatment Issues." In: *Perfectionism: Theory, Research, and Treatment*. Org.: Gordon L. Flett e Paul L. Hewitt. Washington, D.C.: American Psychological Association, 2002, pp. 5. Disponível em: <dx.doi.org/10.1037/10458-001>.

4. GLASS, Ira. "The Gap". Produzido por Daniel Sax, *This American Life*, 25 de janeiro de 2014. Disponível em: <www.thisamericanlife.org/extras/the-gap>.

5. DWECK, Carol. *Mindset: A nova psicologia do sucesso*. Rio de Janeiro: Objetiva, 2017.

CAPÍTULO 9: RECUSE-SE A SER RECUSADO

1. GODIN, Seth. *Isso é marketing*. Rio de Janeiro: Alta Books, 2019.

CAPÍTULO 10: O MUNDO PRECISA DO SEU DOM

1. SAKULKU, Jaruwan. "The Impostor Phenomenon", em *International Journal of Behavioral Science* 6, n. 1, 2011. Disponível em: <www.tci-thaijo.org/index.php/IJBS/article/view/521>.

2. BROWN, Brené. "Finding Shelter in a Shame Storm (and Avoiding the Flying Debris)", em Oprah.com. Disponível em: <www.oprah.com/spirit/brene-brown-how-to-conquer-shame-friends-who-matter/al>.

EPÍLOGO: O VERDADEIRO SEGREDO DO SUCESSO DURADOURO

1. WASHINGTON, Booker T., HARLAN, Louis R. & SMOCK, Raymond. *The Booker T. Washington Papers*. Urbana, IL: University of Illinois Press, 1972.

2. LEE, Richard M. & ROBBINS, Steven B. "The Relationship Between Social Connectedness and Anxiety, Self-Esteem, and Social Identity", em *Journal of Counseling Psychology* 45(3), pp. 338-45. Disponível em: <dx. doi.org/10.1037/0022-0167.45.3.338>.

3. HOUSE, J. S., LANDIS, K. R. & UMBERSON, D. "Social Relationship and Health", em *Science* 241 (4865), 29 de julho de 1988, pp. 540-45. Disponível em: <science.sciencemag.org/content/241/4865/540>.

4. TIWARI, Savada Chandra. "Loneliness: A Disease?", em *Indian Journal of Psychiatry* 55(4), pp. 320-22, outubro de 2013. Disponível em: <www. ncbi.nlm.nih.gov/pmc/articles/PMC3890922>.

Para saber mais sobre os títulos e autores da Editora Sextante,
visite o nosso site e siga as nossas redes sociais.
Além de informações sobre os próximos lançamentos,
você terá acesso a conteúdos exclusivos
e poderá participar de promoções e sorteios.

sextante.com.br